우리 회의나
할까?

우리 회의나 할까?

김민철

사이언스 북스

추천사

회의실에 오신 것을 환영합니다

외부 강의를 할 때면 거의 빠지지 않고 나오는 질문이 있습니다. "아이디어는 어디서 나오나요?" 저의 첫 번째 반응은 제가 지을 수 있는 가장 멍청한 표정을 짓는 겁니다. 저도 모르니까. 그리고 두 번째 반응은 골똘히 생각하는 척하는 겁니다. 무슨 대답이라도 해야 하니까. 한 30초 쯤을 들인 후 저는 이렇게 대답합니다. "아이디어는 신출귀몰 지능범이다. 쉽게 잡히지 않는다. 언제 어디에 나타날지 도무지 알 수가 없다. 하지만 지금까지 아이디어 잡기를 해 온 경험에 비추어볼 때, 출몰 가능성이 가장 높은 곳을 한 군데 지적할 수는 있다." 그곳이 바로 여기, 회의실입니다.

"광고 발상을 배울 수 있는 유일한 교실은 회의실이다." 이런 말을 자주 합니다. 틀이 없고 정해진 규칙이 없기 때문입니다. 광고는 변칙의 싸움터입니다. 이 시끌벅적하고 변화무쌍한 변칙의 싸움터에서 소림사 마당에서 배운 약속대련만 원칙대로 고수하는 자는

살아남을 수 없습니다. 물론 원칙은 있습니다. 하지만 승부는 원칙에서 나지 않습니다. 원칙은 누구나 구사하고 있으니까. 결국 승부는 현장의 적응력. 그러니 광고 발상을 어찌 배우고 가르치겠습니까? 그저 선배들 싸우는 모습 보며 배우고, 같이 싸우다 한 대 맞고 한 대 치며 또 배우는 수밖에. 그래서 광고 발상을 배울 수 있는 유일한 교실이 회의실입니다. 여기, 회의실입니다.

회의실에서는 화학 작용이 일어나야 합니다. "이 사람이 가져온 아이디어는 다섯 개다. 저 사람이 가져온 아이디어는 일곱 개다. 그런데 그중에 네 번째 아이디어가 제일 좋다. 그걸로 하자." 이것은 물리 작용입니다. "이 사람이 어제 이런 이야기를 했다. 저 사람이 오늘 이런 그림을 그렸다. 그런데 그걸 합쳐 보니 뭔가 새로운 게 나왔다." 이것은 화학 작용입니다. 물리 작용은 상대적으로 쉽습니다. 하지만 화학 작용은 쉽지 않은 과정입니다. 서울 대학교 장대익 교수는 그 화학 작용이 궁금했을 겁니다. 그래서 우리 팀 회의실을 실험실로 본 적이 있습니다. 주사 맞은 쥐들이 어떻게 행동하는지 보는 것처럼. 그 때 장 교수가 찾아왔던 곳이 바로 여기, 회의실입니다.

하지만 회의실에 들어 왔다고 해서 모두가 바로 "아하!" 하지는 못할 겁니다. "뭐야? 이게."가 될 가능성이 훨씬 높습니다. 던지는 말들은 물처럼 밍밍하고 판단은 술에 물 탄 거 같을 겁니다. 주사 맞은 쥐들보다 더 갈팡질팡하는 사람들을 보게 될 겁니다. 하지만. 하지만. 그 속 어딘가에 아이디어는 살아나갑니다. 그 밍밍한 물방울들 하나하나가 모여, 기어코, 강렬한 한 잔의 위스키로 증류가 되고 맙니다. 그 기적 같은 증류가 일어나는 곳. 바로 여기, 회의실입니다.

미술관에는 도슨트가 있습니다. 무엇을 봐야 하는지 우리를 안내해 줍니다. 여러분들이 방금 입장하신 이 회의실에도 도슨트가 필요합니다. 어떤 밍밍이가 어떤 과정을 거쳐 어떤 강렬이가 되는지 안내해 줄 사람. 여러분들은 행운입니다. 제가 아는 사람들 중 가장 훌륭한 도슨트를 만나셨습니다. 제가 내고도 제가 떨어졌을 시험을 통과한 찬란한 신입 사원을 거쳐, 어떤 밍밍이도 흘려 보내지 않는 회의록을 정리하는 단단한 카피라이터. 무엇보다 회의실의 화학 작용을 가능케 하는 신비의 촉매. 단언컨대, 이 회의실을 안내받기에 더 좋은 선택은 존재하지 않습니다. 이제 뒤로 편히 기대 앉으셔서 김민철의 설명을 들으며 회의실 구경을 시작하십시오. 분명 즐겁고 동시에 유익한 시간이 되실 겁니다.

다시 한번 회의실에 오신 것을 환영합니다.

박웅현(TBWA KOREA ECD)

추천사

회의 회의론자에게

2010년 2월 17일 오전 10시. 한 광고 회사의 회의실이 내 실험실이 되는 첫 날이었다. "진심이 짓는다" 같은 멋진 카피가 어떤 의사결정 과정을 통해 만들어지는지가 궁금한 것만은 아니었다. 사람들의 생각과 행동을 바꿀 수 있는 광고 카피가 회의실에서 어떻게 탄생하고 진화는가에 대한 시시콜콜한 현장 연구를 하고 싶었다. 문화의 진화 메커니즘을 연구해온 내게 박웅현 CD님이 자신의 회의실을 흔쾌히 실험실로 내 주었기에 가능했던 일이다.

사실 인간은 참 희한한 동물이다. 자기가 만든 말들(표어, 비전, 광고, 이념 등)에 감동하고 변화하며 심지어 자신의 모든 것을 걸기까지 한다. 내가 아는 한 지구상 어떤 생명체도 이런 이상한 짓은 하지 않는다. 그래서 철학자 하이데거는 언어를 "존재의 집"이라고 했고, 생물학자 도킨스는 새로운 복제자인 "밈(meme)"이라고 했나 보다. 인간은 유전적 적응도에 반하는 생각과 행동을 서슴없이 할 수 있

는 유일한 존재다. 단어를 만들고 문장을 창조하는 주체는 우리 자신이지만, 어떤 단어와 문장은 고삐 풀린 망아지가 되어 우리를 유혹하고 이용해 먹기도 한다.

단어와 문장의 진화를 생명의 진화에 '비유'하는 것 정도라면 굳이 회의실을 실험실로 쓸 필요까지는 없었을 것이다. 하지만 나는 문장과 생명체가 동일한 메커니즘으로 진화한다고 생각했다. (지금도 이 가설을 믿는다.) 진화론의 아버지 다윈 선생도 『인간의 유래』 (1871년)에서 "생존 경쟁에서 어떤 단어들이 선호되어 생존 또는 보존되는 것은 자연선택이다."라고 했는데, 그렇게 보면 문장 진화론도 그리 새로운 가설은 아니다.

온갖 카피들의 생존 경쟁이 펼쳐지는 회의실의 풍경은 어땠을까? 나는 누가 어디에 앉고 어떤 이야기를 하며 누가 이어받아 이야기가 어떻게 정리되는지를 관찰 노트에 빽빽하게 적어나갔다. 심지어 의견이 제시될 때 짓는 표정까지도 놓치고 싶지 않았다. 아이디어가 생성되고 변이를 일으키며 융합되고 채택되는 과정을 제3자의 입장에서 목격하고 싶었기 때문이다. 누군가의 입에서 나왔다가 결국 사라지는 아이디어는 왜 그런 것일까도 궁금했다. '여기서도 혹시 계급장과 짬밥이 참신한 아이디어를 윽박지르지는 않을까?' 나는 호기심이 발동했다.

회의는 늘 진지했다. 잡담과 농담이 회의 시간을 갉아먹는 경우는 관찰하지 못했고, 구성원 모두가 자발적으로 몰입하고 있다는 느낌이었다. 처음에 화두를 던지는 이는 박웅현 팀장이었지만 그가 회의를 '끌고' 간다는 인상은 전혀 받지 못했다. 이 팀의 회의장 풍경은 한마디로 "아이디어는 평등하다"였다. 팀장의 아이디어나 인턴의 것이나 일단 시장(회의장)에 나온 이상 시세는 동일했다. (이에 관해서는 4장을 보시오.)

관건은 메시지의 정확성과 공감도이지 출처는 아니었다. 저자도 고백하고 있듯이 적어도 이 회의실의 행위자들은 이후에라도 '이게 누구의 아이디어였지?'라고 묻지 않는다. 공동의 작업에 그런 물음을 한다는 것 자체가 부적절하거나 다소 촌스러운 것일 수 있다. 하지만 내 관점은 달랐다. 실제로 회의실에서 벌어지는 일이란, 내게는 오히려 아이디어 자체가 여러 사람들을 자신의 동맹군으로 만드는 과정처럼 보였기 때문이다.

인간에 대한 아무런 편견이 없는 외계 과학자가 있다고 하자. 그에게 회의실은 '누구의 아이디어인가'에 관한 경쟁이라기보다는 '아이디어가 누구를 자신의 편으로 만드는가'에 관한 싸움에 더 가까울지 모른다. 사회학자 라투르의 행위자 네트워크 이론(actor network theory)으로 표현하면, 인간 행위자와 비인간 행위자(아이디어)가 네트워크를 이루며 자신들의 세력을 더 크게 키우는 각축장이 바로 회의실이다. 나는 이를 '밈들의 전쟁터'라고 부른다. 이런 의미에서 이 회의실이 역동적이고 성공적인 이유 중 하나는, 단어들로 하여금 스스로 놀게 만드는 문화 덕분인지도 모른다.

이 전장에서 소위 멍 때리고 있는 행위자는 아무도 없었다. 이 회의실의 원칙이 말해 주듯, "아이디어 없이 회의실에 들어오는 것은 무죄, 맑은 머리 없이 회의실에 들어오는 것은 유죄"인 분위기였다. 단어들의 유혹에 견디려면 맑은 머리는 필수다.

추천사

나는 어제 저녁에도 이 회의실 사람들이 길들인 매력적인 밈들을 TV에서 보았다. 그리고 그들이 그 카피 하나를 선택하기 위해 얼마나 많은 다른 밈들을 즐겁게 솎아냈는지가 주마등처럼 스쳐갔다. 아니, 매력적인 오답에서 더 매력적인 정답으로 마음을 굳히는 일이 (유혹을 이겨야 하므로) 얼마나 즐겁고도 힘든 일인지를 다시 떠올리게 했다. 이쯤 되면 회의는 잔치이고 중독이다. 이 책은 그에 대한 재밌는 기록이다.

회의 회의론자(skeptic)인가? 맛있는 회의가 여기에 시시콜콜 기록되어 있다. 그 맛, 회의실의 관찰자로서 책임지고 인증한다.

장대익(서울 대학교 자유전공학부 교수)

프롤로그

"어떻게 하면 아이디어가 나와요?"

광고 회사 다닌다는 말이 끝나기가 무섭게 사람들의 입에서 나오는 말이다. 그럴 때마다 나는 곤란한 미소를 짓는다. 그럴 수밖에. 사람들이 기대하는 대답이 무엇인지 알기 때문이다. 아마도 그들은 상상하고 있을 것이다. 마치 신의 계시를 받듯이 "아이디어"라는 놈이 하늘에서 내려와 나의 두뇌를 가격하는 것과 동시에 펜을 들고 엄청난 속도로 카피를 써내려가는 모습을. 그들은 믿고 있는 것이다. 툭하면 특이한 생각을 하고 어릴 때부터 '쟤는 좀 신기해.'라는 말을 듣고 성적은 그다지 좋지 않아도 애들 사이에서 인기가 많고 구석에서 혼자 이상한 실험을 하고 있는, 한 마디로 천재 기질이 다분한 사람만이 아이디어를 낼 수 있다고. 그리고 그 천재의 머리에서 기적처럼 튀어나온 희뜩한 아이디어가 비로소 광고가 될 수 있다고. 그러니까 이 책은 그 밑도 끝도 없는 믿음에 대한 긴 답이다.

2.

　아무것도 아닌 사소한 발견이, 아침에 읽은 책 한 구절이, 지난 여행에서 본 나무의 빛깔이, 언젠가 미술관에서 본 그림 하나가, 엄마의 말 한 마디가, 혹은 어젯밤 데이트가, 하다못해 오늘 아침 샤워 중의 잡생각까지 모두가 아이디어의 씨앗이 된다. 그리고 사람들의 기대와는 달리, 처음 그 아이디어는 불완전하기 짝이 없다. 가만히 보고 있으면 여기에 도대체 가능성이라는 게 있기나 할까 싶은 의구심만 활활 타오른다. 그렇다고 일찌감치 포기해 버리면, 짐작하다시피 아무것도 안 된다. 불완전하다는 태생의 한계를 인정하고 불완전함 속에 숨어 있는 일말의 가능성을 찾으려 눈에 불을 켜야 된다. 마음을 활짝 열어야 한다. 그러다 보면 문득 가능성이 엿보이는 자그마한 씨앗이 보인다. 회의실 안의 모두가 한 마음이 되어 그 씨앗을 흙에 고이 심고 물을 주고 햇볕을 쪼여 주고 진심으로 대하며 성심성의껏 돌보기 시작하면 마침내 조그마한 새싹 하나가 자라나는 것이다.
　하지만 방심하기는 아직 이르다. 세상은 만만치 않은 곳이다. 갖은 공해와 침입과 태클이 난무한다. 새싹이 홀로 설 수 있도록 힘을 길러 줘야 한다. 때로는 우산을 씌워 주기도 해야 하지만 때로는 태풍 속으로 밀어 넣기도 해야 하는 것이다. 사자가 새끼를 절벽에서 떨어뜨리는 것처럼. 그렇게 비가 그치고 태풍이 물러가고 해가 밝아오는 어느 아침, 우리는 아름드리 나무 한 그루를 발견하게 될 것이다. 모두의 힘으로, 마침내 한 편의 광고가 탄생한 것이다.

3.

그러니까 원래 이 아이디어는 누구 아이디어며, 카피는 누가 썼으며, 그림은 누가 만들었는지, 그걸 또 누가 완성시켰는지에 대한 논의는 무의미하다. 일단 회의가 시작되는 순간, 우리의 모든 뇌세포는 회의실 안 모든 사람들에게 영향을 받게 되어 있다. 문득 머리에서 기가 막힌 아이디어가 나왔다면, 자만하기 전에 찬찬히 살펴볼 일이다. 대부분의 아이디어들은 팀 사람들이 모여 회의를 하며 만들어 낸 토양 위에서 태어나기 때문이다. 물론 하늘에서 뚝 떨어지는 아이디어들도 있다. 그걸 부정하려는 것은 아니다. 다만 처음에는 누군가 혼자서 낸 아이디어일지라도 거기에 살을 붙이고 아름답게 꾸며 세상에 당당하게 나갈 수 있도록 만드는 일은 프로젝트에 참여한 모두가 동시에 하는 일이라는 것이다. 회의는 그 공동의 작업을 가장 적나라하게 보여 준다. 그러니 그 아이디어는 내가 낸 거라며, 그 카피는 내가 쓴 거라며 어깨에 힘을 주고 자랑하는 것처럼 멍청한 것은 없다. 동시에 이렇게 묻는 것도 예의에 어긋난다. "그 아이디어는 누구 아이디어예요?" "그 카피는 누구 카피예요?"

이 자리를 빌려 대답하자면, 그 질문에 대한 대답은 애초에 불가능하다.

4.

다행히 우리팀에서 아이디어의 소유권을 주장하는 사람은 없다. 소유권은 커녕 누가 카피를 썼는지, 누가 아이디어를 냈는지 기억하지 못하는 경우도 있다. "이거 선배가 쓴 거예요?" "아닐걸, 네가 쓴 거 아니야?" "나 아닌 거 같은데⋯⋯부장님이 쓰셨나?" "그런 가⋯⋯팀장님이 쓰신 것도 같고."

분명 한 명이 처음 카피를 썼을 것이고, 다른 한 명이 자연스럽게 다듬었을 것이고, 그러다가 AE가 한 마디 했을 것이고, 또 누가 카피를 수정했을 것이고, 그게 알고 보면 회의 시간에 누군가의 한 마디가 단초가 되었을 것이고⋯⋯. 그러니 결국 누가 어떻게 알겠는가?

5.

하지만 다른 것은 몰라도, 우리가 회의에 대해서 명확하게 아는 것은 있다. 회의만큼 기적적인 순간은 없다는 것. 회의실에 들어올 때는 빈손일지라도 나갈 때는 빈손일 수 없다는 것. 집중해서 하는 회의 한 시간은 혼자 아이디어를 내는 스물네 시간보다 가치 있다는 것. 그만큼 회의 시간에 일어나는 사람들 간의 화학 작용은 중요하다는 것. 회의만 효율적으로 잘 해도 일은 반 이상으로 줄어든다는 것. 회의의 위대함에 대해 말을 하자면 끝이 없다.

물론 모든 회의가 다 성공적일 수는 없다. 회의에도 흐름이 있고, 물살이 있다. 잘못된 조류에 휩쓸려 낯선 곳을 한참이나 헤매기도 하고, 좌절하고 술이나 마시게 되는 밤이 생기기도 하고, 그러는 와중에 누군가는 오솔길을 발견하기도 하고, 그 길로 모두를 인솔하기도 하고, 그렇게 겨우 도착한 곳이 원래 서 있던 곳임을 발견하기도 하고, 다 포기하려는 순간에 갑자기 눈앞에 탄탄대로가 보이기도 하고, 그 길로 따라가다 엄청난 대어를 낚기도 하고, 결국 실패하고 각자의 머리를 쥐어박기도 한다. 인생이 원래 다 그런 거니까.

6.

그럼에도 불구하고 회의를 위대하게 만들 수 있는 방법은 있다. 회의에 대한 다음의 최소한의 예의만 지키면 된다.

1) 지각은 없다. 10시 3분은 10시가 아니다. (팀장님의 명언)
2) 아이디어 없이 회의실에 들어오는 것은 무죄, 맑은 머리 없이 회의실에 들어오는 것은 유죄
3) 누군가 아이디어를 이야기할 땐 마음을 활짝 열 것. 인턴의 아이디어에도 가능성의 씨앗은 숨어 있다.
4) 말을 많이 할 것. 비판과 논쟁과 토론만이 회의를 회의답게 만든다.
5) 회의실 안의 모두는 평등하다. 아무도 비판에서 자유로울 수 없다. 심지어 팀장의 아이디어에 대해서도 무자비해야만 한다. 누가 말했느냐가 중요한 것이 아니라, 무엇을 말했느냐가 중요한 것이다.
6) 아무리 긴 회의도 한 시간을 넘기지 않는다.
7) 회의실에 들어올 땐 텅 빈 머리일지라도 회의실에서 나갈 땐 각자 할 일을 명확히 알아야만 한다. 다음 회의에 대한 최소한의 예의다.

너무 당연하고 하나마나 한 소리 같아 보일지도 모르겠지만, 실제로 이 모든 원칙을 지키며 회의하기란 여간 어려운 일이 아니다. 하지만 아예 불가능한 것도 아니다. 왜냐하면 우리팀에서는 회의 때마다 지켜지는 원칙이니까.

7.

바로 그 점이 이 책의 원고를 미리 읽은 사람들이 걱정한 점이었다. 회의가 비현실적으로 느껴진다는 것이다. 도대체 저렇게 물 흐르듯 진행되다 저렇게 깔끔하게 끝나는 회의가 어디 있냐는 것이다. 심지어 같이 프로젝트를 진행한 사람도 원고를 읽은 첫마디가 "이런 게 어디 있어!"였다. 본인은 현장에 있었는데도 거짓으로 느껴지는데 다른 사람들은 어떻겠냐는 것이었다. 하지만 진실이 거짓 같다고, 일부러 진실을 왜곡할 수는 없는 일 아닌가?

그러니 내가 할 수 있는 일은, 회의록을 바탕으로 최대한 똑같이 당시 회의를 재현해 내는 것이었다. 회의 내용에만 집중할 수 있도록 하고, 대화도 많이 넣으려 애썼다.

그럼에도 불구하고 분명 한계는 있다. 우선 내 기억력 자체를 신뢰할 수는 없다는 것이다. 안 그래도 나쁘기로 유명한 기억력. 분명 내 중심으로 기억하고 왜곡한 부분들이 있을 것이다. 다만 그 정도가 심하지 않길 바랄 뿐이다.

또 하나의 한계는 이 글이 오롯이 제작팀을 중심으로 쓴 글이라는 점이다. AE들도, 매체팀도, 인터렉티브팀도 이 글에선 제작팀과 회의를 할 때만 잠시 등장할 뿐이다. 그렇다고 오해해서는 곤란하다. 단지 내가 제작팀 회의에만 참여했기에 그것만을 기술할 수 있었던 것이고 제작팀은 명백히 프로젝트의 일부분일 뿐이다. 광고가 광고일 수 있으려면 모든 팀이 전력을 다해 노를 저어야만 한다. 서로가 서로를 믿으며. 저 멀리 고지가 나타나리라 믿으며.

8.

이쯤에서 광고 만들기에 대해 설명하자면, 광고 만들기는 오케스트라 연주와 같은 것이다. 맨 처음 광고주가 광고 회사 AE를 불러 오리엔테이션을 한다. 회사가 직면한 문제가 무엇인지, 어떤 방향으로 나아갔으면 좋겠는지, 어떤 목적의 광고가 필요한지 등에 대해 상세하게 설명한다. 이 내용을 바탕으로 AE들은 회사로 돌아와 프로젝트에 필요한 팀을 꾸린다. 오케스트라를 지휘할 준비를 시작하는 것이다. 광고주에 관한 자료를 찾고 분석하여 방향을 잡은 뒤 AE들은 PT에 참여할 여러 팀을 만나 오리엔테이션을 해준다. 그중 한 팀이 제작팀이다.

제작팀에는 카피라이터와 아트디렉터 그리고 팀장인 CD가 있다. 그들은 AE들의 오리엔테이션 내용을 바탕으로 아이디어를 내고, AE들과 점검하고, 필요한 부분에선 카피를 쓰고 이미지를 만든다. 인터렉티브팀은 프로모션 아이디어부터 인터넷 광고까지 외부 환경에서 소비자를 만날 수 있는 효과적인 접점에 관한 아이디어를 낸다. 매체팀은 타겟에 맞는 매체를 중심으로 어떤 채널에 언제 광고를 내보낼지, 얼마의 돈을 분배할 것인지 전략을 짠다. 그리고 그 모든 것을 AE들이 진두지휘를 하며 하나의 선율로 만들어 낸다. 마침내 광고의 완성이다.

9.

개인적으로 말하자면, 이 책은 어느 날 광고 회사라는 낯선 곳에 입사해서 처음으로 들은 칭찬이 "너 회의록 잘 쓴다."였던 한 카피라이터의 성장기이기도 하다. 광고가 도대체 어떤 프로세스로 만들어지는지, 카피는 도대체 어떻게 써야 하는 것인지도 나는 몰랐다. 광고에 대해서는 백치와 같은 상태로 회사에 들어왔기 때문에 나는 첫 칭찬에 매달릴 수밖에 없었다. 그리하여 회의 시간에 열심히 필기했고 회의가 끝나면 열심히 정리했다.

어느 날 박웅현 CD님(이하 팀장님)이 물었다. "회의록 정리 힘들어?" "아뇨." "회의록 정리한다고 시간이 너무 많이 걸리면 안 해도 돼." "아니, 괜찮아요." "그래, 계속 해주면 고맙지. 이렇게 정리하다 보면 너한테도 엄청나게 도움이 될 거야. 큰 흐름을 읽는 눈을 길러 주거든."

그 말은 틀리지 않았다. 그렇게 회의록을 쓰는 동안 나는 성장했고, 회의록도 성장했다. 신입 사원 시절의 회의록을 꺼내 보면 많이 부끄럽다. 그저 회의를 기록해 놓았을 뿐, 어떤 흐름도 읽지 못하고 있다는 것이 보인다. 하지만 내가 쓴 회의록은 형편없더라도, 우리의 회의는 그렇지 않았다. 매 순간 놀라운 생각들이 쏟아졌다. 그걸 다 기억하지 못하는 내 머리가 원망스러울 정도로. 아무 것도 아닌 아이디어가 환골탈태하던 기억은 돌이켜 생각해도 짜릿하다. 아트 디렉터들이 내놓은 수많은 그림들이 기록되지 못하고 사라진 점은 지금도 아쉽다. 감독님들이 가져온 훌륭한 아이디어들도, 녹음실 실장님의 놀라운 음악도 이 책에서는 보여 줄 수 없다는 점도 끝끝내 아쉽다.

10.

거창하게 말하자면, 아이디어라는 녀석이 어떻게 태어나서 어떻게 자라고 또 어떻게 세상으로 나가는지 그 과정을 적나라하게 보여 주기 위해 이 책을 썼다. 아이디어도 진화한다는 것을 보여 주고 싶었다. 어느 날 문득 세상을 뒤집을 아이디어가 튀어나온 것이 아니라, 수많은 사람들이 한 회의실에 모여 회의를 하고 하고 또 한 결과 비로소 괜찮은 광고가 탄생할 수 있다는 걸 보여 주고 싶었다. 그러니 책 안의 모든 내용은 프로젝트에 참여한 사람들의 공이다. 나는 다만 충실한 기록자일 뿐이다. 다만 그뿐이다.

차례

추천사 • 5
회의실에 오신 것을 환영합니다 박웅현
회의 회의론자에게 장대익

프롤로그 • 15

1. SK텔레콤 : 생활의 중심 • 29
   일상의 모든 소소한 이야기를
   아이디어로 변화시키는 회의의 기술
   "카피라면 모름지기 그립감이 있어야지!"

   수상한 회의록 다시 보기 • 87

2. LG엑스캔버스 : 엑스캔버스하다 • 101
   한 번도 안 써본 최신식 기술 앞에서도
   당당할 수 있는 회의의 기술
   "휴가를 가려면 이 정도 밤샘쯤이야!"

   수상한 회의록 다시 보기 • 169

3. SK브로드밴드 : See the Unseen • 185

지금까지 한 번도 못 본 세상을
창조해 내는 회의의 기술
"앨리스가 토끼를 따라갔을 때의 느낌!"

수상한 회의록 다시 보기 • 241

4. 대림 e편한세상 : 진심이 짓는다 • 253

장식 대신 진심. 허영 대신 진심.
오직 진심으로 답을 찾는 회의의 기술
"우리가 받은 감동을 광고로 전달할 수만 있다면!"

수상한 회의록 다시 보기 • 353

에필로그 • 367

광고 회사 들여다보기

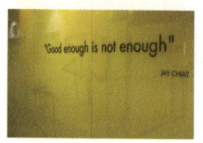  

광고 대행사 | 광고주에게 광고를 의뢰 받고, 기획부터 실행까지 광고의 전 과정을 맡아서 진행하는 회사. 크게 기획팀, 제작팀, 매체팀, 인터렉티브팀으로 구성되어 있다. 광고 대행사의 의뢰를 받아 감독이 직접 TV 광고를 촬영하고 제작하는 프로덕션과는 구분된다.

제작팀 | 말 그대로 TV, 인쇄, 옥외 등 광고 전반의 아이디어를 내고 제작하는 부서. 크게 팀장인 크리에이티브디렉터(Creative Director)와 카피라이터(Copywriter), 아트디렉터(Art Director), 프로듀서(Producer)로 구성된다.

CD (Creative Director) | 제작팀 선장. 제작팀원을 이끌며 광고 제작에 관련된 모든 것들을 결정하고 책임진다. 제작팀 내에는 다양한 색깔의 CD들이 있어서, 프로젝트에 따라 가장 잘 어울리는 CD에게 일이 배정된다.

카피라이터 (Copywriter) | 좁게는 광고에 들어가는 카피 쓰기부터 시작해서 캠페인 아이디어 내기와 새로운 상품 네이밍까지, 문자가 들어가는 모든 분야의 일을 한다.

아트디렉터(Art Director) | 카피라이터가 광고에 들어가는 글에 관한 모든 일을 한다면, 아트디렉터는 광고에 들어가는 비주얼에 관한 모든 일을 한다. TV 광고 비주얼부터 인쇄 광고 비주얼까지 콘셉트를 잡고 직접 작업하는 등의 일을 한다.

AE(Account Executive) | 광고 기획. 광고주와의 협력 관계를 유지하고 광고 캠페인 전략을 수립하는 부서다. 광고 업무 전반을 지휘하며 제작팀, 매체팀, 인터렉티브팀 등 각 팀에서 나온 아이디어를 한 콘셉트로 정리하고 광고주와 의견을 조율하는 등 광고의 A부터 Z까지 담당한다.

매체팀 | 제작된 광고가 실제 집행될 모든 매체를 관장하는 부서. 각 광고 캠페인의 일정과 타겟에 맞춰 매체 계획을 짜고, 예산을 분배하고, 인쇄 지면이나 TV 광고 시간을 구매한다.

인터렉티브팀(Interactive Team) | TV와 인쇄 광고가 아닌, 직접 소비자와 만나는 모든 광고를 담당하는 팀. 프로모션 행사부터 인터넷 광고, 옥외 광고 등을 진행한다. 최근에는 TV와 인쇄 광고의 영향력이 약해지면서 점점 더 기발한 인터렉티브 아이디어가 중요해지고 있다.

SK텔레콤 경쟁PT

생활의 중심

CD · 박웅현, 조익명
Copywriter · 이예훈, 김하나, 정경아, 김민철
Art Director · 방세종, 임숙현, 이지윤
PD · 민광섭

1

그러니까 믿고 달려
2005년 5월 2일(월)

　　우리 의지와는 무관한 일이었다. 어느 날 아침, 각기 다른 팀의 일곱 명이 메일을 받았다. "회의가 있으니 대회의실에 모이십시오." 비밀 지령 같은 메일을 받은 카피라이터 네 명과 아트디렉터 세 명이 필기구를 챙겨 대회의실로 갔다. AE들이 우리를 기다리고 있었다. 그들은 우리를 TF팀이라 불렀다. Task Force Team. 그렇다. 우리는 한 달 후에 있을 SK텔레콤 경쟁 PT를 위해 뽑힌 정예 멤버였다. 우리의 의지와는 무관한 일이었다.

　　우리는 무슨 일을 어떻게 해야 하는지 알지 못했다. SK텔레콤 마케팅 대표 브랜드를 위한 PT라는데 '마케팅 대표 브랜드'가 뭔지도 몰랐다. SK텔레콤 기업 PR과는 다른 것이라는 설명에, 그렇다면 '기업 PR'은 무엇일까 궁금해했다. 정예 멤버라고 불리기에는 한참 모자랐건만 AE들은 우리가 진도를 따라가든 따라가지 못하든 상관하지 않았다. 어쨌거나 우리는 이미 뽑혀 와 얌전히 오리엔테이션을 받고 있었으니까.

　　앞으로 남은 한 달이 결코 길지 않은 시간이 될 거라는, 협박 같기도 하고 응원 같기도 한 말을 들었다. 잘되면 사상초유의 예산이 우리의 아이디어에 따라 집행될 것이었다. 그러니 결론은 무조건 잘해 보자로 끝났다. 무조건 잘하지 않으면 안 되는 일이었다. 회사 전체의 운명을 놓고 벌이는 도박과도 같았다.

　　한 시간에 걸친 오리엔테이션이 끝났다. 우리는 우리가 잘나서,

순전히 실력만으로, 혹은 미모만으로 TF팀에 뽑혔다고 믿기로 했다. (회의 중 헤맨 것은 회의실을 나서면서 싹 잊었다.) 난데없이 경쟁 PT에 참여하게 됐는데 이렇게라도 생각하지 않으면 너무 억울했다. 그 심정을 헤아렸는지 팀장님은 일곱 명의 정예 멤버들에게 호텔에서 점심을 샀다. 한 달간의 고행이 시작될 터이니, 우선 좋은 곳에서 식사를 하면서 전의를 다지자는 의미였다. 오늘 처음 모여 어색한 우리는 별 말이 없이 밥만 먹었다. 그 침묵을 깨고 팀장님이 말했다.

"나도 뭔지는 모르겠어. 그런데 뭔가 나올 거야. 그러니까 믿고 달려."

그날 점심 햇살은 아름다웠다. 경쟁 PT고 뭐고 그냥 한강을 바라보며 낮술이나 마시면 딱 좋겠다 싶은 날씨였다. 5월이었다.

광고 배경

당시 SK텔레콤은 'Tomorrow Factory'라는 기업 PR 캠페인과 'SK텔레콤을 쓴다는 것'이라는 마케팅 대표 브랜드 캠페인을 집행하고 있었다. 우리의 과제는 마케팅 대표 브랜드의 새로운 캠페인을 만드는 것이었다. (기업 PR은 몇 달 후에 우리 회사에서 '사람을 향합니다' 캠페인으로 다시 태어날 운명이었다.) 우리는 마케팅 대표 브랜드가 해야 하는 일에 대한 원론적인 설명에서부터 급격하게 변하고 있는 이동 통신 시장에 대한 분석까지 다채롭고 복잡하면서도 명쾌한 오리엔테이션을 받았다. 지금까지는 SK텔레콤이 명백하게 1위였기 때문에 '사람과 사람, 그리고 커뮤니케이션'이라며 이동 통신의 가치를 말한다거나, 'SK텔레콤을 쓴다는 것'이라며 1위 브랜드의 자부심을 심어 주는 것으로 충분했지만, 이제 그 정도 수위로는 부족했다. '잠시 꺼 두셔도 좋습니다'라며 한가롭게 있을 처지가 아니었다. 시장은 급속도로 바뀌고 있었고 서비스 자체도 급속도로 바뀌고 있었다. 광고에서도 뭔가 대대적인 개혁이 필요했다. 이전 광고와의 적극적인 단절이 필요했다.

우리의 욕구도 그랬다. 이전과는 전혀 다른 광고를, 획기적인 전환점을 만들고 싶었다. SK텔레콤은 명실상부한 1위이니, 1위로서의 자신감을 마음껏 드러내고 싶었다. 이동 통신 기업으로서의 1위는 물론, 나이키, 코카콜라 등 어떤 브랜드와 겨뤄도 잘 싸울 수 있는 체력을 키워 주고 싶었다. 광고를 잘 만들면 우리의 바람이 현실화될 것만 같았다. 우리는 의견을 같이했다. 요란하고 시끄럽고 알맹이가 없는 그런 광고를 만들지는 말자고. 기대감만 잔뜩 심어 주고, 상자를 열었을 때 아무것도 없는 광고에 우린 지쳐 있었다. 뭔가 다른 광고를 만들 수 있을 것 같았다. 첫날, 우리의 꿈은 원대했다. 대단한 광고를 만드는 방법 따위는 알지 못했다. 우리는 그저, 아침에 메일을 받았을 뿐이고, 메일을 확인했다는 죄밖에 없었다.

어쨌거나 코끼리
2005년 5월 3일(화)

첫 회의가 시작되었다. 아직은 서먹한 일곱 명이 차례로 자신들의 아이디어를 말했다. 누군가가 아이디어를 내면, 모두 눈과 귀와 마음을 열고 경청했다. 첫 회의였다. 맞다, 아니다를 결정할 수 있는 판단 기준은 아직 없었다. 그만큼 자유롭게 뭐든 말할 수 있는 시간이었고, 그만큼 부담스러운 시간이었다. 누가 어떤 말을 할지 아무도 예측조차 할 수 없었으나, 누구의 말이든 하나의 길이 될 수 있는 시간이었기 때문이다. 예상했던 대로 일곱 명의 아이디어는 제각각이었다.

누군가 먼저 일상에 대한 관찰에서 아이디어를 출발시켰다.

"어제 OT를 받아서 그런지, 집에 가다 보니 사람들이 휴대폰 들고 있는 모습들만 눈에 들어오는 거예요."

"구두 사려고 생각하면 사람들 구두만 눈에 들어오는 것처럼?"

"네. 특히, 사람들이 횡단보도에서 신호를 기다리면서도 전부 각자 휴대폰으로 전화를 하는 모습을 보다가 문득, '자기들의 존재를 증명하기 위해 휴대폰을 쓰는 게 아닌가?'라는 생각이 들더라고요."

"휴대폰으로 자신의 존재를 증명한다……. 재미있네."

누군가는 사회적 이슈에서 아이디어를 출발시켰다.

"얼마 전에 광화문에 모여서 촛불 시위를 했잖아요. 알고 보면 사람들이 문자 메시지 하나를 받고 그렇게 집단적으로 움직인 거잖아요. 받은 문자 메시지를 또 다른 사람에게 보내고, 보내고, 보내고, 그러다 보니 그렇게나 많은 사람들이 광화문에 모인 거고."

누군가는 휴대폰 자체에 대한 생각에서 아이디어를 출발시켰다.

"저는 많이는 생각 못했고, '지금, 여기'라는 단어가 떠올랐어요. 휴대폰의 기본적인 속성이 '언제나, 어디서나 사용 가능'이니까."

아이디어들은 제각각이었다. 모두 다른 곳에서 출발했기 때문이었다. 동시에 모든 아이디어들엔 공통된 출발점이 있었다. 바로 '나의 휴대폰'이었다. 회의 시간에도 당당하게 노트와 필기구 옆에 자리 잡고 있는 휴대폰 말이다. 문득 정신을 차리고 돌아보니 휴대폰은 이미 우리 생활 깊숙이 들어와 있었다. 동시에 우리는 휴대폰을 중심으로 개별화되어 있었다. 모두에게 휴대폰은 '각자의 휴대폰, 각자의 사생활'이었으니까. 세상의 중심에는 '각각의 개인'이 있었으며, 중심축이 분산되는 가운데 약간의 둥지를 트고 SK텔레콤이 있었다. 그건 아무도 부정할 수 없는 사실이었다.

누군가 『러브마크(Lovemarks)』를 가져왔다. 나온 지 얼마 안 된 따끈따끈한 책이었다. 트러스트마크가 아닌 러브마크가 되는 것. 신뢰를 주는 기업보다는 사랑 받는 기업이 된다는 것. 할리 데이비슨에 사람들이 열광하는 이유. 할리 데이비슨이 재정난으로 위기에 몰렸을 때 할리 오너스 그룹(HOG)이 자진해서 HOG 랠리를 개최한 이유. 결국 그들이 자발적으로 위기에 빠진 할리 데이비슨을 살려낸 이유. 바로 할리 데이비슨이 트러스트마크가 아닌 러브마크였기 때문이라는 설명이었다. 처음 듣는 개념이었지만 우리는 단박에 뜻을 알아챘다. 어떤 광고 캠페인을 만들든 SK텔레콤을 러브마크로 만든다면 그것이 가장 성공적인 캠페인이 될 것이었다. 우리가 만드는 광고는 사람들과 SK텔레콤 사이의 거리를 좁혀 주는 것이어야 했다. 사람들이 자발적으로 SK텔레콤과 놀고, 즐기도록 만들어야 했다. 우리 광고의 목표도 일종의 러브마크였다. 그렇게 우리는 한 시간 회의를 하며 머리를 말랑말랑하게 만든 후 오후에 다시 만나기로 하고 각자 팀으로 돌아갔다.

오후에는 AE들과 제작팀이 모두 모여 브레인 스토밍을 했다. 큰 방향을 던지고, 그 안에서 세밀하게 서로의 의견을 좁혀 나갔다. 선문답 같은 대화도 오갔고, 너무 뻔하고 너무 당연하지만 또 너무 중요한 포인트들도 하나씩 짚어 나갔다. 누가 보면 장님이 코끼리 다리를 만지는 모습이라 생각했겠지만 우리에게는 그 시간이 그토록 중요할 수 없었다. 우리는 망망대해 속에서 한 곳에 모여 눈을 감고 코끼리를 만지고 있었기 때문이다. 그게 코끼리 앞다리든 뒷다리든, 꼬리든 코든 상관없었다. 그건 나중에 눈 뜨고 보면 될 일이었다. 중요한 것은, 우리가 다 같이 코끼리를 만지고 있고, 그것이 코끼리라는 것을 모두 알고 있다는 사실이었다. 첫 회의였다. 이 정도의 성과만으로도 충분했다. 오늘 나온 아이디어들은 하나도 버려지지 않은 채 회의록에 꼼꼼히 기록되었다.

명사를 동사로 바꾸는 작업
2005년 5월 4일(수)

어제와 달라진 건 아무것도 없었다. 어제와 같은 사람들이 어제와 같은 회의실, 어제와 같은 시각에 모였다. 우리의 휴대폰도 빠짐없이 참석했다. 그런데 회의가 시작되자 달라진 분위기가 감지되었다. 우리가 우리의 휴대폰에 대해 어제보다 진지해진 것이다. 처음 OT를 받을 때만 해도 '그저 휴대폰'이었는데, 이제는 그 속에 숨겨진 무한한 함의를 인식하기 시작했다. 제일 먼저 입을 연 누군가의 말이다.

"이런 생각이 들었어요. 통신 회사에서 끝없이 새로운 서비스를 내놓는 건 어쩌면, 사람들이 혼자 있는 것을 두려워하기 때문이 아닐까. 휴대폰이 켜져 있다는 사실 하나만으로도 세상과 소통할 수 있는 창구 하나는 마련되는 거잖아요. 저한테는 휴대폰이, 내가 고립되지 않도록 항상 새로운 것을 만날 수 있도록 도와주는 다리 같아요. 나와 너를 연결해 주고, 나와 세상을 연결해 주는."

그 말을 듣고 나니, 우리가 만드는 광고가 단순히 휴대폰 서비스 광고가 아니라는 확신이 강하게 들었다. 지금 우리에게 휴대폰은 더 이상 휴대폰이 아니었다. 세상과 나를 연결해 주는 '다리'이며, 동시에 이 망망대해 같은 세상 속에서 길을 잃어버리지 않도록, 나를 잃어버리지 않도록 도와주는 '나침반'이며, 또 동시에 우리가 이미 거부할 수 없는 '환경'이었다.

그래서 누군가는 휴대폰을 계속 생각하다 보니 노래 「Love Is All Around」가 생각났다고 그랬다. 'I feel it in my fingers/I feel it in my toes/Love is all around me/And so the feeling grows.' 이 가사에서 'Love'를 '휴대폰'으로 바꿔 보라! 놀랍도록 딱 맞지 않은가? 다들 '오!'라는 표정으로 노트에 끄적였다. 실은 감탄사를 내뱉을 것도 아니었다. 우리 회의 전체가 그 방향으로 흘러가고 있었으니까. 누군가 비틀스의 「Here, There and Everywhere」를 말했다. 제목도 마치 휴대폰을 위한 맞춤곡 같았다. 요즘 시대에 휴대폰을 제외하고 도대체 뭐가 'here, there and everywhere'이겠는가. 지금, 이곳에, 우리와 함께, 휴대폰이 있었다.

자기 고백 같기도 하고 아이디어 같기도 한 휴대폰에 대한 고찰

이 끝없이 이어졌다. 회의는 아직 초반이었다. 사소한 아이디어에 집착하기보다는, 각자의 느낌과 평소에 알고 있던 것들을 꼼꼼히 짚어 나가며 큰 틀을 만들어 가는 게 중요했다. 틀도 잡히지 않은 상황에서 15초 TV 광고를 어떻게 만드느냐 하는 문제, 슬로건이 어떻게 되어야 하는가에 관한 문제, 혹은 헤드라인이 어떻고 그림이 어때야 하는가에 관한 문제들을 고민하는 건 불필요하다. 그렇다고 한 사람이 완벽한 전체 틀을 짜 오길 바라는 것도 무리수가 있다. 누군가가 혼자 밤새 짜 놓은 틀을 재조합하느니, 각자의 사소하지만 가능성이 보이는 아이디어들을 짜 맞춰 더 큰 틀을 만드는 것이 나았다. 그건 같이 회의를 하고 있는 사람들에 대한 믿음인 동시에 귀중한 시간을 쪼개서 하고 있는 회의에 대한 예의였다.

휴대폰에 대한 각자의 생각을 들으며 우리는 고민에 빠졌다. 어떻게 해야 SK텔레콤에 SK텔레콤만의 색깔을 입혀 줄까? 그때 누군가 책의 한 구절을 사람들에게 읽어 주었다.

> 애플은 반대하고, IBM은 문제를 해결하고, 나이키는 권고하고, 버진은 빛을 비추고, 소니는 꿈을 꾸고, 베네통은 저항하고……. 나는 댄 위든이 "브랜드는 명사가 아니라 동사"라고 한 말을 믿는다. ― 장 마리 드루, 『성공하는 브랜드의 마케팅 혁명』

우리는 곧 초심을 되찾았다. 'SK텔레콤'이라는 말을 들었을 때 우리 머릿속에 딱 떠오르는 이미지는 없었지만, 그럼에도 불구하고 SK텔레콤은 1위였다. 1위에게는 1위에게 어울리는 광고가 필요했다. 광고를 통해 SK텔레콤만의 색깔을 가져야만 했다. 숏커트 소녀가 나와 몽환적인 분위기를 연출했던 TTL 같은 광고는 한물 간 접근이었다. 이제는 아무리 '선영아 사랑해'라고 외쳐도 사람들은 관심조차 보이지 않았다. 시끌벅적한 쇼로는 누구의 관심도 끌 수 없었다. 껍데기뿐인 깡통은 1위답지 않았다. 프레임이 바뀌어야 했다. 모두가 함께 각축을 벌이고 있는, 통신 회사들의 이전투구 현장에서 이제는 벗어날 때가 되었다고 판단했다. 프레임 자체를 바꿔서, 우리 중심으로 판을 새롭게 짜야 했다. 우리가 짠 판 위에서 경쟁사들이 놀도록 만들어야 했다. 왜냐하면 우리는 1위였으니까. 우리에게는 SK텔레콤이라는 브랜드를 단순한 '명사'가 아닌, 어떤 가치를 지닌 '동사'로 만들 의무가 있었다.

팀장님은 회의 내내 묵묵히 이야기를 들었다. 그리고 회의가 끝나갈 무렵 세 가지 키워드를 뽑아냈다. '현재, 현장, 중심' 그날 회의 내내 뱅뱅 맴돌던 단어들이었다. 이 세 가지 단어에서 어쩌면 정답이 나올지 몰랐다. 하지만 단정 짓기에는 일렀다. 우리는 어떤 구체적인 아이디어에 대해서도 언급하지 않았다. 우선은 이런 식으로 자유롭게 좀 더 달려보자며 회의를 끝냈다.

TF팀의 이상한 팀워크
2005년 5월 6일(금)

다시 한 번 말하지만, 우리는 TF팀이었다. 말이 좋아 TF팀이지 원래 팀에서 하던 일은 그대로 하고 경쟁 PT에도 참여하라는 말이었다. 목요일엔 각자 팀의 일을 하기로 하고 회의를 하루 미뤘다. 이것도 말이 좋아 회의를 하루 미뤘지 '하루나 시간을 더 줬는데 아이디어를 이것밖에 못 가져와?'라는 질책으로 돌아올 수 있는 상황이었다. 하지만 우리 일곱 명의 호흡은 사흘 만에 이미 완벽하게 맞춰져 있었다. 하루 쉬고 회의를 했는데 다들 별 아이디어도 없이 거의 빈손으로, 게다가 별 죄책감도 없이 참석했다는 사실만 봐도 충분히 알 수 있었다. 그렇다. 우리는 이미 한 팀이었다!

아이디어는 겉돌았다. 팀장님은 아무도 질책하지 않았지만, 우리 스스로 민망해지려는 찰나 구세주가 나타났다. 누군가 『학교대사전』을 꺼냈다. 고등학생 두 명이 틈틈이 썼다는 책이었는데, 기발하기가 이루 말할 수 없었다. 일상적인 단어들을 전혀 다른 식으로 해석해 낸다거나 거창한 과학 이론들을 코믹하게 풀이한다거나, 하여튼 갖가지 방법을 다 동원해 누구나 공감할 수 있는 학교 생활에 대한 책을 펴낸 것이었다.

개교기념일- 1년에 한번 학교가 학생들을 기쁘게 해주는 날.
(Note) 자신의 학교가 정말로 사악하다면 쉬지 않을 수도 있다.
나비효과- 야간자율학습시간 혹은 수업시간에 사소해 보이는 일이 교실 전체의 전멸로 이어지는 현상을 말한다.
(보기) 수업 시간에 맨 앞에서 자는 녀석이 발각되지 않음 → 모두 자게 됨/평소 떠들던 녀석들이 졸려 함 → 모두 자게 됨/선생의 목소리가 작음 → 모두 자게 됨 ― 학교대사전 편찬위원회,『학교대사전』

우리는 낄낄대며 책을 넘겨봤다. 두 고등학생이 학교를 다니며 틈틈이 한 작업이라고는 믿을 수가 없었다. 감히 상상을 할 수 없을 정도로 재기발랄했고, 뜨끔할 정도로 핵심을 짚어내고 있었다. 우리는 마냥 깔깔대고만 있었는데, 팀장님의 표정 변화가 심상치 않았다. "이거……괜찮은 것 같아."라는 말에 팀장님을 바라보자 "나도 아직은 모르겠지만……."이라며 말끝을 흐렸다. 어쨌거나 주말을 코앞에 둔 금요일이었고 회의는 마칠 시간이 다 되어 가고 있었다. 결국 각자 주말 동안 집에서 뒹굴며 생각도 좀 더 굴려 보기로 하고 헤어졌다. 마침내 주말이다!

가 보지 않은 길은 언제나 환영이지만
2005년 5월 9일(월)

닭의 모가지를 비틀어도 새벽은 오고, 아이디어가 없어도 회의 시간은 다가왔다. 월요일 아침, 회의실에 모여 각자 주말 동안 생각한 아이디어들을 부려 놓았다. 그러나 전부 겉돌았다. 회의를 시작한 지 일주일이 지나 더 이상 새로운 발상이 불가능했던 것일까. 아이디어는 지나가다가 우연히 주워야 하는 것인데, 억지로 짜낸 것이 문제였던 걸까. 어쨌거나 마음에 딱 차는 아이디어가 없었다. 우리는 다시, 금요일의 『학교대사전』으로 돌아가기로 했다. 그때 그 아이디어에서 누군가 한 명은 빛을 보았기 때문이다.

팀장님이 먼저 말문을 열었다. "『학교대사전』 괜찮은 거 같아."
좀 똑똑한 팀원이 "사전이라는 아이디어요?"라고 대꾸했지만 나머지 팀원들은 뭐가 어떻게 괜찮다는 건지 아직도 이해하지 못한 얼굴로 팀장님과 카피라이터를 번갈아 쳐다보았다.

"응, 사전이라는 아이디어도 괜찮은 것 같고, 발랄하다는 점도 마음에 들고." 팀장님 이야기에 그제야 또 다른 누군가가 거든다.

"『학교대사전』처럼, 휴대폰에 관련된 사전을 만든다고요?"

"그게 뭐가 될지는 아직 모르겠지만……『학교대사전』이 태어난 배경을 자세히 살펴보면 단서를 얻을 수 있을 것 같다는 거지. 애들이 더 이상 선생님의 말에 복종을 하는 대신 학교라는 권위를 말 그대로 가지고 놀잖아. 휴대폰에서도 그런 현상이 나타나고 있다는 거지. 지난주에 누군가가 말했던 에피소드, 요즘 애들은 수업 시간에 노트 필기를 안 하고 휴대폰 카메라로 칠판을 찍는다고. 그게 상상이나 할 수 있는 일이야?"

막내 카피라이터도 끼어든다.

"제가 주말에 서점에 갔더니 어른들도 책 읽다가 마음에 드는 구절이 있으면 휴대폰 카메라로 찍던데요. 자연스럽게."

"그러니까 말이야. 나라면 정말 상상도 못할 일이거든. 나라면 책을 사야겠다고 생각하지 그걸 휴대폰 카메라로 찍어야겠다고는 절대 생각도 못하거든. 뭔가 달라졌어."

지난 일주일간 우리의 회의를 돌아보니, 우리가 얻은 결론은 그거였다. 더 이상 휴대폰이 우리가 알던 그 휴대폰이 아니라는 것. 휴대폰의 쓰임새는 휴대폰 주인에 따라, 새로운 서비스에 따라 무한대로 늘어나고 있다는 것. 지금 시점에서 휴대폰을 가지고 사전을 만드는 일은 유의미한 일이 될 것 같았다. 단,『학교대사전』처럼 젊고 발랄하게. TV 광고가 나가기 전에 우리가 만든 책부터 배포하자는 아이디어가 나왔다. 누군가 인터넷을 통해 사람들의 에피소드를 모으고 그걸 광고로 만드는 것도 좋겠다는 아이디어를 더했다. 가 보지 않은 길을 가 보자는 아이디어는 언제든지 환영이다. 가 봤던 길로 다시 가 보기 위해 우리가 TF팀이 된 건 아니었으니까.

우선 '휴대폰대사전'을 발전시켜보기로 했다. 괜찮은 방향 하나는 마련된 셈이었다. 하지만 성급한 판단은 금물, 우리는 겨우 일주일 회의를 했을 뿐이다. 그러나 모두 왠지 휴대폰대사전이 우리의 길이 될 것이라는 막연하지만 불안한 예감에 시달리고 있었다. 안 가 본 길이라 그 길에 매력을 느끼고 있었지만, 한 번 그 길로 접어드는 순간 무한대로 불어날 우리의 일도 잘 알고 있었던 것이다.

현대생활백서 어때?
2005년 5월 10일(화)

전체 회의

AE들의 고민 방향과 제작팀의 고민 방향을 한 곳에서 모으는 자리. 지금껏 푹 빠져 있던 우리끼리의 아이디어를 객관화해 볼 수 있는 자리. 서로 표현 방식은 다르지만, 결국은 같은 고민을 하고 있었다는 것을 확인하고 안도의 한숨을 내쉬는 자리. 혹은 완전히 각자 다른 방향으로 달리고 있었다는 것을 확인하고 언성이 높아지기도 하는 자리. 때론 같이 모였다는 이유만으로 시너지 효과를 내며 일주일 동안 안 풀리던 문제가 단숨에 풀리기도 하는 자리. 너무 자주 모이면 효과가 반감되지만, 아쉽다 싶을 때쯤 한 번씩 만나면 효과가 극대화되는 자리.

마침내 우리가 모였다. AE들과 제작팀의 전체 회의. AE들이 먼저 이야기했다. 처음엔 SK텔레콤의 'fun/enjoy/entertain'이라는 속성을 생각해 봤을 때 SK텔레콤은 놀이터가 아닌가 생각했다고. 그것보다는 좀 더 큰 개념일 것 같아서 더 고민해 본 결과 '우리 생활을 만들어가는 끈'이라는 생각도 했다고. 그러나 회의가 진행될수록, 이런 생각의 오류를 깨달았다고 말했다. 알게 모르게 SK텔레콤을 한 마디로 정의하려고 애썼다는 것이다. 그만큼 지금껏 해 오던 방법을 벗어나는 것이 어렵다는 것을 반증하는 이야기였다.

우리도 지금껏 달려온 방향을 이야기했다. 분명 휴대폰을 중심으로 거대한 일이 일어나고 있는데 그게 무엇인지 한 마디로는 정리할 수 없다고. 그러다 보니 휴대폰대사전 방향으로 가닥이 잡히고 있는데 이쪽도 아직은 확신이 없다고. 그리고 아이디어를 내다 보니 점점 경계를 설정하기가 어려워진다는 고민도 털어놓았다. 휴대폰에 관련한 아이디어가 나오다 보면, 이게 도대체 애니콜 광고인지 SK텔레콤 광고인지 헷갈릴 때가 많다는 고민. 그렇다고 휴대폰 단말기 관련된 아이디어는 다 뺄 수도 없는 노릇이니 어찌해야 할지 모르겠다는 고민. 또 하나의 고민은, '세상의 중심에 SK텔레콤이 있다!'라고 말할 수 있을 정도로 모든 변화의 중심에 휴대폰이 있는 가라는 문제였다. 적어도 우리가 보기엔 휴대폰보다는 인터넷 쪽에 더 변화의 중심이 가 있었기 때문이다.

다양한 논의가 이어진 후 결론을 내렸다. '휴대폰대사전'의 방향은 유효하다고. 그게 어쩌면 한 마디로 정의 내리는 기존의 방식을 깨는 새로운 틀이 될 수 있겠다고. 그리고 인터넷의 힘을 무시할 수는 없지만, 휴대폰의 이동성도 무시할 수 없다고. 어쩌면 휴대폰은 인터넷보다 더 개인적인 속성을 가지고 있기 때문에 더 많은 이야기가 시작되는 곳일 수도 있다고. 우선은 휴대폰 단말기보다는 휴대폰 서비스 쪽에 무게 중심을 두고 아이디어를 내 보자고.

회의 후 제작팀은 제작팀끼리 회의를 계속했다. 회의에 가속이 붙는 찰나, 팀장님이 칠판에 커다랗게 "현대생활백서"라고 썼다. 조금 생소한 감이 있긴 하지만, 캠페인 틀로 괜찮을 것 같기도……. 우선은 좀 더 두고 보기로 했다. 막연하기만 했던 것들이 점점 형체를 갖춰 가고 있었다.

지원군들의 등장
2005년 5월 11일(수)

도처에서 지원군이 등장하기 시작했다. 첫 번째 지원군은 어젯밤 9시 뉴스. 헤드라인은 '엄지족의 힘'. 고교 내신 등급제를 반대하기 위해 수백 명의 고등학생들이 촛불을 들고 모였다는 뉴스. 뉴스를 평범하지 않게 만든 것은 다름 아닌 휴대폰 문자 메시지. 이날 촛불을 주도한 것이 문자 메시지였기 때문이었다. 문자 메시지는 아는 친구에게서 모르는 친구에게로, 그리고 또 다시 다른 학교 친구에게로 모세혈관처럼 뻗어나갔고, 뉴스에서는 그들을 '엄지족'이라고 불렀다. 우리는 휴대폰이 '시대의 모세혈관' 역할을 했다는 것에 주목했다. 현대생활백서 방향에 힘이 실리는 순간이었다. (기억할지는 모르겠지만, 첫 회의에서도 고등학생들의 촛불 시위 이야기는 나왔다. 그때는 우리가 어느 쪽으로 달려야 할지 몰랐기 때문에 전혀 주목 받지 못한 채 넘어갔다. 하지만 일주일 만에 그 이야기는 우리를 위한 지원군으로 둔갑했다.)

뒤이어 등장한 두 번째 지원군, 오늘 아침 신문 기사. 기사의 헤드라인은 '온라인 댓글 파워'. 서귀포의 부실 도시락에 관한 인터넷 글의 댓글이 결국은 오프라인을 바꾸게 했다는 이야기. 휴대폰에 관한 이야기가 아닌 인터넷에 관한 이야기였다. 하지만 이미 세상의 패러다임이 변했다는 사실을, 그리고 변화의 속도는 우리 생각보다 매우 빠르다는 사실을 명백하게 일깨워주고 있었다. 빠른 패러다임 변화는 비단 인터넷 세상만의 이야기는 아니었다. 현대생활백서에 다시 한 번 힘이 실리는 순간이었다.

우리는 휴대폰이 세상의 패러다임을 바꾸고 있는 증거들을 본격적으로 찾기 시작했다. 비 오는 날 곱슬거리는 머리를 휴대폰 폴더로 편다는 여고생의 이야기가 있었고, 집 앞에 와 있다는 것을 증명하기 위해 포토메일을 전송하는 친구의 이야기도 있었고, 물론 촛불 시위 이야기도 있었다. 휴대폰 카메라 하나만으로 엽기적으로 혹은 기발하게 사진을 찍으며 노는 고등학생들의 사진도 있었다. 소재는 도처에 널려 있었다. 그 소재를 건져올리기 위해서는 예민한 안테나만 있으면 될 일이었다.

사례를 찾는 것과 동시에 지금까지 나온 소재들, 즉 SK텔레콤이 생활 속에 자연스럽게 녹아 들어간 소재들을 '휴대폰의 물성적인 특성'과 '휴대폰의 기능(서비스)적인 특성'으로 분류해 보았다. 그리고 거기에 SK텔레콤의 최신 서비스들도 자연스럽게 들어가야만 한다는 것을 상기했다. 현대생활백서의 방향에 맞으려면 최신 서비스가 사람들의 생활 속에 자연스럽게 녹아든 사례가 필요했다. 일반적인 사례들보다는 찾기 어려울 것이 분명했다. 그렇다면 기발하게 표현할 수 있는 방법이라도 찾아야만 했다. 분명 기존에 우리가 알던 방법은 아니었다. 프로젝트 전체가 우리가 알지 못하던 쪽으로 흘러가고 있었다.

될까? 될까? 된다!
2005년 5월 13일(금)

돌이켜 생각해 보면 우리가 왜 그렇게 주저했을까 의문이 든다. 이미 우리 손에 답을 가지고 있었음에도 불구하고 우리에겐 확신이 없었다. 99퍼센트의 확신이 1퍼센트의 의심을 이기지 못했다. 아직은 '된다!'보다는 '될까?'가 우세했다. 우리에게는 확신의 날이 필요했다. 그리고 드디어 그 날이 왔다.

창문도 없는 회의실에 여덟 명이 모여 앉았다. 우리 스스로를 설득하지 못하면 이 방을 나갈 수 없다는 결연한 각오까지는 없었지만, 오늘 모든 것을 결정해야만 한다는 것은 자명한 사실이었다. PT 준비 기간은 이제 중반을 넘어서고 있었다. 이젠 더 이상 지체할 시간이 없었다. 약 2주간 우리가 달려온 방향의 뼈대를 팀장님이 칠판에 쓰기 시작했다.

우리는 동의했다. 더 이상 개념 정의를 하지 말자고. 우리는 보았다. 생각의 지각 변동을. 우리는 깨달았다. SK텔레콤은 시대의 모세혈관임을, 그리고 변화의 흐름을 더 이상 거부할 수 없음을. 우리는 필연적으로 현대생활백서에 도달했다.

두 시간에 걸쳐 꼼꼼히 현대생활백서를 점검했다. 광고주에게서 나올 수 있을 법한 질문들, 혹시 진행되다가 발목을 잡을 수 있는 허점들, 차마 말하지 못한 의문점들을 모두 꺼내서 현대생활백서의 나사를 풀었다가 조였다가를 반복했다. 마침내 팀장님이 현대생활백서를 만들어 보자고 했다. 각오하고 있었지만 막상 닥치자 반항하고 싶은 심정이었다. 어떻게 일이 진행될지 짐작조차 하지 못했지만 사전 한 권이 그렇게 쉽게 만들어지는 게 아니라는 것쯤은 알고 있었기 때문이었다. 『학교대사전』서문을 봐도 1년 넘게 틈틈이 만들었다고 하지 않았는가. 우리에게는 2주일도 없었다. 하지만 우리는 무적의 TF팀. 안 되는 일도 되게 해야 했다.

우리는 일반적인 휴대폰의 쓰임새는 물론 그 이상의 수많은 에피소드들을 본격적으로 찾기로 했다. 우선 회의 시간에 나온 에피소드들부터 챙겼다. 그게 비주얼로 정리가 될지, 진짜 『학교대사전』처럼 글로 쓰일지, 책으로 유포가 될지, 인터넷으로 먼저 나갈지, TV광고가 될지, 인쇄 광고가 될지 아직 몰랐다. 우선은 닥치는 대로 에피소드를 찾아야 했다. 카피라이터들은 에피소드들을 토대로 카피도 쓰기로 했다. 이제 드디어 방향이 정해졌다. 팀장님 말처럼, 그곳이 어딘지는 모르겠으나, 믿고 달릴 일만 남아 있었다.

덧붙이는 말

이렇게 간단하게 써놓았지만, 그 날 회의는 정말 치열했다. 사람들은 벌컥벌컥 물을 마셨고, 언성을 높이기도, 또 한없이 침묵하기도 했다. 결국 두 시간의 회의 끝에 회의실에서 나올 때는 모두 상기된 얼굴이었다. 결코 풀리지 않을 것 같던 난제가 풀렸기 때문이다. 그리고 그 이후로, 그 회의실은, 우리 팀만의 성지(聖地)가 되었다.

오늘 회의는 여기까지 하자
2005년 5월 16일(월)

오늘부터는 회의록이 존재하지 않는다. 회의록보다는 각자 아이디어를 내고, 그중에서 가장 괜찮은 아이디어를 뽑고, 그걸 문서로 정리해 놓을 뿐이다. 그걸 회의록이라 불러야 하는지는 모르겠다. 같이 고민한 과정이 드러나지는 않으니까. 그렇다고 고민을 하지 않는 건 아니다. 아이디어가 많이 나오는 경우도 있고, 한 개의 아이디어를 두고 엄청난 설전이 벌어지는 경우도 있다. 전날 호평을 받았던 아이디어가 다음날이면 빠지고, 또 다른 아이디어가 들어와 있기도 한다. 한 줄기로 정리되었던 아이디어들이 갑자기 가지를 치기도 하고, 다른 줄기에 있던 아이디어가 한 줄기로 합쳐지기도 한다. 그렇게 해서 경쟁 PT를 할 때까지, 촬영을 하고 온에어가 될 때까지 끊임없이 아이디어는 변하고 진화한다. 지금부터는 그 과정을 간단히 기록하겠다.

"팀장님 화나신 거 아니야?"

"화나셨다고요? 왜요?"

"우리가 카피를 제대로 못 써와서."

"설마요. 그런 걸로 화 안 내세요."

"그래도 아까는 화 많이 나신 거 같던데……."

월요일 아침 회의를 마친 후 눈치 없는 막내 카피라이터는 회의 결과와 상관없이 룰루랄라, 대장 카피라이터는 회의 결과 때문에 안절부절. 월요일 아침 첫 카피 회의는 엉망으로 끝났다. 네 명의 카피라이터 중에서 둘은 개인 사정으로 불참한 상태였다. 남은 두 명의 카피라이터가 카피를 내밀었고 팀장님의 표정은 굳었다. 카피를 다 읽고도 단 한 번 고개를 끄덕이지도, 동그라미를 치지도 않았다. 침묵이 먼지가 되어 방 안에 켜켜이 쌓이고 있었다. 그 먼지에 질식하기 전에 팀장님이 입을 열었다. "아닌 것 같아. 이렇게 하면 안 돼. 이게 아니야." 그리고 다시 침묵. 팀장님의 깊은 한숨.

"오늘 회의는 여기까지 하자."

"더 써 볼까요?"

"아니. 아니. 나도 어떻게 쓰라고 방향을 알려 줄 수가 없으니까, 여기서 다시 쓰는 건 무의미할 것 같아. …… 지금까지 쓴 카피 전부 나한테 줄래? 회의는 나중에 다시 하자."

회의는 20분도 안 되어 끝났다. 각자 다시 자기 팀으로 돌아갔다. 팀장님의 방문은 닫혔다. 평소에는 절대로 닫히지 않는 방문이었다. 그리고 오후에 팀장님의 집합 명령이 떨어졌다.

오전에 없었던 카피라이터들도 다 같이 모였다. 오전 회의의 결과를 이미 전해 들은 터라 나머지 두 명의 카피라이터는 카피를 써 왔고 팀장님도 마찬가지였다. 팀장님의 카피는 달랐다. 우리의 오전 카피와는 명백히 달랐다. 거기에 오전에 불참했던 카피라이터의 카피가 더해지자 비로소 팀장님의 굳어 있던 얼굴이 펴졌다.

"그래, 이렇게 쓰면 되는 거야. 이 카피도 괜찮고 이것도 괜찮네. 다른 사람들도 감이 와? 각자 이런 식으로 카피를 써 보면 될 것 같아. 이 카피까지 합쳐서 다 같이 공유하자. 어떻게 써야 하는지 알겠지? 소재 더 찾고, 그걸로 카피 써서 모레 모이자. 이제 마음이 놓이네. 아깐 진짜 막막했거든."

그제서야 팀원들 얼굴도 다 같이 펴졌다. 살았다는 안도의 눈빛을 서로 교환했다. 방향은 지난주에 정해졌고, 어떻게 달려야 할지는 오늘 정해졌다. 달려 보자. 몸은 충분히 풀었으니.

덧붙이는 말

5년이 지나서 팀장님과 그날의 일을 이야기할 기회가 있었다. 팀장님은 정확하게 기억하고 있었다. 그리고 5년이 지나서야 그 때의 심정을 털어놓았다. 나도 인간인데 어떻게 100퍼센트 확신을 가질 수 있겠냐고. 판단을 내려야 할 때가 되었고, 그쪽 방향에서 가능성을 보았기 때문에 현대생활백서를 하자고 말했던 거라고. 하지만 100퍼센트의 확신은 없었다고. 카피를 보고 나면 확신을 가질 수 있을 거라 생각했는데, 카피를 보고 나니 단 1퍼센트의 확신도 남지 않았다고. 큰일이라는 생각만 들었다고. 그래서 문을 닫고 들어가서 카피를 쓰기 시작했다고. 오후가 되어서 카피를 손에 쥐고 나니 그제야 120퍼센트의 확신이 들었다고. 그 날 오전이 그 프로젝트에서 가장 외로운 오전이었다고. 가장 힘든 오전이었다고. 5년이 지난 후였지만, 팀장님의 얼굴에는 다시 한 번 긴장감이 스쳤다.

여기까지 읽고 난 후에 모두들 궁금할 것이다. '틀린' 카피는 도대체 어떤 것이었고, '맞는' 카피는 또 어떤 것인지. 부끄럽지만 여기에 최초 공개해 보겠다.

현대생활백서 카피의 잘못된 예

[고대기]
대구시 동성로 대구여중 2학년 3반
교실 9시 30분
누군가의 재치

[촛불시위]
뉴스에 나오는 촛불 시위 장면이 보인다.
 라디오 사연을 읽어 주듯 이소라 NA
 자막_대전에 살고 있는 여고생의 사연입니다.
 이소라_언니 전 그 자리에 가진 못했지만 마음은 그곳에 있었어요. 저흰 단지, 저희의 생각을 알리고 싶었던 것뿐이에요. 그게 잘못된 건 아니겠죠?
 한 여고생의 일상일기였습니다.

[그날밤 9시 30분, 그들의 BGM]

홍대 앞 원룸주택 B04호 샤워 부스 안

그 남자가 흥얼흥얼하며 샤워를 한다.

대구시 동성로 대구여중 2학년 3반

그녀들이 흥얼흥얼하며 공부를 한다.

[토요일 10시 30분, 그들의 애드립]

춘천시 파라다이스CC 로비 앞

한 남자가 게임을 하며 기다린다.

2호선 신촌역 지하철 승강장

한 여자가 애인의 사진을 보며 기다린다.

현대생활백서 카피의 올바른 예

[회의중입니다.]

50%는 전화를 빨리 끊고 싶을 때,

50%는 정말 바빠서 전화를 받을 수 없을 때.

전화를 빨리 끊고 싶을 때 하는 거짓말 1위!

[벽돌]

한 때 있는 자의 휴대폰이었으나

지금은 그 존재가 희귀해졌다.

워낙 무겁고 잔고장이 없다하여

때로 아령으로 변신, 정체성이 불분명하다.

[약속장소]

80년대

"학교 정문 오른편 풀빵 리어카 앞에서

일곱 시 사십오 분에 보자.

지난번처럼 엉뚱한 곳에 서 있으면

못 만날 수도 있어."

90년대

"일곱 시 이후에 119라고 삐삐 치면 내가 나갈게.

못 찾겠으면 음성 남겨."

2000년대

"저녁 때 신촌 와서 전화해라."

[휴대폰 일인극]

남자는 좋아하는 여자를 탐색하기 위해

여자는 남자에게 관심 없음을 보여 주기 위해

전화가 걸려온 척 자작극을 펼친다.

[권태기]

자신의 휴대폰이 고장나도

A/S할 생각을 안하는 시기를 뜻한다.
심할 땐 액정이 나가도
신경을 안 쓰는 경우가 있다.

[허니문]
휴대폰을 새로 바꾸고
짧게는 일주일,
길면 한달 정도의 기간
손에서 놓칠세라, 긁힐세라 떠받들며
남들에게 자랑하지 못해 안달이다.

카피 쓰기에 속도가 붙다
2005년 5월 18일(수)

한 번 속도가 붙기 시작하니 카피들은 무더기로 쏟아져 나오기 시작했다. 모두들 회의 시간에 카피 뭉치를 들고 나타났다. 괜찮은 것들만 가려내서 정리를 해도 벌써 49개였다. 처음에 생각했던 대로 휴대폰에 관한 에피소드는 주변에 널려 있다는 것을 49개의 카피가 증명하고 있었다. 아트디렉터까지 나서서 휴대폰에 관한 아이디어를 찾아 카피라이터들에게 끊임없이 넘기고 있었고, 회사 주니어 보드(Junior Board, TBWA에서 운영하는 대학생 광고 학교) 학생들에게도 아이디어 찾는 숙제가 나간 상태였다. 팀장님의 카피(개수)에 관한 욕심이 채워지는 건, 시간 문제였다!

기능/단말기/서비스/라이프스타일 총 4개의 카테고리별로 분류해 본 49개의 카피

[기능]

내가 찍어 줄게/찍어서 보내/휴대폰 멜로디 음악/인생의 BGM/Too To용법/휴대폰 강의 녹음/여고괴담놀이/디지털 필기/교실노래방/서점에서 책 본문 찍기

예) [내가 찍을게]

    친구가 내 사진을 찍어두고 싶어 할 때

    차라리 얼짱 각도를 아는 내가 내 사진을 찍어서 주는 현상.

    친구가 찍는 것보다 사진이 잘 나와 만족도가 높다.

    사진 찍는 것을 싫어하는 사람에게

    "니가 찍어서 줘."라고 하면 설득이 쉽다.

[단말기]

벽돌/휴대폰 고대기/휴대폰 손전등/성별감식법/오~와 벨소리/나비효과/휴대폰 룰렛/이마 서라운드/배터리 오래쓰기/처음 대화하기/잠금장치 풀기/음질 업그레이드/북부경찰서 레터링/엽기장식

예1) [나비효과]

    영은이 아줌마가 휴대폰을 바꾸면

    다음달 계모임 아줌마들의 휴대폰이 죄 바뀌어 있는 현상

예2) [휴대폰 고대기]

    휴대폰 폴더를 고대기 대용으로 사용한다.

    주의사항 : 효과를 의심하지 말고 오랜 시간 꾸준히 사용한다.

[서비스 관련]

일기예보 옷 결정(1밀리)/모바일 싸이월드(네이트)-스노우캣/GXG노하우(GXG)/JUNE 요금 절약(JUNE)/소매치기와 모네타(모네타)/짠돌이 시리즈(요금)/길 묻는 사람 없다(네이트 드라이브)/흥행 영화표 사기(씨즐)/우정 테스트(멜론)/효도 캠페인(모네타)/짠돌이의 멜론 사용법/다이어트(위성DMB)

예) [효도 캠페인-부모님께 모바일 뱅킹을 가르쳐드립시다] (모네타)

1. 부모님 중 한 분을 선택, 편안한 자세로 곁에 앉는다.(편의상 아버지라고 하자.)
2. 매번 은행을 다녀오는 번거로움과 휴대폰으로 모든 것이 가능한 시대의 편리성에 대해 이야기한다.
3. 관심을 보이시면 "제가 이참에 가르쳐드릴까요?"라며 부모님의 휴대폰으로 모네타에 접속한다.
4. 이를테면 저에게 용돈을 보낸다고 가정해 보자며 5,000원에서 10,000원 사이의 부담 없는 금액을 내 계좌로 송금한다.
5. 확인을 위해 아버지가 직접 다시 한 번 송금해 보시도록 권유한다.
6. 어머니께 접근한다.

라이프스타일

귀찮아서 집에서도 모바일/얼마까지 알아보셨는데요/30분 남았을 때 반응/휴대폰 요금변론/휴대폰 일인극/은행은 휴대폰 사러가는 곳/투명인간/운전 중입니다.(거짓말)/IT농활/OK캐쉬백만 사기/번호 따기-휴대폰 주기/품위 유머/디지털 갈비세트

예) [투명인간]

절대 휴대폰을 받지 않는 사람들. 친구들은 이들이 전화를 받으리라 기대하지 않고, 단지 부재중 전화 기록을 남겨두기 위해 전화를 건다. 그런다 해서 이들로부터 바로 전화가 오기를 기대하는 것은 금물. 투명인간과의 통화를 성사시키려면 평균 5회 이상 부재중 전화를 남겨두어야 한다.

상식과는 달리, 투명인간들은 휴대폰을 잃어버리거나 집에 두고 나오는 일이 거의 없으며 휴대폰 벨소리 크기도 최대치로 해둔 경우가 많아 빈축을 산다.

cf) 반투명인간: 전화를 받을 확률이 50퍼센트 미만인 사람들. 주로 '미안해, 진동으로 해 놔서 몰랐어.'라는 변명을 애용한다. 그러므로 이들에 있어 매너모드는 수신 거부에 해당하는 개념인 셈이다.

카피라면 모름지기 그립감!
2005년 5월 19일(목)

사무실 곳곳에서 "악!"하는 소리들이 터져 나왔다. 그럼 카피라이터들은 '이 일을 어째……'라는 표정으로 비명이 터져 나온 쪽을 돌아보고는 다시 키보드를 두드렸다. 비명 소리와 동시에 프린터는 무자비하게 돌아가기 시작했다. 수십 장의 카피가 쏟아져 나왔다. 출력 버튼을 잘못 누른 것이다. '현재 페이지만 인쇄'를 누른다는 것을 깜빡하고 '전체 인쇄'를 누르다니! 쏟아져 나오는 A4 용지를 보다 보면, 나중에 종이 귀신에게 잡혀서 지옥에 갈 거라는 강한 확신이 들었다. 프린터 앞에서 A4 용지들을 탁탁 챙겨서 손에 잡아보면 꽤나 두꺼웠다. 그때부터 우리 팀에 돌기 시작한 명언 하나, "카피라면 모름지기 그립감(grip 感)이 있어야지!" 카피라이터 네 명이 쏟아내는 카피량은 실로 막대했다.

    게다가 오늘은 같은 소재로 네 명의 카피라이터들이 각기 쓴 카피들을 추리는 날이었다. 이를테면 [번호 따기]라는 소재로 쓴 3가지 카피들 중에 가장 '현대생활백서'에 어울리는 것을 뽑아서 정리하는 것이다. 이 날을 위해 예전에 '아닌 카피'로 분류된 카피들까지 모두 한꺼번에 정리를 했으니, 얼마나 그 카피가 많았겠는가! 클릭 한 번 잘못했다가 A4 용지 100장이 넘어가는 카피가 나와 프린터 앞에서 망연자실하던 한 카피라이터의 표정을 아직도 잊을 수 없다.

34-1) [번호 따기]

클럽이나 술집에서 맘에 드는 사람이 나타났을 때
전화번호를 알려 달라고 요청하는 행위.
예전에는 냅킨이나 성냥갑에 적어 달라고 하거나 명함을 달라고 했지만
최근에는 휴대폰을 주며 찍어 달라고 요청하는 게 일반화되었다.

34-2) [번호 따기]

서울시 강남역 시티극장 뒷편
공짜바 21시 49분
누군가의 자극

34-3) [번호 따기]

클럽이나 기타 장소에서
마음에 드는 이성의 전화번호를 물어 보는 행동.
클럽에서는 흔히 자신의 휴대폰을
상대에게 건네준다.

    3가지 카피 중에서 34-2번 카피부터 탈락. 이유는 TV나 인쇄에서 충분히 그림으로 설명하지 않을 경우, 카피만으로는 결코 이해할 수 없는 구조이므로. 이어 34-3번 카피도 탈락. 번호 따기에 대한 설명으로는 충분하나, 재미는 충분하지 않기 때문. 결국 34-1번 카피로 결정. 이런 식으로 카피들을 제거하고 다시 정리해 70개가 되었다. 문제는 그 다음이었다. 카피는 계속해서 더해질 텐데, 이 그립감 있는 카피를 가지고 도대체 무엇을 어떻게 해야 하는가라는 거대한 문제가 남아 있었던 것이다.

    그리고 또 하나의 문제. 광고주가 오리엔테이션 때 언급한 과제, 즉 새로운 상품들과 서비스 런칭을 위한 광고도 준비해야 했다. 제일 좋은 방법은 현대생활백서라는 틀 안에 새로운 서비스가 녹아 들어가는 거였다. 하지만 그러기에는 두 가지 문제점이 있었다. 하나는 현대생활백서의 기본 취지와 새로운 서비스가 화해할 수 없는 카테고리 안에 있다는 점. 즉 현대생활백서는 이미 우리 생활 속에 들어와 있는 SK 텔레콤을 '발견'하는 기능을 담당했는데, 새로운 서비스는 아직 생활 속에 들어와 있지 않다는 것이 문제가 된 것이다. 두 번째 문제는 '새로운' 서비스였기 때문에 광고는 아직 그 서비스가 생소한 사람들에게 '설명'을 해야 한다는 점이었다.

우리는 과감해지기로 했다. 현대생활백서와 분리해 SK텔레콤의 새로운 서비스 광고를 만들기로. 캠페인의 도움을 전혀 받지 못한 채로 맨땅에서 다시 새로운 서비스 광고를 위한 아이디어를 내야 한다는 뜻이었다. (신기한 일은, 이렇게 문제를 공유하고 나면 누군가는 며칠 안에 아이디어를 가지고 나타났다. 그러니 때로는 문제를 해결하는 일보다, 문제가 무엇인지 파악하는 일이 더 중요했다. 어떻게든 문제는 해결책을 찾게 되어 있으니!)

어쨌거나, 우선 우리는 현대생활백서를 만들 사람을 찾기로 했다. 일곱 명의 TF팀 멤버 중에 아트디렉터는 단 세 명. 그마저도 두 명은 각자의 팀 일이 바빠서 적극적으로 참여하지 못하고 있는 상황이었다. 그 와중에 책 만드는 일까지 내부에서 소화할 수는 없었다. 막내 아트디렉터의 추천에 귀 기울여, 디자인은 물론 책 편집까지 가능한 프리랜서 디자이너를 만났다. 2주도 안 남은 상황이라는 말에 프리랜서 디자이너는 멈칫했다. 책은 경쟁 PT 날짜보다 일찍 완성되어야 한다는 말에 디자이너는 곤란한 표정을 지었다. 최종 카피는 대략 100개로 정리될 것이라는 말에는 난색을 표했다. 하지만 우리 팀 아트디렉터들이 최대한 도울 거라는 말로, 최대한 카피와 어울리는 이미지들을 넘기겠다는 말로, 50권 정도만(!) 만들면 된다는 말로 (다급해진 우리가 붙인 50권이라는 단서였지만, 모두가 알다시피 몇 권을 만드느냐와 책 디자인은 하등의 상관이 없다!) 프리랜서 디자이너는 현대생활백서 만드는 일에 강제 동원되었다. 오호통재라!

금요일 밤의 강제 동원

2005년 5월 20일(금)

카피라이터도 강제 동원에서 무사할 수 없었다. 어떻게 일주일이라는 시간이 흘렀는지, 그 시간을 우리가 어떻게 견뎠는지, 다음 한 주 동안은 또 어떻게 살아야 하는지, 심오하고도 거시적이고도 전 우주적인(!) 문제를 고민하기 위해 카피라이터 두 명이 금요일 저녁 회사 앞에서 술을 마시다 불시의 습격을 당했다. 저녁 7시에 걸려온 아트디렉터의 다급한 전화, "어디세요? 두 분 도움이 필요해요. 제가 그리로 갈게요." 그녀는 신성한 금요일 저녁 술자리에, 무엄하게도 현대생활백서의 카피 뭉치를 들고 나타났다!

"술은 계속 드시면서, 저 좀 도와주세요."

"뭘?"

"프리랜서 디자이너 한 명이 2주 안에 책 작업을 다 하는 건 무리예요. 카피를 쓴 사람들이니까 책임을 지세요."

"어떻게?"

"최소한 카피에 대한 비주얼 팁들은 주는 게 좋을 것 같아요. 그 팁들로 그쪽에서 비주얼 작업만 한다 해도 70개나 해야 되니까, 최대한 빨리 아이디어를 내서 주는 게 좋아요. 제가 카피 하나씩 읽을 테니까, 떠오르는 비주얼들을 다 불러 주세요."

"……(맥주 두 모금 마신 후에)응……(선처를 바라는 눈빛으로) 그런데 꼭 지금 해야 해?"

"(아주 단호하게)네. 지금 당장이요. 카피 읽을게요. 생활의 지혜.

짠돌이 중급. ① 전화를 걸어 벨소리가 한두 번 울리면 끊어 버린다. ② 내 번호가 찍혀서 전화가 오도록 만든다. ③ 내 휴대폰으로는 수신만 한다."

"그건……짠돌이니까, 굴비?(스스로도 1차원적인 아이디어라고 생각하고 있다. 하지만 시간이 없다는 핑계가 있다!)"

"유비쿼터스. 언제 어디서나 자장면을 시켜먹을 수 있는 세상을 일컫는 말. 한발 더 나아가, 언제든지 근처 제일 맛있는 자장면 집, 제일 가까운 자장면 집의 정보까지 찾아낼 수 있는 세상을 말한다. 이 카피는요?"

"음……자장면을 뜬금없이 시켜먹을 수 있는 상황이 뭐 있지? 달밤의 낚시?"

우리가 비주얼 팁을 주면 아트디렉터는 열심히 썸네일을 그렸다. 카피 70개에 대한 아이디어 정리가 끝나자마자, 아트디렉터는 프리랜서 디자이너에게 썸네일을 전달하기 위해 홍대로 달려갔다. 그날 술자리는 이상야릇한 만족감을 남겼다. 굳이 말로 하자면, '우리는 금요일 밤 술자리에서도 일하는 회사원이다!' 정도의 만족감이랄까? 만족감에 취해 다량의 알코올을 섭취했음은 말할 것도 없고.

역사는 밤에 이루어진다
2005년 5월 24일(화)

주말이 지나고 제목이 달렸다. 내친 김에 번호도 붙였다. 이렇게.

현대생활백서 1. 유비쿼터스

언제 어디서나 짜장면을 시켜먹을 수 있는 세상을 일컫는 말.

현대생활백서 2. 여보세요

전화를 건 사람이 누구인지 모를 때 하던 말.
요즘은 보통 "네, 선배님!" "응, 엄마!" 식으로 바뀌었다.

현대생활백서 27. 멜론세대

입사 면접 마무리 인사 또는 자기 소개할 때
휴대폰으로 배경 음악을 깔 줄 아는 세대.

현대생활백서 34. 머피의 법칙

새로 산 휴대폰을 자랑하고 싶어 목에 걸면
항상 뒤집어져서 뒷면만 보인다.

현대생활백서 53. 미필적 고의

새 휴대폰을 갖고 싶은 사람이
본인의 낡은 휴대폰을 일부러 분실하는 행동.

현대생활백서 58. 배보다 배꼽이 더 크다

문자 메시지 요금이 통화 요금보다 더 많이 나온 것.
비) 가랑비에 옷 젖는 줄 모른다.

현대생활백서 77. 디지털 빨간책

학생들이 보는 모바일 누드 서비스.
학생부에 걸릴 위험을 최소화시켜 주며
과거 빨간책을 팔고 사던
학생들의 상행위를 근절시켜 주는 효과가 있다.

현대생활백서 90. 휴대폰 자살

찬장 위에 둔 휴대폰이 드르르 진동하다가
싱크대로 투신하는 것.
#72 권태기이지만 #53 미필적 고의를 행하지는 못하는
사람일 경우 은근히 고마워한다.

    마침내 90개가 되었다. 제목과 번호를 붙였을 뿐인데 그럴듯해 보였다. 이거면 다 되었다는 뿌듯함을 채 다 즐기기도 전에, 미루고 미뤘던 문제가 눈앞에 다가왔다. TV 광고/라디오 광고/인쇄 광고, 즉 광고 3종 세트. 최종적으로 경쟁 PT에서의 승패를 좌우할 녀석들이었다. 어라, 어떡해야 하는 거지?
    "크게 고민할 것 없어. 90개 카피들 중에서 고르면 되지 않나?"
    언제나 그렇듯이, 답은 우리 손 안에 이미 있었다. 모두 모여 앉아서 카피를 고르기 시작했다. 기준도 간단했다. 왠지 촬영했을 때 재미있을 것 같은 카피는 TV로, 왠지 녹음했을 때 재미있을 것 같은 카피는 라디오로, 왠지 비주얼이 도움을 주면 더 재미있을 것 같은 카피는 인쇄로 골랐다. 너무 생각 없이 광고를 만드는 게 아니냐고?

이 카피들 쓴다고 우리가 얼마나 고생했는데!

감독도 만났다. 캠페인에 대한 디테일한 오리엔테이션을 해줬다. TV용으로 뽑은 카피 10개를 넘겼다. 감독이 콘티를 짜 오면, 그중에서 괜찮은 것들 두세 개 정도를 간단하게 촬영해서 경쟁 PT때 가져가기로 했다. 큰 숙제를 아주 간단히 끝냈다. 그런데 왜 찜찜하지? 에라, 모르겠다!

그 날 저녁.

역사는 밤에 이루어진다. 현대생활백서의 역사도 밤에 이루어졌다. 팀원들 모르게. 아무도 모르게.

감독을 만나고 난 후, 팀원들은 마음 한 구석 찜찜함을 애서 무시했다. 찜찜함의 원인을 알고 있었지만 해결할 방법을 알지 못했던 것이다. 원인은 간단했다. TV 광고가 매우 평범한 스타일로 진행될 것 같았기 때문이었다. 처음 '현대생활백서'를 시작할 땐 전무후무한 캠페인을 만들 수 있을 것 같았는데, 정작 TV 광고를 만들려고 보니 그 자신감은 온데간데 없었기 때문이었다. 뭔가 현대생활백서다운 광고를 만들어야 했다. 하지만 어떻게? 팀장님은 고민 끝에 옆 팀 조익명 CD에게 SOS를 쳤다. 새로운 역사의 시작이었다.

조 CD님은 광고 바닥에서 명성이 높은 분이었다. 아트디렉터 출신이면서 PD도 감독도 모두 해본 독특한 이력을 지닌, 우리 팀장님과는 꽤 다른 스타일로 일을 진행하는 CD였다. 한 쪽이 카피라이터 출신 CD로서의 능력을 극대화한 사람이라면, 다른 한 쪽은 아트디렉터 출신 CD로서의 능력을 극대화한 사람이었던 것이다. 그렇게 양 극단의 두 거장이 만났다. 팀장님은 조 CD님에게 현대생활백서 캠페인에 대해 20분 정도 설명을 했다. 지금까지의 진행 사항, 우리의 고민도 이야기하며 90개의 카피를 넘겼다. 30분 후, 팀장님에게 전화가 걸려왔다. 조CD님이었다.

"감독, 네 명은 써야겠는데요."

"네 명이요?"

"생각해 보니까 TV 광고 두세 편 보여 준다고 될 캠페인이 아닙니다. 수십 편을 만들어야 캠페인 전체가 보일 겁니다."

"그게 가능할까요?"

"카피 톤을 보면, TV 광고 한 편 만드는 데 돈이 많이 들 것도 아니라서. 최대한 가볍게 일상생활 그대로를 찍은 것처럼 보여야 하니까, 가능할 겁니다."

"감독 네 명을 부르는 것도요?"

"하면 되지요. 아무도 안 해봤으니까 우리가 하면 되지요."

"한 명으로는 역부족일거라고 생각은 했지만……."

"그럼 내일 감독 네 명 부르겠습니다."

다음 날 아침, 감독 네 명이 참여하게 되었다는 말에, 우리는 입을 딱 벌렸다.

PT 준비는 급물살을 타고
2005년 5월 25일(수)

진행은 급물살을 탔다. 카피는 10개 더 더해져서 100개가 되었다. 카피가 100개라서 현대생활'백'서라고 이름을 지은 게 아니냐

는 말이 농담으로 튀어나왔다. 그때마다 우리는 속으로 생각했다. '에이 설마……100개로 안 끝날 걸?'

우리나라 최고의 감독 네 명에게 카피 100개가 전달되었다. 오후 시간은 모두 감독 네 명에게 할애되었다. 감독들의 아이디어가 안드로메다로 향하지 않으려면, 최대한 친절한 오리엔테이션이 필요했기 때문이었다. 오리엔테이션은 길었지만, 숙제는 명료했다. 카피 100개를 다 읽어 보고, 각자 가장 마음에 드는 카피에 대해 아이디어를 내고, 그 아이디어를 콘티로 그려오라는 거였다. 아이디어를 위한 시간은 단 이틀. 본인이 찍을 수 있는 양껏 아이디어를 가지고 와야만 했다. "몇 개 정도 찍어야 하나요?"라는 감독들의 질문이 이어졌다. 그때마다 조 CD님은 명쾌하게 답했다. "말했잖아! 많이 찍으면 찍을수록 좋다니까!"

한 회의실에서 감독 오리엔테이션이 진행되는 동안, 다른 회의실은 숙제 검사로 바쁘게 돌아갔다.

숙제 1: '현대생활백서'에 어울리는 슬로건은 무엇입니까?

후보에서 3개로 압축되었다. '세상의 중심'/'생활의 중심'/'시대의 중심'. '생활의 중심' 쪽으로 의견이 좁혀졌다. '현대생활백서'에 더 가까운 슬로건이었다. 적당히 경쾌하게, 적당히 가볍게. '생활'에 비해 '시대'나 '세상'이라는 단어는 무거운 감이 있었기 때문에 탈락. 약 3분 고민한 결과였다. 작가 김훈은 조사 '은'을 쓸지 '이'를 쓸지를 두고 밤새 고민을 했다지만 그러기엔 우리는 좀 바빴다. 그리고 솔직히 우리는 이 슬로건에 도착하기 위해 이미 3주라는 진통의 시간을 거쳤다.

숙제 2: '생활의 중심'이라는 슬로건을 비주얼(로고)로 표현해 보시오

회의 시작 10분 전. 막내 아트디렉터의 손이 바쁘게 돌아갔다. 사람은 쉽게 변하는 동물이 아닌지라 벼락치기 버릇은 회사원이 되어서도 쉽게 사라지지 않기 때문이다. (회의 시간 10분 전이 되면 팀 전체에 컴퓨터 자판 치는 소리로 바쁜 것도 같은 맥락이다. 하지만 고민 시간이 작업 시간에 비례하는 것은 아니다. 광고 회사의 대부분의 일이 그렇듯, 고민 시간은 작업 시간에 비해 월등히 길다.) 막내 아트디렉터는 펜을 가지고 동그라미를 막 그리더니 그 다음엔 나침반을 그리고 표지판을 쓱쓱 그려냈다. 우리 앞에 나타난 비주얼들은 그럴듯했다. 그중 한 로고가 유난히 독특했다. 10분 전 펜으로 낙서하듯이 그려대던 바로 그 동그라미였다. 하지만 아직 로고를 결정할 단계는 아니었다. 최종 단계에서 TV와 인쇄에 모두 적용시켜 보면, 가장 적합한 로고는 자연스럽게 결정될 것이었다. 우선 괜찮은 로고 몇 개를 뽑아서 조 CD님에게 드렸다.

숙제 3: '현대생활백서'의 서문을 쓰시오

내 이럴 줄 알았다. 카피만 쓴다고 책이 완성되는 게 아니었던 것이다. 팀장님은 서문을 요구했다. 막내 카피라이터가 허둥지둥 써서 내놓았다. "음……이게 아닌데……. 좀 더 가볍게 써 보자." 막내 카피라이터는 다시 허둥지둥 써서 2차 서문을 내놓았다. "음……이게 아닌데……. 내가 한 번 써 볼게. 서문 쓴 것들 다 나한테 줘." 막

내 카피라이터 미션 실패. 팀장님 방문이 닫혔다. 그리고 얼마 지나지 않아 현대생활백서의 서문이 탄생했다. 막내 카피라이터는 스스로를 위로한다. '서문이 탄생했으니까 된 거 아니야?' 위로할 시간도 잠시, 완성된 서문은 바로 디자이너에게 전송되었다. 우리 눈앞에 아직 보이지는 않았지만, 책 작업도 이미 중반을 넘어서고 있었다.

무자비한 스케줄
2005년 5월 27일(금)

어려울 거라 충분히 예상했던 일이었다. 하지만 막상 닥치니 생각했던 것보다 어려운 문제가 많았다. 책 만들기에 있어서 우리는 확실히 아마추어였다. 프리랜서 디자이너가 들고 온, 50퍼센트 이상 완성된 책은 훌륭했다. 솔직히 일주일이라는 시간과 한 명의 디자이너의 작품이라는 것을 고려할 때, 책은 기대 이상이었다. 문제는 그 다음이었다. 일주일 안에 나머지 50퍼센트를 완성하고, 50권의 책을 만들어야만 했다.

"지금까지의 작업이 괜찮다면, 나머지 50퍼센트를 완성하는 건 크게 어려운 문제는 아니에요. 문제는 50권이에요."

"50권이 너무 많아요?"

"아니, 많다는 게 아니라, 어중간한 거죠. 차라리 몇백 부를 만들어야 한다면 인쇄를 하면 되는 건데, 이 정도의 분량이라면 칼라 복사를 해서, 책을 한 권 한 권 만들어야 하거든요."

"그거 말고는 방법이 없어요? 복사 전문 업체에 맡기면 안 만들어 주려나요."

"확인을 해봐야 하겠지만, 책 형태라기보다는 스프링 제본 형태가 될 가능성이 높아요. 제가 알기론 그래요."

"스프링 제본은 안 되는데……. 최대한 진짜 책처럼 보여 주고 싶어요."

"그럼 우선은 이렇게 하는 게 어떨까요? 수요일이 PT니까, 월요일까지는 제가 책 작업을 완료할게요. 월요일 오전에 최종 확인 하시고, 수정 사항이 있으면 얼른 반영해서 화요일 오전에는 출력소에 책 데이터를 넘길게요. 화요일 저녁에 출력이 완료되면 수작업으로 50권을 만들죠 뭐. 한 장 한 장 붙여서 형태를 잡은 후에 제본소에 맡겨서 떡제본을 하면 될 거예요."

"지금 시안과 같게 되는 건가요?"

"네. 이것과 거의 같다고 보시면 될 것 같아요. 이것도 어제 출력을 해서 제가 한 장 한 장 붙인 후에 제본을 한 거라서요."

"이 정도만 되면 저희는 좋지요."

질 좋은 종이, 질 좋은 인쇄, 어떤 것도 양보하지 않는 우리에게 수작업은, 당시로서는 최선의 방법이었다. 과정은 애써 무시하기로 했다. PT는 일주일도 남지 않았고, 중요한 건 결과였다.

우리의 결과 중심적 사고가 만들어 낸 또 하나의 문제를 해결해야 할 시간도 오늘이었다. 바로, 감독 네 명과의 만남. 다시 감독 네 명이 차례로 들어왔다. 지난번에는 우리 손에 감독들을 위한 자료로 가득 차 있었지만, 이번에는 감독들의 손이 가득했다. 촬영을 위

돼지 목에 진주목걸이

DMB다이어트

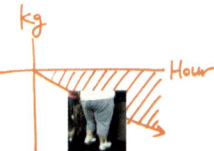

22

27

분쟁심화

생활의 지혜 (짠돌이 중급)

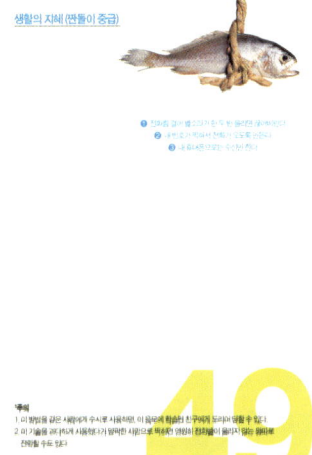

분쟁해소

41

42

49

책 형태로 완성되기 시작한 현대생활백서

한 콘티들이었다. 충분한 오리엔테이션 덕분이었는지, 모든 감독들의 콘티는 현대생활백서의 기본 원칙을 잘 따르고 있었다. 바로 1) Reality 2) Fun 3) 공감 4) 간단한 촬영 5) 저예산.

결론부터 이야기 하자면, 우리가 할 일은 크게 없었다. 단지 네 명의 감독이 가져온 콘티 27개 중에서 겹치는 아이디어들을 살짝 조정했을 뿐이다. 촬영 편 수가 적은 감독에게 겹치는 아이디어를 맡긴다거나, 촬영 편 수가 많은 감독에게 진짜 이걸 다 할 수 있는지 확답을 받는 방법으로 조정은 간단하게 끝났다. 결국 22편의 TV 광고를 만들기로 했다. 나흘 동안. 무려 '촬영 준비(토)-촬영(일/월)-편집 및 녹음(화)'이라는 간단하고도 잔인한 스케줄로.

그리하여 104개의 (그렇다! 그 사이에 또 4개의 카피가 추가되었다. 내가 장담하지 않았는가? 현대생활 '백'서가 백 개의 카피로 끝나지는 않을 거라고!) 카피를 모두 담은 책 50권과, 총 22편의 TV 광고가 다음 수요일까지 완성될 운명이었다.

당장 달려올 수 있는 유명한 성우
2005년 5월 30일(월)

이틀이라는 시간. 한 달 가까이 달려온 우리에게 주어진 마지막 시간이었다. 지금부터는 더 이상 일을 벌이는 건 무리였다. 지금까지 벌여놓은 일들을 최대한 매끄럽게, 잘, 꼼꼼하게 마무리하는 것만이 최선이었다. 상식은 그랬다. 하지만 우리는 또 일을 벌였다.

지난 주 감독과의 회의를 끝내놓고 곰곰이 생각해 보니 뭔가 부족했다. 휴대폰과 관련된 생활의 단면을 15초로 보여 줘서 사람들의 공감을 얻는 TV 광고만으로는 부족하다고 느낀 것이다. 더 매력적인 패키지가 필요했다. 고민 끝에 한 카피라이터가 낸 아이디어는 '매력적인 성우'였다. 현대생활백서의 모든 카피를 귀에 쏙쏙 들어오게 만들 성우, 누군지 목소리만 들어도 알 수 있는 성우, 나중에 목소리만 들어도 자연스럽게 현대생활백서를 떠올릴 수 있을 만한 성우. 그런 성우가 필요했다.

당연히 라디오를 진행하고 있는 DJ들이 가장 먼저 언급됐다. 그리고 가수들도 언급됐다. 이문세, 신해철, 유희열, 이적, 정지영, 최화정, 배철수가 그들이었다. 차범근 축구 감독도 후보에 포함되었다. 모두 현대생활백서에 어울리는 성우들이었다. 그러나 우리는 좀 더 엄격한 기준을 내걸었다. 당장 달려와 우리의 카피를 읽어 줄 수 있는 성우! 그리고 그보다 더 중요한 기준은, 일반 성우와 거의 같은 금액을 주고 녹음을 할 수 있는 성우여야만 했다! (과연 그런 사람이 있을까?)

우리는 철저히, 인맥에 기대기로 했다. 방법이 없었다. 성우에 관한 아이디어를 처음 냈다는 원죄와 더불어 평소 발이 넓다는 이유로 한 카피라이터가 PD와 함께 여의도로 달려갔다. "문세 아저씨, 이렇게 갑작스럽게 부탁해서 죄송하지만……저희 경쟁 PT 좀 도와주세요." 이렇게 한 마디로 이문세 씨가 흔쾌히 참여 결정! 오예! 그리고 내친 김에 최화정 씨에게도 달려갔다. "재미있겠다!"라는 하이톤의 목소리로 최화정 씨도 흔쾌히 참여 결정! 앗싸! 담당 AE는 친구에게 전화를 걸었다. "제수씨, 한 시간만 빌려주라. 돈은 많이 못 줘. 그냥 간단한 알바라고 생각하고. 어떻게 안되겠냐?" 그 한 통의 전화로 아나운서가 섭외되었다. 정지영 씨였다. 우와! 그리고 또 한 명, 우리 회사에서 진행하고 있는 00700의 모델이라는 이유로 차범근 감독도 섭외 완료! 놀라운 속도로 놀라운 사람들이 섭외되고 있었다.

마지막으로 섭외된 영광의 한 명은 가수 이적. 순전히 막내 카피라이터가 우긴 덕분이었다. 좋아한다는 이유 하나만으로, 가까이에서 보고 싶다는 사심(私心) 하나만으로 끝까지 이적을 연호한 것이었다. 다행히 팀에 누군가가 이적 씨를 건너서 알고 있었다. 그리하여 사심은 현실이 되었다. 이적 씨도 현대생활백서 성우 명단에 들어가게 된 것이었다! 프로젝트는 점점 더 거대해지고 있었다.

이왕 거대해진 프로젝트, 또 다른 CD가 투입되었다. 팀장님이 또 다른 CD님에게 인쇄 광고들을 부탁한 것이었다. 팀원들만 TF팀이 아니었다. 총 세 명의 CD가 참여하게 됨으로써 CD도 일종의 TF팀이 되었다. 세 명의 CD. 그들의 스타일은 제각각이었지만, 그들에게 주어진 임무는 단 하나였다. '현대생활백서만의 프레임을 만들어라!' TV 광고로 현대생활백서만의 프레임을 만드는 조 CD님이 있었고, 인쇄 광고로 현대생활백서만의 프레임을 만들게 된 김호철 CD님이 있었다. 그리고 대장 CD인 박웅현 팀장님은 캠페인 전체의 프레임을 만들어 가고 있었다. 이런 캠페인은 없었고, 이런 캠페인 진행도 없었다.

밖에서는 촬영이 한창이었다. 22편의 광고가 만들어지고 있었으나, 아무도 촬영장에 나가볼 수 없었다. 네 명의 감독, 조 CD님, 그리고 PD를 전적으로 믿는 것 말고는 우리가 할 수 있는 일이 별로 없었기 때문이었다. 내부에서의 막바지 작업에도 인원은 턱없이 모자랐다. 전부 자리에 앉기가 무섭게 일어났고, 일어나기 무섭게 뛰어다녔다.

회의실 가득 인쇄 광고 시안이 붙었다. 104개의 카피에 어울리게, 인쇄 광고 시안도 한가득이었다. 김 CD님과 아트디렉터들은 회의실 안에 들어가서 도무지 나오지 않았다. 가끔씩 아트디렉터가 뛰어나와 뭔가를 출력해서 다시 회의실로 뛰어들어갔다. 벽에 붙어 있던 시안 하나가 뜯겨 나가고 새로운 출력물이 붙었다. 한참 후에 방에서 나온 아트디렉터들은 컴퓨터 앞에 앉아서 무한 클릭을 시작했다. 무표정한 얼굴로 보아, 큰 문제 없이 인쇄 광고 작업이 마무리되고 있는 듯했다.

마무리 단계에 접어든 현대생활백서의 교정지가 도착하자. 이번에는 카피라이터들이 팀장님 방으로 들어갔다. 그리고 한참 동안 나오지 않았다. 모두 서서 한 장 한 장 교정지를 체크했다. 카피와 어울리지 않는 비주얼들을 체크하고, 틀린 맞춤법들과 세부적인 사항들을 하나하나 고쳐나갔다. 한참 후 방에서 나온 카피라이터들은 교정지를 다시 프리랜서 아트디렉터에게 보냈다. 수정 사항들이 반영된 최종 인쇄물은 내일 받기로 했다. 어쨌거나 책 작업은 이미 9부 능선을 넘어가고 있었.

정신을 차려보니 이미 밤이었다. TV 촬영이 마무리되었다는 소식이 왔다. 이제 PT까지는 단 하루 남아 있었다.

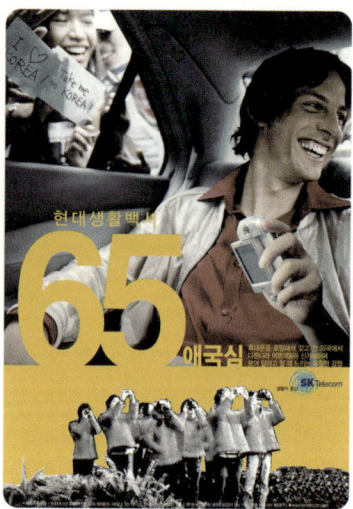

그 날 완성된 인쇄 시안들

현대생활백서 시리즈

 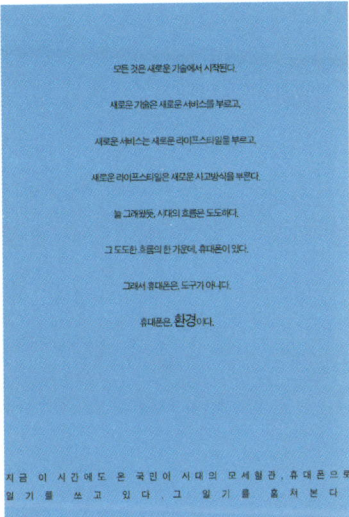

그 날 완성된 현대생활백서 부분들

책으로 나온 현대생활백서

마른 하늘에는 종종, 날벼락이 친다
2005년 5월 31일(화)

　　PT를 하다 보면, 어김없이 찾아오는 시간이 있다. 폭풍 전야와 같은 시간. 오늘 밤, 야근을 하게 될지언정 지금 당장 우리가 할 수 있는 일은 단 하나도 없는 텅 빈 시간. 감독이 편집실에서 편집을 하고 있고, 프리랜서 디자이너가 마지막 책 작업에 박차를 가하고 있고, 녹음실 실장님이 사운드 작업에 열중하고 있고, AE들도 작업으로 눈코 뜰 새 없는데 카피라이터들만 딱히 할 일이 없었다. 녹음할 카피들도 다 준비되어 있었고, 성우들은 오후에 차례로 녹음실에 오기로 되어 있었다. 오전에 카피라이터들은 평화로웠다.

　　'이 PT만 끝나면, 이런 시간이 자주 찾아오겠지? 이 PT만 끝나면 오후에 가로수길 카페에 앉아 여유로움을 만끽해 줄 테다. 이 PT만 끝나면, 당분간 PT하지 말자고 팀장님에게 당당하게 건의해야지. 그런데 이 PT를 이기면 바로 일 폭탄이 떨어지겠지? 그럼 경쟁 PT에서 져야 하는 건가? 아니, 그럴 순 없지. 어떻게 준비한 PT인데! 이만큼 좋은 캠페인이 도대체 어디 있다고! 그런데, 진짜 좋긴 한 건가? 우리끼리만 좋아하는 거 아닌가? 내일 PT에서도 사람들이 우리 캠페인을 좋아해 줄까?'

　　시간이 많으니, 잡생각도 많아졌다. 우리는 다시 일하기 시작했다. 일하다 장렬히 전사해도 상관없는 날이었다. 마지막 날이었으니까. 장렬히 전사할 수 있는 마지막 기회였으니까. 그래, 닥치고 일하자.

　　때마침 오전 내내 닫혀 있던 팀장님의 방이 열렸다. 내일 경쟁 PT

를 위한 기획서 시나리오가 완성된 것이었다. 제작팀의 팀장으로서가 아니라 캠페인 디렉터로서, 팀장님이 대표로 프리젠테이션하기로 결정되어 있었다. 팀장님은 카피라이터 한 명과 아트디렉터 한 명을 불러서 기획서 시나리오를 상세히 설명했다. 설명이 끝나자마자 둘은 파워포인트 작업을 시작했다. 정면 돌파하는 팀장님의 스타일을 그대로 반영한 기획서였다.

그리고 나머지 멤버들은 녹음실과 편집실로 뿔뿔이 흩어졌다. 이적을 좋아한다고 열렬히 고백한 막내 카피라이터와 PD는 녹음실로 갔다. 팀장님과 대장 카피라이터는 편집실로 향했다. 소문에 따르면 편집실에는 며칠째 집에 들어가지 않은 채로 22편의 편집 작업을 도맡아 하고 있는 조 CD님이 계셨다. 집에 들어가시지도 않은 채 편집실 소파에서 잠시 졸다가도 눈을 번뜩 뜨고 편집자에게 "그 자막 오른쪽으로 2밀리미터 옮겨. 좀 더. 밑으로 내려. 자막 좀 더 키워봐. 아니 다시 줄여봐."라며 22편의 광고를 완벽에 가까운 상태로 완성하고 계신다는 소문이 파다했다.

아니 땐 굴뚝에는 연기가 나지 않는다. 하지만 더 놀라운 것은, 며칠 만에 완성되었다고는 믿을 수 없는 22편의 광고였다. 네 명의 감독이 각자의 색깔로 찍은 광고들이 한 편집실에 모여 같은 옷으로 갈아입고 있었다. 패션쇼를 보는 듯한 느낌이었다. 수십 벌의 다른 옷들이 모여 하나의 컬렉션을 완성하는 것처럼, 수십 편의 광고들이 모여 하나의 캠페인을 완성시키고 있었다.

소소한 일상을 가볍게, 재미있게, 감각 있게, 현대생활백서스럽게, 그리하여 공감을 불러일으키게 만들어 보자던 우리의 의도(우리는 말을 하면서도 정확히 그 의도가 어떤 의도인지 몰랐다. 어떻게 보면 그냥 좋은 말을 다 갖다 붙인 게 아닌가 싶을 정도의 모호한 의도였기 때문이다.)가 완벽히 구현되어 있었다. 그저 박수를 칠 수밖에 없었다.

놀라움은 계속되었다. 일주일 전 아트디렉터의 낙서에 불과하던 동그라미들이 떳떳하게 로고가 되어 있었다. 아무것도 아니었던 동그라미들이 마지막에 화면 곳곳에 자리를 잡았고 가글 소리 같기도, 물 마시는 소리 같기도 한 사운드까지 더해져 있었다. 현대생활백서의 분위기를 단번에 띄우는 놀라운 장치였다.

때마침 다섯 명의 셀러브리티들의 목소리 녹음도 완료되어 녹음 파일들이 편집실에 도착했다. 섭외해 놓은 다섯 명의 셀러브리티들이 워낙 그 분야에 베테랑이었기에 녹음은 순조로웠다. 생각해 보라. 이문세, 최화정, 정지영, 차범근, 이적. 누가 그들을 당하겠는가? 그들은 모두 주문만 하면 딱딱 원하는 톤으로 카피를 읽어내려갔다. 아니, 주문할 것도 없었다. 원래 목소리 톤을 최대한 살리는 것이 가장 좋은 녹음이었다.

그들의 목소리가 현대생활백서에 더해졌다. 좋았다. 좋다는 말 말고는 더할 말이 없었다. PT 전날로서는 최고의 상태였다. 제작팀과 기획팀이 모두 만족하는 상태. 시안을 보면 볼수록 점점 확신이 드는 상태. 지금까지의 시간이 헛되지 않았다는 기쁨이 찾아오는 상태. 그리하여 정말로 경쟁 PT에서 이기는 생각만 하게 되는 상태. 어쩌다 보니 우리는 그 상태에 도달해 있었다.

하지만 언제나 그렇듯 절정의 순간은 짧았다. 막내 아트디렉터에게 다급한 목소리로 전화가 걸려왔다. "현대생활백서 50권 프린트

가 전부 회사에 도착했어요. 그런데 말했던 것처럼 전부 낱장 프린트로 왔어요. 시간 되시는 분들 전부 회사로 들어오셔야겠어요. 지금부터 수작업으로 50권을 만들어야 해요."

마른 하늘에는 종종 날벼락이 친다.

농업적 근면성을 믿어 보자
2005년 6월 1일(수)

동이 터 온 후에야 우리는 집으로 돌아갈 수 있었다. 밤새도록 3M 본드를 들고 책을 만들었다. 한 명이 종이 뒷면에 3M 본드를 붙이면, 다른 한 명이 그 위에 새 종이를 올렸다. 두 명이 달라붙어서 허리 한 번 안 펴고 작업을 하면 30분만에 간신히 한 권이 완성됐다. 팀 사람들로는 턱없이 부족했다.

지원군이 도착했다. 프리랜서 디자이너의 친구들이었다. 심지어 내가 좋아하던 가수도 있었다. 특별 대우 없이 모두 똑같이 마스크 끼고, 목장갑 끼고, 한 손에는 3M 본드를 들었다. 방 안 전체가 본드 냄새로 가득 찼다. 아무리 창문을 열어놓고 작업해도 본드 분출량에 비해 산소가 부족했다. 사람들은 작업을 하다가 문득 문득 밖으로 뛰어나갔다. 어지러웠기 때문이다. 그때마다 대장 카피라이터가 말했다. "농업적 근면성을 믿어 보자." 그거라도 믿지 않으면 안 될 일이었다. 그거라도 믿어야만 버틸 수 있었다.

새벽, 동이 터올 무렵 우리가 할 수 있는 책 만들기 작업은 모두 끝났다. AE들이 그렇게 만들어진 책을 들고 근처 출력소로 뛰어갔다. 그곳에서 제본을 하면 책이 완성되는 것이었다. 그렇게 밤을 꼴딱 샌 후에 뒷일과 PT는 어른들에게 맡기기로 했다. 그 아침, 텅 빈 신사동 거리를 바라보며 제작팀 어린이들은 모두 집으로 돌아갔다.

그리고 저녁 6시, 회식을 하기 위해 다시 회사에 모였다. 회식이 시작된 지 30분도 지나지 않았을 때 사장님에게 한 통의 전화가 걸려왔다. 광고주로부터 걸려온 승리의 전갈이었다. 전화를 끊자마자 우리는 모두 환호성을 질렀다. 건배를 했다. 농업적 근면성의 완벽한 승리였다.

그날 새벽, 이토록 텅빈 신사동 거리

에필로그

승리의 기쁨도 잠시, 우리는 현대생활백서의 완성을 위해 다시 신발끈을 고쳐 맸다. 104개의 카피로는 절대 만족할 수 없을 거라고 장담하지 않았는가? 그렇다. 우리는 104개의 카피에 66개의 카피를 더했다. 170개의 카피가 완성됐다. '악!'하는 비명은 더 자주 터져 나왔다. 비명에 이어 프린터 돌아가는 소리가 위잉위잉. 170장의 종이를 들고 카피라이터들은 또 다시 난감한 표정을 지었다. 그리고 잠시 후에 다시 어디선가 '악!'하는 비명이 울려 퍼졌다.

> 우리
> 회의나
> 할까?

　그렇게 완성된 170개의 카피를 바탕으로 진짜 현대생활백서 작업이 시작되었다. 이번엔 다섯 명의 포토그래퍼를 불렀다. 170개의 카피를 던지며 어울릴 법한 사진을 주문했다. 지금껏 찍어 놓은 사진들 중에 가져와도 좋고, 연출해서 다시 찍어도 좋고. "얼마나 가져와야 해요?"라는 포토그래퍼의 질문에 예전에 들은 적 있는 대답이 들려왔다. "많이 가져올수록 좋다니까!"

　그들이 가져온 사진들과 일러스트 중에 골라 170개의 카피와 함께 디자인 회사에 맡겼다. 조CD님은 디자인 회사의 결과물을 탐탁지 않게 여겼다. 아트디렉터 한 명을 붙잡고 CD님은 책을 처음부터 끝까지 고치기 시작했다. 아니, 아예 다시 만들기 시작했다. 그때부터 언젠가 편집실에서 본 풍경이 회사 안에서 펼쳐졌다. "오른쪽으로 2밀리미터 옮겨. 좀 더. 밑으로 내려. 폰트 좀 더 키워봐. 아니 다시 줄여봐." 아트디렉터의 얼굴은 점점 더 어두워졌다. 며칠째 집에 못 들어가는 생활이 계속 되었다. 저녁에 집에 갈 때도, 아침에 일찍 와도 그는 컴퓨터 앞에 앉아 있었다. 그렇게 누군가의 희생으로 마침내 현대생활백서가 완성되었다. 10만 부를 찍었다. 순식간에 동이 났다. 다시 10만 부를 찍었다. 또 다시 동이 났다. 누군가가 말했다. "20만 부면 베스트셀러 수준 아니야?"

　베스트셀러 현대생활백서를 든든하게 뒷받침해 주는 건 22편의 시안 중에서 골라진 5편의 TV 광고였다. 워낙 시안의 상태가 훌륭해 다시 찍지 않기로 결정내렸다. 역시나. 온에어되자마자 사람들의 입에 오르내리더니 엄청난 속도로 패러디되기 시작했다. 컴퓨터에는 UCC들이 돌아다녔고, 개그 프로그램에서도 패러디했다. 기세를 몰아 우리는 TV 광고 5편을 더 제작했다. 이번에도 모든 과정을 다 생략한 채 여러 명의 감독을 불러 170개의 카피를 내놓았다. "이미 광고로 나간 것들 빼고, 라디오 광고 나간 것들도 빼고, 나머지 중에서 다시 찍고 싶은 것들 만들어 오세요." 단 한 번도 해본 적이 없는 방식으로 우리는 현대생활백서의 캠페인을 완성해 갔다.

그렇게 3개월이 지난 후 우리는 현대생활백서 2권을 만들기로 결정했다. 이벤트를 열었다. 고객이 만드는 현대생활백서 2권. 고객이 만든다니……. 가만히 살펴보니, 카피라이터들이 뒷짐 지고 가만히 있어도 현대생활백서 2권이 만들어질 것 같았다. (이게 얼마나 큰 착각이었는지는 현대생활백서 2권을 만들기 시작하는 순간 깨닫게 된다.)

수천 개의 사연이 올라왔다. 카피라이터 세 명은 수천 개의 이야기를 다 읽고 그걸 카피로 만들었다. 워낙 현대생활백서의 프레임이 강했기 때문에 대부분의 이야기는 약간의 수정만 가하면 완성됐다. 1권을 만들 때와 똑같은 과정을 다시 겪었다. 일러스트레이터를 만나 카피 뭉치를 주고, 마음에 드는 카피를 그림으로 그려 달라는 주문을 했다. 포토그래퍼들을 다시 만나 카피 뭉치를 안기며 마음에 드는 카피를 사진으로 찍어오라는 주문을 했다. 감독들을 다시 만나 새로운 카피 뭉치를 주며 그중에 마음에 드는 카피를 TV 광고로 만들어 달라는 주문을 했다. 이벤트 페이지에 올라온 수십 편의 UCC 중 가장 훌륭한 한 편은 어떤 수정도 하지 않은 채 그대로 온에어시키기로 했다. 그 자체로 이미 완벽한 광고였고, 고객들이 만드는 광고라는 취지를 생각한다면 더 이상 완벽할 수 없는 광고였다. 이문세, 차범근, 최화정. 그 세 명이 다시 녹음실에 모였다. 수십 개의 카피를 녹음했다. 다시 한 번 수십 편의 광고가 완성되었다.

밖에서 TV 광고가 완성되는 동안 우리는 다시 한 번 농업적 근면성을 믿기로 했다. 그리하여 현대생활백서 2권이 탄생했다. 100퍼센트 고객들의 아이디어로 채워진, 경이로운 책의 탄생이었다. 물론 2권도 베스트셀러가 되었다.

이듬해 현대생활백서는 대한민국 광고 대상을 받았다. 우리는 수상 소감을 이렇게 썼다.

수상한 회의록 다시 보기

2005-05-02 SKT 마케팅 대표 브랜드 회의록

기본 논의 사항

마케팅 대표 브랜드

- 개별 브랜드, 제품 광고를 모두 포괄할 수 있는 전체 브랜드로서의 SKT의 의미
- 이동전화 서비스는 물론, 씨즐, 네이트, 네이트 드라이브 등을 모두 포괄
- tomorrow factory 광고는 삼성, LG 등의 대표 기업들과 상대해 대한민국의 미래를 이끌어가는 기업으로서의 SKT를 알리는 광고라면, 대표 브랜드 SKT의 광고는 통신시장을 이끌어가는 기업으로서의 SKT를 알리는 광고
- 그러나, 이런 식의 분할이 바람직한 것인가? 그 틀을 벗어나는 것은 어떠한가?
- 대표 브랜드 광고의 역할이 무엇인지 명확하게 결정해 주는 것으로부터 아이디어가 시작될 수도 있음.

SKT가 '기술력'과 '콘텐츠' 중 어느 쪽의 우위를 가지고 있는가?

- 분명, SKT가 기술력을 선도하는 기업임. 그런 측면에서 볼 때 SKT는 KTF가 가지지 못한 업의 본질을 가지고 있음. 그렇기 때문에 작년 PT에서는 "Communication"이 화두가 될 수 있었음. 그러나 이제는 더 이상 그 Keyword는 유효하지 않음.
- 기술력과 콘텐츠는 동전의 양면과도 같음. SKT의 기술력이 그에 걸맞는 새로운 콘텐츠를 낳고 있는 것이 현실임을 생각해볼 때 SKT의 비교 우위를 '기술력/콘텐츠'로 나누어서 생각하는 것은 무의미함.

경쟁 상대를 어디로 볼 것인가?

- 현재 SKT의 경쟁 상대는 단순히 KTF가 아니라 Anycall, 벅스 뮤직 등 전선이 여러 방향으로 뻗어 있음. 이런 상황에서는 '나'(SKT)에 집중하는 것이 바람직함.
- Convergence & Ubiquitous

아이디어의 기본 방향

☐ 'SKT는 이러한 것이다' 'SKT는 이렇게 해 주겠다' '휴대폰 없이는 살 수 없는 생활' 등의 방향, 이제껏 갔던 길은 분명히 아니다.

☐ 적극적인 단절이 있어야만 함.
  ex) 세상을 이끌어가는 힘

☐ 형식의 새로움이 또 다른 눈을 만들어준다는 것을 생각할 것

스케줄

☐ 5월 3일 10시 30분 제작 회의

☐ 5월 3일 4시 AE와 전체 회의

2005-05-03 SKT 마케팅 대표 브랜드 회의록

Idea Tip

1) 휴대폰이 필요한 이유는 사람이 動物이고, 기본적으로 움직이는 본성을 가지고 있기 때문. 이러한 특징을 생각해볼 때 'Move'를 기본 콘셉트로 가져갈 수 있지 않을까?

2) 신호등에서 저마다 휴대폰으로 통화를 하고 있는 상황
   '도시의 사람들은 저마다 자신의 존재를 인지(증명)하려고 휴대폰을 사용한다.'

3) Love Mark : 예전 기업은 기본적으로 트러스트마크였다면 이제는 러브마크 쪽에 관심을 기울일 시점임. 때문에 고객의 Involvement를 이끌어낼 수 있는 활동에 있어 정보뿐만이 아니라 '체험, 흥미, 재미'의 요소를 동시에 제공해야 함.

4) Interactive한 TV 광고 : 서태지의 KTF 바코드 광고, 중간 광고, Net Movie

5) Convergence는 과정, Ubiquitous는 결과물

6) 휴대폰은 도구가 아니라 하나의 '환경'이 되고 있음.

7) '나의 전용선', '개인의 바코드'

8) 새 옷을 살 때, 사포를 같이 줘서 자신만의 옷을 만들 수 있도록 하는 아이디어, 즉 뭔가를 자신이 할 수 있도록 가공된 워싱을 하지 않는 것. 광고에도 적용할 수 있지 않을까?

9) 최근의 여러가지 사태들(고등학생의 촛불 시위 등)을 볼 때 모든 것이 개별화, 세분화되는 추세이며 중심의 축이 분산되어 버렸음. 더 이상 모든 것을 하나로 묶는 '중심'이 존재한다고 볼 수 있으며 Ubiquitous로 이 현상은 더 가속화되고 있음. 세상의 중심에는 '각각의 개인'이 있으며, 중심축이 분산되는 그 현상의 가운데 'SKT'가 있다고 말하는 것은 어떤가?
10) SKT를 하나의 통신 브랜드로 보는 시각의 전환
   □ '통신'이라는 업태에 묶여 버릴 때의 위험함.
   □ 몽블랑에서 향수를 만들고, 버버리에서 위스키를 만드는 것이, 전혀 일관성이 없는 확장임에도 불구하고 거부감 없이 받아들여질 수 있는 이유는 그것을 하나의 독립된 브랜드로 해석했기 때문.
11) '기업광고'와 '브랜드 광고'를 어떻게 구분할 것인가?
   □ '기업 광고'는 대사회의 메시지로서 포스코, 삼성과 경쟁하는 회사로서의 SKT
   □ '브랜드 광고'는 Service와 Product에 기반한 통합 브랜드 광고
   □ 그러나 이런식으로 구분을 하면 답이 나올 가능성이 희박해짐.
   □ '기업 광고'는 현재 SKT의 '대한민국을 새롭게 하는 힘' 시리즈 같이 Good Will Building의 의미를 가진다면, '브랜드광고'는 'Tomorrow Factory'와 같이 새로운 시대의 중심축과 같은 의미를 던져 줘야 유의미함.
12) 기업 광고인 Tomorrow Factory광고는 여전히 전통적인 접근 방식을 취하고 있음. 그들이 'Talking about tomorrow'를 한다면 우리는 'Talking about today'를 하는 것은 어떤가? (중심축이 흩어지고 있는 현실 상황에 대해……) 미래를 가불하는 형식을 다시 취하는 것은 위험한 발상임.
13) 작년에는 SKT 광고주 측에서 'Value'에 대한 요구가 없었던 반면, 올해는 광고주 측에서 'Value'에 대한 니즈를 표시하고 있음.
14) Context 마케팅
   사용 후기를 보고 사람들이 인터넷 쇼핑을 하는 것처럼 사용 후기를 광고에 붙이는 방법은 어떤가?
15) Post Digital Generation (13-24)의 기본 성향을 정리하면 'heartS(Speedy)'. Speedy(즉시성, 현장성)인 성향은 자기가 있는 자리에서 정보와 바로 연결한다는 측면을 드러내주고 있음.

- 'Be there, Be you!'
- 톨스토이 "지금 가장 중요한 사람은 당신이다. 가장 중요한 순간은 지금이다"
- 'Now and Here'

16) Ubiquitous를 이야기할 것이라면 지금 TV에 나오는 것처럼 사람들에게 개념을 던지지 말고, 사람들이 잡을 수 있도록 풀어서 전달하는 방법을 취해야 할 것이다.

AE와의 오후 회의에서 나온 Idea Tip

1) 현재 SKT의 상황은 어느덧 자신의 우위적 색깔을 다 잃어버리고 향기도 잃어버린 상태, 그것들을 다시 찾아주는 작업이 필요함.

2) "끝에 가서 서라. 끝에 가서 서는 것은 위험해 보이지만, 그곳에서는 가운데를 볼 수 있는 시선을 가질 수 있다."

3) '보랏빛 황소' : 브랜드를 remarkable하게 만들어 주라!

4) 어떤 것에 중독이 될 때는 그것을 촉발하는 계기가 있음.
   휴대폰에 중독된 우리에게도 분명 그런 계기가 있었을 것임.
   그런 계기 제공에 초점을 맞추는 것은 어떤가?

5) Apple에서 "Think Different"를 말했을 때 그들의 모든 서비스와 제품이 그 슬로건 아래에서 정돈되는 느낌. 그런 식의 슬로건이 필요함.

6) 모든 구체적인 서비스가 빠진다면 소비자들은 어떻게 받아들일 것인가? 이때는 SKT만의 정신을 팔아야 할 것임.
   ex) Think Different, Impossible is nothing.

- 그러나 '통신 사업'이라는 강력한 자기장에서 벗어날 때 얼마만큼의 공감을 얻을 수 있을까?
- 비틀즈가 영국의 역사적인 시인 중 '92위'를 차지한 기록과 같이 업태를 벗어나는 것이 주는 강력한 인상도 고려해볼 것

7) 'Market'이라는 개념. 휴대폰 서비스의 모든 것이 결국 다 Market으로 연결되고 가만히 있어도 Market이 우리에게 다가오는 것을 생각해볼 때 이 개념을 가지고 가는 것은 어떤가?

8) '유목민 정신'과 반대로, 이제는 정지한 상태에서도 자신이 중심이 되어 모든 것

을 다 해결할 수 있는 세상이 되었음.
9) NTT Docomo의 경쟁상대는 Sony와 같이 다른 업종의 기업임. SKT의 브랜드 개념도 이런 연장선상에서 고민해야 하는 것이 아닌가?

2005-05-04 SKT 마케팅 대표 브랜드 회의록

Idea Tip

1) 휴대폰에 그렇게 많은 기능이 추가되는 것은, 사람들이 혼자 있는 것을 두려워하기 때문이 아닐까? 휴대폰은, 내가 고립되지 않도록, 항상 새로운 것을 만날 수 있도록 도와주는 어떤 것 : bridge to the world
→ 나와 씨즐을 연결하는 것이 아니라, 나와 너를 연결하는.
2) 내가 세상에 맞추는 것이 아니라, 세상을 내게 맞추는 세대
3) '고립된 개인' → '집단 속의 개인'
4) TV에서 '아기 고양이의 24시간' 중계방송. 이런 프로그램처럼 '휴대폰만 들고 떠나는 여행'과 같은 reality program을 제작하는 것은 어떤가?
5) '사람만큼 좋은 매체는 없다' ex) 사람의 이마, 배를 광고판으로 활용함.
6) 휴대폰이 '환경'이 된다는 것 언제, 어디서나 '자신'이 될 수 있도록 도와주고, '나'를 잃어버리지 않도록 해주는 일종의 '나침반'의 역할을 하는 것이 아닌가? 지금, 이곳에서 'be yourself'
7) 'Love is all around'
I feel it in my fingers/I feel it in my toes
Love is all around me/And so the feeling grows
8) Beatles 'Here, there and everywhere'
9) SKT Style
10) SKT를 대표할 수 있는 색깔을 생각해 볼 때, 우리의 머릿속에 떠오르는 색이 명확하지 않음. 이를 이용해서 SKT에 고유한 색을 칠해 주는 작업은 어떤가?
11) SKT를 Market으로 볼 때 그 곳에서 무엇을 파는지, 그 곳이 어떤 이미지를 가지고 있는지, 사회적으로 어떤 공헌을 하는지에 대한 여러가지 이야깃거리가 있을 것임. 이 중에서 SKT의 무엇을 이야기 할 것인가에 대한 고민이 필요. 동시

에 시장의 패러다임을 잘 파악하는 일도 중요.

12) '개개인이 다 중심이 되고 있다'

예전에는 기술을 가운데 두고 사람들이 모이는 형국이었다면, 이제는 사람을 가운데 두고 그 사람에게 적합한 기술들이 모이는 형국임(人本).

즉 Ubiquitous가 인간 중심인 기술을 구현하고 있는 것이 아닐까?

13) 사람들이 기술의 혜택을 받고 있지만 동시에 기술이 사람을 피곤하게 만드는 측면도 있음. 때문에 '꺼 두셔도 좋습니다' 같은 메시지 전달이 어떤가?

14) 사람들은 이미 각각 Ubiquitous이다. 그러나 광고들을 보고 있으면 기업에서 그 개념을 억지로 찾아내고 있는 것 같음. 자연스러움이 결여되어 있음.

15) SKT는 여전히 1위이며, 당당한 1위가 될 수 있음. 1위의 입장에서, 다시 TTL과 같은 충격요법의 광고를 한다면 사람들에게 '또 뭔가 쇼를 하는구나'라는 식의 반응을 받게 될 것임. 뭔가 쇼를 하는 느낌이 아니라 큰 프레임이 변해야 함. 1위로서 SKT라면 이미 고객인 사람들이 '이것이 내 브랜드야'라는 마음을 가질 수 있도록 해 주는 것이 더 바람직할 것임. 즉 공감할 수 있는 잔잔한 메시지, 자신감 있는 메시지를 던지는 것이 그 방법 중의 하나.

ex) 명사들의 좋은 말이 SKT 제공으로 곳곳에 배치

16) 'TTL제공입니다'에서 받았던 느낌→문화 브랜드로서의 SKT

17) 외국 광고의 슬로건은 '개인적인 욕구'를 표현한 것이 많다면(move, enjoy, play), 우리나라 광고의 슬로건은 '우리가 너희를 서포트하겠다.'라는 식이 많음. 자연스러운 슬로건을 사용하되 쉽고, 단순하고, 공감할 수 있는 슬로건이 필요함.

18) 모든 개인이 각각의 중심이고 나만의 것(user created movie, user created contents……)을 연결하는 것이 SKT가 하는 일, SKT는 사람과 사람의 convergence를 담당함.

19) Ubiquitous = anytime, anywhere, any device

새로운 device를 만들어 주는 것이 어떤가?

분명 휴대폰인데 다른 특정 이름 붙이기

20) 서비스는 지극히 개별화, 개인화 되어 있는데 사람들은 그것을 나누고 싶어 함. 그 심리를 잡아내는 것이 어떤가?

21) "누구나 스타가 될 수 있다" : 내가 표현을 하고, 사람들의 사랑을 받고 싶어 함. 인터넷은 사람들이 집단 속으로 뛰어드는 듯한 형상을 보인다면, 휴대폰은 여전히 나의 욕구에 충실한, 개인적인 도구. '나를 위한 서비스'
각각의 사람들이 자신의 미디어, 자신의 사람들을 달고 다니는 것

방향 정리
▫ 아이디어 1,6,7,12,13,15,16,21
▫ Keyword : 현재, 현장, 중심
▫ Today's reality: '나도 저런데……'라는 현장, 현재를 표착할 것. 단, 서비스는 물고 가지 말도록.

2005-05-06 SKT 마케팅 대표 브랜드 회의록

아이디어
1) 같은 시간을 살아가고 있지만, 새로운 기기를 가지고 있다는 것으로 이미 먼 미래를 살아가고 있는 듯한 느낌. 미래를 가불하지 말자고 말하지만, 이미 미래가 아닌 현실이 되었음.
2) 요즘 세대는 '글'이 먼저가 아니라, '이미지'를 먼저 받아들이는 세대
3) PSP 'Just play game/Just play music……'
4) 소재를 던져 주면, 아이들이 자기 스스로 만들어가는 형식
▫ 세계 각국 패러디
▫ 학교대사전
5) 우리가 Target으로 삼고 있는 그들의 시선을 찾을 것. 혹은 우리가 그들의 시선으로 세상을 해석해 나가야 함.

스케줄
▫ 월요일 오전 11시

2005-05-09 SKT 마케팅 대표 브랜드 회의록

아이디어

1) 『학교대사전』 '악마대사전'을 어떻게 활용할 것인가?
- '사전'이라는 아이디어 차용
- 발랄한 아이디어 차용
- 사람들을 직접 쓰는 것
- '휴대폰 가이드'를 만들어서, 휴대폰의 전화로서의 쓰임새 이상의 것들을 정리해 주는 것이 어떤가? 에티켓 캠페인 쪽으로도 연결 가능
- 『학교대사전』이 생겨날 수 있었던 주변 background를 살펴보는 것
  ex) 칠판을 필기하지 않고 휴대폰으로 찍어서 data로 가지고 있다는 현상
  ex) 휴대폰으로 사람들을 괴롭히는 방법
- 휴대폰이 아니라, '생활대사전' 쪽으로 이름을 넓혀 주는 것이 좋지 않을까?

2) 휴대폰 1인극
- 관심 있는 여자 앞에서 괜히 전화하는 남자
- 싫은 남자가 있을 때 괜히 전화하는 여자

3) SKT만의 서비스로 사람들의 응집력을 이끌어내기

4) 세상의 모든 것들에 대한 예찬
  ex) 대머리 예찬, 포도주 예찬처럼 '휴대폰 예찬'

5) 몸은 나보다 먼저 말한다. the books of tells
- Tell : 단순한 몸짓만이 아니라, 사람의 성향이나 속마음을 드러내는 말투, 옷차림, 서 있는 자세, 눈짓, 걸음걸이, 음성의 높낮이, 생김새, 땀, 홍조 현상, 담배를 쥐는 방식 등 모든 표현 행위를 아우르는 말이다. 우리는 tell을 통해 사람의 감춰진 속내뿐만 아니라 그 사람의 사회적 지위, 다른 사람과 관계 맺는 방식에 대해 파악할 수 있다.
- 기다리는 사람으로부터의 휴대폰의 벨이 안 울리는 것도 일종의 tell
- 집 앞에 와 있다는 것을 말로 하지 않고 포토 메일로 보내는 것도 tell
- 누군가에게 어울릴만한 벨소리를 설정하는 것도 tell

6) 속눈썹 위에 내려앉은 행복

- '~가 좋아'라는 말로 여러가지 섬세한 소재들을 잡아내는 것처럼 휴대폰에 관해서도 그렇게 잡아낼 수 있지 않을까?

7) Body Language
8) Mobile Art

Idea Line 1.
'휴대폰대사전'
- 일반적으로 생각할 수 있는 휴대폰의 쓰임새는 물론,
  그 이상의 수많은 쓰임새들을 찾아내서 재미있게 정리해 주기. (에피소드 찾을 것)
- Target에 따른 구별도 가능할 것임.
- 책으로 만들어서 TV On-air보다 미리 배포, 혹은 판매도 가능할 것임.
- 웹을 통해 사람들의 참여를 유도하고 그것을 광고로 만드는 방법도 가능할 것임.
- 말하는 방식은 아직 결정되지 않았음.
- 슬로건이 비주얼로 정리가 되는 것도 하나의 방법이 될 수 있을 것임.
- 에피소드 1. 부재중 통화를 남기기 위한 전화 통화
- 에피소드 2. 결코 걸려오지 않는 통화
- 에피소드 3. 네번째 손가락으로 폴더를 여는 여자, 엄지로 여는 남자
- 에피소드 4. "집앞이야."라면서 보내는 사진
- 에피소드 5. 스피커에서 나오는 소리에 목소리를 더해 이상하게 만드는 아이들
- 에피소드 6. 서점에서 마음에 드는 책 구절을 보면 휴대폰 카메라로 찍는 아이들

해야 할 일
- 카피 개발
- 에피소드 찾아낼 것
- 새로운 방향의 아이디어 준비

2005-05-10 SKT 마케팅 대표 브랜드 회의록

AE와의 전체 회의

아이디어

- SKT의 서비스가 'fun, enjoy, entertain'라 생각해 볼 때, 'SKT=놀이터'
- SKT는 우리의 생활을 만들어가는 끈, network. (단, network라는 개념을 다른 말로 풀어낼 필요는 있음.)

  Docomo '어딘가에 연결되어 있는 느낌'
- 단말기로 집중을 하면 할수록 anycall 광고를 하는 느낌
- 알게 모르게 모두 개념을 정의하려고 하고 있음.

  이런 틀을 벗어나야 하는 것이 아닌가?

  →어디에서나 정보를 받아들이고 내 정보를 내보내는 의미에서 SKT는 세상의 중심
- '세상의 중심에 SKT가 있다.'라고 할 수 있을 정도로 휴대폰이 중심이 되고 있는가? 적어도 정보의 공유는 휴대폰보다는 인터넷을 중심으로 이루어지고 있음.
- 그러나 'be yourself' 혹은 '세상의 중심'이라는 슬로건과 인터넷이 딱 맞아떨어지는가? 분명 인터넷을 통해서 고등학생이 정보의 sender가 되긴하지만, SKT는 mobility를 가진다는 장점이 있음. 동시에 휴대폰과 인터넷은 사용하는 시간대를 달리하고 있음.
- 휴대폰은 '손 안의 장난감': 시도 때도 없이 가지고 논다.

제작팀 내부 아이디어

1) 'be yourself', 르네상스, 인본주의
2) 지금 우리 주변에서 SKT로 일어나고 있는 현상에 대한 포착

제작팀 내부 회의

- 휴대폰에 관련한 소스를 더 찾을 것
- 기능적 측면/ 물리적 측면을 모두 SKT로 연결할 수 있는 고리가 있어야 함.
- '지각 변동'에 주목할 것
  - • 지금의 시대 흐름은 분명 변하고 있음.
  - • 새로운 사고가 나오고 있으니, 그 지각 변동을 찾아낼 것
  - • 단 애니콜로 귀결될 수 있는 휴대폰 에피소드 쪽으로는 가지 말 것

- ▢ '현대생활백서' (SKT가 중심이 될 것)
- •• 성정체성을 알아보는 방법
- •• 공부를 잘 하는 방법
- •• 쉬는 시간 잘 보내는 방법
- •• 30분 남았을 때 어색한 세 명이 시간 보내는 방법
- •• 생일 노래 불러 주는 방법
- ▢ 현대생활백서 방향을 Cizle, Melon등의 다른 서비스로 확장할 수 있는 가능성까지 검토해 볼 것

2005-05-11 SKT 마케팅 대표 브랜드 회의록

현대 생활 백서

- ▢ 고등학생의 촛불 시위: 휴대폰 문자 서비스가 그것을 가능하게 했음. SKT가 일종의 '시대의 모세 혈관'의 역할을 하고 있는 것이 아닌가?
- ▢ SKT의 다양한 서비스를 '새'에 비유한다면 SKT는 '새집'의 역할. 'SKT가 날아오면······' 혹은 'SK텔레콤이 나타났다'와 같은 표현으로 다양한 서비스를 표현하는 것은 어떤가?
- ▢ 휴대폰의 물성적인 특성들 (휴대폰 폴더로 머리 고데, 안테나로 때리기······)와 휴대폰의 기능적인 특성들(집 앞에서 포토메일 보내기, 칠판 필기 휴대폰 카메라로 찍기······)와 같은 것들도 더 많이 찾아져야 하지만 멜론, 씨즐, nate와 같은 SKT의 다른 서비스가 우리의 Life Style을 바꾼 것도 찾아봐야 함.
- ▢ 단, 멜론, 씨즐과 같은 서비스를 보여 주는 방법으로 '길에서 드라마를 보는 사람'을 보여 주는 것은 너무 진부한 방법이고 아무런 신선함이 없음. 이를테면 '남자친구 앞에서 울고 싶은데 눈물이 안 나올 때 해결하는 방법'으로 '휴대폰으로 슬픈 드라마를 틀어놓는다'는 식으로 표현이 되어야 할 것임.
- ▢ 분명, 멜론, 씨즐과 같은 것들은 거기서 고데기 아이디어처럼 생활에 깊이 들어와 있는 것을 찾기는 힘들 것임. 때문에 부가 서비스는 'SKT가 생활에 들어와 있음'을 알려주는 선에 그칠 것임.

부가서비스(멜론, 씨즐, 모네타……)를 보여 주는 방법

- 이를테면, 멜론에서 '어떤 서비스는 몇 시에 다운이 잘 되는가'와 같은 그들만의 노하우를 알려주는 것이 하나의 방법이 될 것임.
- '멜론에서는 음악을 다운 받을 수 있다'는 식의 본질에서 벗어나서 '활용'에 주목할 것

    ex) 캐시백 쿠폰을 잘 모으는 방법 : 분리 수거 날을 잘 이용한다.

    ex) 싸이월드 도토리를 남의 돈으로 사는 방법

    ex) 짠돌이가 멜론을 통해 음악을 다운 받는 방법

    ex) 부모님의 잠자고 있는 캐쉬백 포인트 사용하는 방법

    ex) 아버지에게 모네타 이용방법 알려주면서 용돈 받아내는 방법

- 이런 식으로 확장되어 나간다면 '휴대폰〈SKT〈SK〈사회'의 구도가 될 것임.

해야 할 일 정리

- 각자 휴대폰 현상에 관한 예들은 계속 찾아올 것
- 멜론, 씨즐과 같은 서비스에 관련된 동호회 정보 알아볼 것
- 멜론, 씨즐과 같은 서비스를 표현할 수 있는 방법 알아볼 것

스케줄

- 금요일 오후 2시 회의 (길게 이어질 회의입니다!)

2005-05-13 SKT 마케팅 대표 브랜드 회의록

아이디어의 기본 방향

- (SKT를 중심으로 본) 현대 생활 백서
  - 개념 정의의 맹점
  - 생각의 지각 변동
  - 시대의 모세혈관 SKT
  - Convergence → 전장의 확대

아이디어 방향에 대한 점검

- 시대의 모세혈관 SKT를 value로 연결할 수 있을 것인가?
- '사람과 사람, 커뮤니케이션', '번호의 자부심이 다릅니다'가 SKT의 value를 말해줄 수 있는 표현이라면, 이제는 1) Convergence와 2) 전장의 확대로 상황이 달라졌음. 때문에 달라진 시대의 흐름을 일고 그 속에서 SKT의 역할을 생각해야만 함. 그것이 바로 SKT의 모세혈관 역할임.
- '시대의 모세혈관'이라는 표현을 알게 모르게 SKT가 당신 생활 곳곳에 들어와 있다고 해석할 때 아이디어 전체를 더 잘 포괄할 수 있을 것임.
- "SKT를 쓴다는 것"과 우리 아이디어는 어떻게 차별화 될 수 있을 것인가?
  현재 우리가 나아가는 방향은 '이 시대를 산다는 것이 SKT이다' 라는 것
  즉 "SKT is all around us"임.
- 이 메시지를 매체, 형식에 구애 받지 말고,
  "SKT는 XX다"로 규정짓지 말고 새롭게 말할 수 있어야 함.
  그럴 때 trust mark에서 사람들의 involvement를 이끌어내서 Love mark로 나아갈 수 있을 것임.

LG 엑스캔버스 경쟁 PT

엑스캔버스하다
[éks-kæ̀nvəs-hada]

CD · 박웅현
Copywriter · 이예훈, 김하나, 김민철
Art Director · 원명진, 이지윤

PD · 신흥엽

2

우리
회의나
할까?

벽걸이 TV라니요, 그게 뭔가요

　미리 고백해 두지만 우린 모두 부적격자였다. 벽걸이 TV 광고를 만들기 위해 모였지만, 아무도 벽걸이 TV 따위를 가지고 있진 않았다. 벽걸이 TV라니 그게 뭔가요. 먹는 건가요. 아, 우리집에도 TV는 있어요. 벽에 걸리진 않을 걸요? 뒤가 불룩하거든요. 아빠 배처럼.
　하지만 그런 우리에게 벽걸이 TV 광고를 만들라는 주문이 떨어졌다. 무릇 광고는 진심으로 만들어야 하는 법. 듣도 보도 못한 것을 아는 척하며 광고할 순 없지 않는가. 누군가는 용기를 내서 사장님에게 말해야 했다. "이번 경쟁 PT, 꼭 이기고 싶으시죠? 그럼 PT에 참여하는 사람들 전원에게 벽걸이 TV를 하나씩 사 주시는 게 좋을 것 같습니다."라고. 하지만 신입 사원인 나도 그게 얼마나 씨도 안 먹힐 이야기인 줄은 알고 있었다. 별 수 있나. 우리는 근처에 있는 가전 매장으로 갔다. 마음에 들면 당장 살 것처럼 위장을 하고 이것저것 둘러보다가 슬쩍 엑스캔버스는 뭐가 좋은지 직원에게 물어 보면서. 겉으로는 아주 태연한 척을 하고 있었지만, 속으로는 엄청난 가격의 커다란 벽걸이 TV 앞에 잔뜩 겁먹은 채로.
　우리 팀 사람들에게는 적용되지 않는 이야기였지만, 시장은 이미 벽걸이 TV로 넘어가는 중이었다. 광고는 이미 몇 년 전부터 벽걸이 TV만 보여 주고 있었다. 백화점을 가도, 가전 매장을 가도 벽걸이 TV가 가운데 떡하니 자리하고 있었다. 끊임없이 강한 컬러의 영상들이 화려한 색을 뿜고 있었고, 사람들은 모두 그 앞에 서서 어떤 TV가 더 좋은지 분간하려 애쓰고 있었다. 그러다가 모두 결론을 내렸다. "화질은 다 비슷비슷한 것 같아." 실제로도 화질은 비슷비슷했다. 매장 직원도 그렇게 말을 했고. 사람들이 비슷비슷한 TV 사이에서 제일 마음에 드는 것을 고르면 그렇게 세상은 벽걸이 TV로 넘어간 사람들과 벽걸이 TV로 넘어갈 사람들로 나뉘었다.

하지만 아직도 대부분 가정에는 브라운관 TV가 있을 때였다. PDP와 LCD의 개념도 명확하지 않을 때였다. LED TV라는 말은 아직 세상에 존재하지도 않을 때, 3D TV는 상상도 못할 때, 40인치 벽걸이 TV가 300만 원을 훌쩍 넘길 때였다. 2005년 가을이었다. 하늘은 높고, 벽걸이 TV 가격도 덩달아 높을 때.

하나의 차이가 전부의 차이
2005년 11월 9일(수)

과제는 간단했다. LG엑스캔버스만의 프리미엄을 만들 것. 엑스캔버스만의 고유한 이미지를 만들 것. 경쟁사와의 차별점을 부각시킬 것. 내년 월드컵 시즌에 벽걸이 TV 수요가 많을 테니 월드컵 시즌에 어울리는 마케팅 전략도 가져올 것. 모델은 박지성. 한마디로 사람들이 벽걸이 TV를 살 때 크게 고민하지 않고 엑스캔버스를 택하게 만들 것. 경쟁 PT는 지금으로부터 딱 한 달 뒤.

"그런데 엑스캔버스랑 파브랑 뭐가 달라요?"

PT에 대한 설명이 끝난 뒤 누군가 물었다. 이 얼마나 단순하고 무식하면서도 정곡을 찌르는 질문인지! 명쾌한 답 없이는 한 발자국도 움직이기 힘든 상황이었다. 뭐가 다른지 알아야 아이디어를 내더라도 낼 것 아닌가. 가전 매장에서도 같은 질문을 했다. 그런데 AE들도 매장 직원의 대답도 똑같았다. "별로 다를 건 없어요."

어허, 이런 건져 먹을 건더기 하나 없는 대답을 보았나! 이래서 어떻게 광고를 만들라는 말인가? 크게 한숨을 내쉬는 우리에게 AE들은 다시 매장 직원과 같은 한마디를 보탰다.

"그런데 엑스캔버스에는 타임머신 기능이 있어요."

"광고 나온 그거요? 생방송 막 정지시키고 돌려보는 기능이요?"

"네. 파브에는 그 기능이 없거든요. 확실히 엑스캔버스가 부가 기능은 많아요."

본격적으로 AE들은 둘의 차이점을 설명하기 시작했다. 그들은 우선 '소유에 대한 기쁨의 차이'라는 광고주의 말을 인용했다. 처음에 들었을 때는 AE들도 그게 무슨 말인가 싶었단다. 하지만 자세히 들여다보니 광고주의 모호한 말이 점점 윤곽을 드러내더란다.

경쟁사도 엑스캔버스도 '프리미엄' 벽걸이 TV를 말하고 있었다. 멋진 집 한쪽 벽면을 가득 채우고 있는 벽걸이 TV. 멋진 외국인들의 등장. '우와, 나도 저 TV를 가지면 저렇게 멋져지겠지?'라는 감정을 불러일으키기 위한 광고였다. 하지만 6개월 전부터 엑스캔버스가 방향을 틀었다. 갑자기 타임머신 기능을 말하기 시작한 것이다. 여전히 '프리미엄'이라는 가치를 내세우면서. 처음으로 왜 엑스캔버스가 왜 프리미엄인지를 세상에 설명하기 시작한 것이다. 여기서 둘의 길이 나눠지기 시작한 것이라 AE들은 해석했다.

"파브는 단순히 프리미엄 제품을 소유하는 데서 오는 기쁨이고, 엑스캔버스는 제품의 특장점에 기반한 선택에서 오는 기쁨이라는 거죠. 바로 소유에 대한 기쁨의 차이죠. 이분화시킬 수는 없지만 사람에 비유하자면 파브는 클래식 취향의 보수적이고 약간 나이가 있는 사람이라면 엑스캔버스는 전문가 느낌의 진보적이고 젊은 느낌이에요."

"이야기를 듣다보니 수긍이 가긴 하는데 실제로 저희가 매장에 가 보니까 그렇게 제품 간의 이미지가 딱 나눠져 있지는 않더라고요. 매장 직원도 차이는 없다고 말하고."

"그게 문제예요. 그래서 경쟁사와 차별화되는 엑스캔버스만의, 프리미엄 이미지를 만들어 주는 게 이번 PT의 핵심이 되겠죠."

다행이었다. 설명을 듣고 나니 미약하지만 차이가 있었다. 하나부터 열까지 다 같은 줄 알았는데 그렇지 않았다. 우리는 오늘부터 그 하나의 차이에 매달리기로 했다. 지금은 하나의 차이이지만, 나중에는 그게 제품을 사는 이유의 전부가 될 줄 누가 아나? 첫 회의부터 성과가 많다 싶어 이틀 후 다시 모이기로 했다. 한 시간이 넘어가면 무조건 회의를 마치는 게 회의에 대한 최소한의 예의니까!

떠도는 소문엔 귀를 막고
2005년 11월 10일(목)

제작팀은 오늘부터 본격적으로 회의를 시작할 참이었다. 이를테면 어제 표지를 봤고, 오늘 서문을 읽을 차례였던 것이다. 하지만 다른 회사들은 벌써 책 중반부를 읽고 있는 것 같았다. 벌써 광고계엔 PT에 관한 소문이 돌고 있었다. 가장 화제가 되는 것은 다른 광고

대행사의 동향에 관한 소문이었다.

"그쪽은 오카 CD를 참여시킨대."

"그게 누구예요?"

"몰라? 일본에서 엄청 유명한 CD인데. 상도 진짜 많이 받았고."

"뭐 만든 사람이에요?"

"옛날 후지 TV 광고. 왜 '후지 TV가 있잖아요'라고 뜬금없이 목소리가 들려오는 그 광고. 또 JR 광고 중에 '그래, 교토에 가자' 시리즈 있잖아. 그것도 오카 CD."

"아! 저 그 광고 엄청 좋아하는데. 헉! 그 사람을 데려온다고요?"

"그렇다네. 그쪽 대행사는 이번 PT에 목숨 걸었나 봐."

"우리 이 PT 이길 수 있을까요?"

"우선은 진짜인지 더 두고 봐야지. 예전 회사에 그 CD가 만든 광고만 모아 놓은 테이프가 있었는데 그거 한 번 구해 봐야겠네."

잠시 분위기가 가라앉았지만 회의는 어김없이 시작되었다. 우리는 첫 회의에 늘 그렇듯이, 아이디어 하나 없이 자리에 앉았다. 첫 회의부터 목숨 걸 필요 있나. (그렇다고 해서 두 번째, 세 번째라고 별반 다르지 않지만.) 우선 어제 AE들과의 회의 내용부터 소화해 보자.

"회의 끝나고 곰곰이 생각해 보니까, 사람들이 파브를 사는 건 파브라서가 아니라, 그 뒤에 막강하게 버티고 있는 삼성이라는 브랜드 때문이라는 생각이 들었어요. 그렇다면 우리는 그 삼성이라는 브랜드와 싸워서 이길 수 있을 만한 이미지를 엑스캔버스에게 입혀 줘야 하는 게 아닌가 싶더라고요. 그게 가능할지는 모르겠지만."

"긍정적으로 보자면 그때 AE들이 말한 것처럼 삼성이라는 이름이 막강하기도 하지만 동시에 보수적이고 올드한 느낌도 있잖아요. 군이 비교를 하자면 엑스캔버스는 그보다는 젊고 뭔가 개인주의적인 느낌이 있어요."

"그런데 그 느낌이, 너무 약해. 우리가 그런 느낌에 대해 이야기하면 누가 공감해 주겠어?"

"그러니까요. 우리도 회의 시작하기 전에는 전혀 몰랐던 이미지잖아요. 어쩌면 사람들이 그렇게 이미지를 나누는 게 엑스캔버스의 바람뿐일지도 모르고. 보통 사람들의 머릿속에는 그런 이미지가 거의 없을 텐데."

출구는 어디에 있을까? 모두 고민하고 있는 가운데 좀처럼 말을 하지 않는 아트디렉터가 입을 열었다.

"저라면 엑스캔버스 선택할 것 같아요. 더 세련됐으니까요. 직접 보니까 다르더라고요. 파브는 뭔가 투박한 느낌인데, 엑스캔버스는 선이 가늘고 더 심플하더라고요. 가려야 될 것들은 가리고, 드러내야 할 것들만 딱 드러내고."

"아 맞다. 외국 디자인상도 받았던데?"

그때부터 우리의 논의는 엑스캔버스의 디자인은 물론, 디자인 전반에 관한 이야기로 흘러갔다. 그러다 어느 순간, 우리는 디자인 자체의 지위가 변했음을 깨닫게 되었다. 지금까지 우리가 알던 디자인은 어디까지나 부수적인 요소였다. 사람들은 기능이 훌륭한 제품을 먼저 선택한 다음, 취향에 맞는 디자인을 골랐다. 하지만 이제 디자인은 제품의 기능 중 가장 중요한 한 요소가 되어 있었다. 디자인이 좋은 제품을 훌륭한 기능의 제품으로 인식하게 된 것이다. 그렇다면 엑스캔버스의 디자인을 전면에 내세울 수도 있을 것이다. 하지만 그렇다고 디자인이 전부는 아니었다. 분명 벽걸이 TV를 산다는 것은 예쁘고 큰 TV를 산다는 것 이상의 의미였다. 그중에서도 엑스캔버스를 산다는 것은 벽걸이 TV에 대한 정보를 어느 정도 가진 사람일 것이다. 디자인에 대한 안목도 있는 사람일 것이다. 무작정 브랜드의 명성에 기대 선택하는 사람과는 다를 것이다.

논의가 여기까지 이르니, 자연스럽게 우리는 엑스캔버스의 타겟을 '좋은 것을 알아볼 수 있는 안목을 가진/보수적이지 않은/열린/전문가인/일정 교육 수준 이상의 사람들'로 규정하게 되었다. 그때 논의에 제동이 걸렸다.

"그런데 타겟을 그렇게 좁히는 게 맞는지 모르겠어요. 저는 막연히 결혼 10주년이 되면 10년 된 TV를 바꿔야겠다고 생각하고 있었거든요. 그건 어떤 교육 수준이나 취향과는 관계 없거든요. 대부분 사람들은 아마도 벽걸이 TV에 대해 '다음에 우리가 TV를 사게 된다면'이라고 생각하고 있을 거예요. 보통 사람들이 그 시점에서 엑스캔버스를 떠올릴 수 있도록 어떤 이미지를 만들어 주는 게 필요하지 않을까 싶어요. 타겟을 좁게 가져가면 어렵지 않을까요?"

"그러게. 엑스캔버스의 이미지를 전문가 이미지로 그리는 건 괜찮을 것 같은데, 진짜로 광고 타겟을 그쪽으로 맞추면 힘들 수도 있겠네. 거기에 대해선 좀 더 열어 놓고 생각해 보자. 제작 회의는 이쯤이면 될 것 같고, 내일 AE들이랑 이야기 더 해보지 뭐."

아직 프로젝트 초반이었다. 섣부른 결정보다 열린 마음이 더 필요할 때였다.

이 정도면 오늘 소득은 꽤 큰데?

2005년 11월 11일(금)

사람이 달라지면 회의 내용도 달라진다. 이것은 당연한 진리. 제작팀의 어제 회의 결과와 AE들의 회의 결과를 공유하니 회의 내용은 단숨에 풍부해졌다. AE들은 AE답게 엑스캔버스의 프리미엄을 다각도에서 분석해 내놓았다.

우선 AE들은 엑스캔버스로 바꾸면 TV의 기능 자체가 변한다는 것, 기능의 프리미엄(functional premium)에 주목했다. 즉 그전에는 '보기만 하는 TV'였다면 이제는 '활용하는 TV'로 TV의 위상이 변한 것이다. 이런 변화는 자연스럽게 TV를 사용하는 사람들의 태도도 바꾸고 있었다. AE들은 여기에 착안해 '진화하는 TV에 대처하는 자세'를 이야기해 볼 것을 제안했다.

또 AE들이 생각한 것은 '감정의 프리미엄(emotional premium)'이었다. 즉 엑스캔버스의 타겟이 (우리가 논의한 것처럼) 자신만의 독특한 취향이 있는 사람이라면, 엑스캔버스가 그들의 정체성을 반영하는 제품이 되어야 한다는 것이었다. 이를 위해 AE들은 엑스캔버스에서만 누릴 수 있는 영상을 만들어 주거나, 고객이 직접 집에서 영상을 만들 수 있는 프로그램을 넣어 주는 게 어떻겠냐는 아이디어를 냈다. AE들과의 회의는 제작팀에게 새로운 물꼬를 터 주었다. 오후에는 제작팀만 다시 모였다. 각자 하루 동안 생각한 것들과 AE와의 회의에서 받은 영감을 공유하기 위해서.

단 하루 만에 우리는 엑스캔버스에 대해 더욱 더 공고한 입장을 가지게 되었다. 우리는 엑스캔버스를 쓰는 사람을 "100-1=0"이라는 것을 아는 사람으로 정의했다. 99가지가 다 마음에 들더라도 결정적인 한 가지가 마음에 안 들 땐 뒤돌아서는 사람. 99가지의 기능만큼이나 스타일 하나를 중요하게 여기는 사람. 그만큼 스타일에 대한 안목이 있는 사람. 명확한 자신의 취향이 있는 사람. 우리는 "100-1=0"이라는 비유에 크게 고개를 끄덕였다.

어제 오전 회의 후 가전 매장에 가서 엑스캔버스를 직접 경험해 본 바에 따르면 그건 비약이 아니었다. 직접 가서 보니 확실히 파브는 투박했다. 엑스캔버스는 디자인뿐만 아니라 기능까지도 꼼꼼했고 프레임 처리부터 버튼을 감추는 방식까지 섬세했다. 훨씬 감각적이었다. 아쉬운 것은 엑스캔버스라는 커다란 캔버스에서 상영되는 영상이었다. 고화질임을 강조하기 위해 사탕 공장을 찍은 HD영상이 흘러나오고 있었는데, 영 어울리지 않았다. 아트디렉터가 힘주어 말했다. 엑스캔버스가 자신만의 프리미엄을 구축하려면 사람들에게 보여 주는 영상부터 감각적이어야 한다고. 하다못해 클림트의 그림이나 최신 비디오 아트라도 보여 줘야 한다고.

"그림 이야기가 나와서 말인데, 오늘 오전 회의 끝나고 생각해 보니까, 엑스캔버스가 인상파 화가의 역할을 해야 하는 게 아닌가 싶었어요. 얼마나 수많은 화파들이 있었어요? 하지만 인상파 화가들이 등장하는 순간 이전의 모든 그림들은 구시대적인 그림이 되어 버렸잖아요. 엑스캔버스가 TV에 있어서 그런 역할을 해 줘야 하지 않나 싶어요."

팀장님이 그 말을 받았다.

"그러니까 생각나는 게 예전에 뉴비틀이 새로 나왔을 때 차에 꽃 꽂는 자리가 있었어. 그런데 그건 차를 대하는 태도 자체가 다른 거거든. 차를 단순히 이동 수단으로 보는 게 아니잖아. 그건 차에 대한 발상의 전환이었어. 엑스캔버스에게도 그런 게 필요할 것 같아. 이 정도면 오늘 소득은 꽤 큰데? 여기서 정리하고 월요일에 보지 뭐. 다들 주말 잘 보내고."

그리고 어김없이 팀장님의 주문이 이어졌다.

"민철이는 오늘 회의록 정리해 놓고."

필연적으로 도착한 곳
2005년 11월 14일(월)

오늘의 회의가 여기로 흘러온 건 필연이었다. 지난주 회의가 '디자인'에 초점이 맞춰졌고, 공교롭게도 제품의 이름은 엑스캔버스였으니까. 주말 동안 제각각 아이디어를 냈지만 그 모든 아이디어들은 한 지점에서 만났다.

디자인+엑스캔버스=캔버스

풀어서 말하자면, 대부분이 엑스캔버스를 캔버스로 이용하자는 아이디어를 가져온 것이다. 막내가 제일 먼저 입을 열었다. "주말에 인사동 쌈지길 다녀왔거든요."

"주말에 거기에 가는 건 자살 행위야!"

"그렇죠? 다시는 주말에 거기 안 가려고요. 그런데 약속 때문에 어쩔 수 없었어요. 하여튼 친구 기다리느라 쌈지길 가운데 서서 가

만히 보니, 쌈지가 가고 있는 길을 엑스캔버스가 참고해야 하는 게 아닌가 싶더라고요. 쌈지가 무명 작가 후원을 엄청 하잖아요. 쌈지 길 한가운데서도 전시를 하고 있더라고요. 사람들도 별 부담 없이 관람하고. 홍대 앞에 쌈지스페이스라고 인디밴드 공연 공간도 운영하고 있고요. 그렇다면 엑스캔버스는 제품 특성에 맞게 디지털 미디어를 활용하는 작가들을 섭외해서, 그 사람들이 엑스캔버스를 통해 작품을 하도록 만드는 건 어떨까 싶었어요."

"과천 현대 미술관에 백남준 비디오 아트처럼 말이지?"

"네."

"그거 괜찮네. 또 다른 아이디어 없어?"

누군가 실제 엑스캔버스 크기 화폭에 그림을 그리자는 제안을 했다. 거리에 39인치 엑스캔버스 크기의 진짜 캔버스를 배치해 놓고 자유롭게 캔버스를 채우도록 유도하자는 것이었다. 혹은 유명한 작가들에게 의뢰해서 39인치 캔버스에 그림을 그리도록 하고 전시해 보자는 아이디어였다.

"그러니까 엑스캔버스가 화폭이 되는 거네?"

"이렇게도 생각할 수 있어요. 캔버스에 그림을 그리는 건 2차원이잖아요. TV는 2차원 안에 3차원을 구현하는 거고. 그런데 엑스캔버스는 타임머신 기능이 있어서 시간까지 조절 가능하니까 4차원인 거죠."

그렇게 우리의 회의는 엑스캔버스에서 (누가 보면 매우 엉뚱하게도) 캔버스에 그리는 진짜 그림 방향으로 달리다가, 결국 세잔의 말에 도착했다. '우리 모두의 가슴 속에는 아직 태어나지 않은 화가가 자라고 있다.' 세잔의 말에 이어 회의가 잡담으로 발전하려는 순간, 팀장님이 회의를 구출해 냈다.

"어쨌거나 지금까지의 논의를 종합해 보면, 캔버스로 대강의 방향이 잡히는 것 같은데, 단순히 엑스캔버스를 캔버스로 풀어내는 것만으로는 부족할 것 같아. '캔버스에 대한 우리의 해석'이 중심이 되어야만 탄탄한 캠페인이 될 수 있을 것 같아. 이 쪽은 조금 더 생각해 보자. 혹시 다른 쪽에서 아이디어 가지고 온 사람 없어?"

조심스럽게, 한쪽 구석에서 LG 휘센 이야기가 나왔다.

"저는 LG 휘센이 생각나더라고요. '세계 판매 1위'라는 메시지로 꾸준히 광고를 하다 보니까, 이제는 대부분의 사람들이 LG 휘센을 최고라고 인식하게 되었잖아요. 엑스캔버스도 찾아보면 그런 팩트들이 꽤 있을 것 같아요. 언뜻 듣기로는 두바이 7성급 호텔에도 엑스캔버스가 있고, APEC 정상 회담장에도 엑스캔버스가 들어가 있다던데, 그런 팩트들을 이용하는 게 어떨까 싶었어요."

"그 방향 괜찮네. 한 번 찾아보자. 그런 사례가 더 있는지. 이쪽 방향도 잘 가면 괜찮을 것 같아. 삼성만을 의식하는 게 아니라 PDP/LCD TV 회사 전체를 다 겨냥할 수 있을 것 같거든. 그런데, 포장은 '세계 판매 1위' 같이 딱딱한 말이 아니어야 할 것 같아."

논의는 어느새 LG 휘센에서 BMW로 흘러갔다. 2005년 APEC 정상 회담 의전 차량으로 BMW가 결정되면서 순식간에 그 모델 전부가 팔린 사건을 이야기하기 시작했다. 그런 식으로 월드컵과 박지성을 엮어서 박지성의 사인을 새긴 한정판이나 고유 번호를 매긴 TV를 팔아 보자는 아이디어들이 나왔다. 그게 나중에 어떻게 쓰일지 모르니, 우선 회의록에 꼼꼼히 기록해 뒀다. 어디서 캠페인의 물꼬가 트일 줄은 아무도 모르니 말이다.

비판은 회의를 건강하게 만든다
2005년 11월 15일(화)

다음날이 되었고, 10시가 되었고, 회의가 시작되었고, 어김없이 잡담으로 시작되었다.

"친구네 집들이를 갔는데 신혼 여행 사진을 보여 달라니까 카메라를 TV에 연결해 보여 주더라고요. 진짜 세상 좋아졌다 싶었어요."

"음악도 요즘은 TV로 듣더라고. 그냥 MP3 꽂으면 흘러나온대. 웬만한 집 스피커보다 TV스피커가 더 좋다는데."

"제가 아는 사람은 컴퓨터를 TV로 해요. 컴퓨터 화면 답답하다고. 그걸로 게임도 하고 인터넷도 하더라고요."

"그걸로 보면 눈 팽팽 돌아가겠다. 도대체 얼마짜리 모니터야."

"요즘은 결혼할 때 대부분 벽걸이 TV를 사니까 거실 한 가운데 걸어 놓고 그걸로 별 것을 다 하더라고."

"현대생활백서 휴대폰 같네. 휴대폰 하나로 모든 걸 다 하잖아."

편한 마음으로 TV에 대한 잡담으로 회의를 시작했다. 그러다 문득, 우리는 새로운 논의의 장으로 들어서게 되었다.

"엑스캔버스 있는 사람이라고 모두 다 그걸로 인터넷도 하고 사진도 보고 음악을 듣는 건 아닐 거 아니야. 분명 나 같은 사람도 있을 거란 말이지. 어떤 사람들은 TV로 음악도 듣고 컴퓨터도 한다는 것 자체를 상상도 못할 걸. 그건 TV에 대한 패러다임 자체가 다른 거거든."

"HBO 슬로건(It's not a TV. It's HBO.)을 따라해 본다면 'It's not a TV. It's canvas.'가 되는 거네요."

"그렇지. 그렇게 생각하면 제품 자체가 젊어진다기보다는 쓰는 사람들의 쓰임새가 젊어진다고 봐야겠지."

"엑스캔버스 세대를 말하는 건 어떨까요? 그전 세대와 TV에 대한 태도가 확 다른 엑스캔버스 세대의 등장을 보여 주는 거죠."

"그걸 말하려면 엑스캔버스 세대라 말할 수 있을 정도의 USP(Unique Selling Point, 그 제품이 다른 제품에 비해 뛰어난 점, 차별화할 수 있는 요소)가 확보되어야겠지. 그렇게 된다면 파브는 TV를 사는 거고, 엑스캔버스는 디지털 통합 기기를 사는 거라는 인식을 심어 줄 수 있겠지."

파브를 그냥 TV로 규정해 버리고 엑스캔버스는 한 차원 앞선 디지털 통합 기기로 포지셔닝하는 방법, 그럴 듯해 보였다. 아주 근거가 없는 이야기도 아니었고. 하지만 어디서나 불순분자는 등장하는 법. 분위기 좋은 회의라고 해서 별반 다르진 않다. 엑스캔버스 찬양에 누군가 찬물을 끼얹었다.

"TV가 예전에 비해 지위가 달라진 건 맞는 것 같아요. 기능도 훨씬 많아졌고요. 그런데 요즘은 휴대폰도 PC도 MP3도 전부 자기 하나만 있으면 다 된다고 말하는 세상이잖아요. 여기서 TV가 얼마나 경쟁력이 있겠어요? TV는 들고 다닐 수도 없고. 아무리 기능이 많아졌다고 해도 TV 하나면 다 된다는 말은 설득력이 없죠."

"그 말은 맞아. TV가 휴대폰이나 MP3처럼 멀티미디어의 총아가 되어선 안 되지. 지금 우리가 말하고 있는 건 TV로 다 된다는 메시지가 아니라, TV라는 제품을 대하는 우리의 태도를 말하는 거야. 지난번에 AE들이랑 회의할 때 나온 슬로건 있잖아. 'TV를 대하는 우리의 자세'였나, 그쪽 방향이야. 그래서 사람들이 우리의 이야기를 들었을 때 '누가 TV를 그렇게 써?'라는 반응이 나오는 게 아니라 '아, TV를 저렇게 쓸 수도 있겠구나.'라고 생각하도록 만들어 주는 게 핵심이지. TV로 다 된다고 말하려는 건 절대 아니야."

"그러니까 TV에 대한 새로운 화두를 주는 거군요."

"그렇지."

오후에는 다시 AE들과 전체 회의를 했다. 회의록을 공유하고 AE들의 의견을 물었다. 전체적인 방향은 지난 번 회의와 별로 다르지 않았으니, 큰 이견은 없었다. 다만 보충해야 할 내용들은 회의록에 꼼꼼히 옮겨 두었다. 이렇게 우리는 PT로 한 발 한 발 나아가는 중이었다.

우선은 이 방향으로 달려 보자
2005년 11월 16일(수)

팀장님은 우연히 본 필립스 광고의 슬로건(You'll never go back to ordinary TV.)을 말했다. 팀원1은 인피니티의 슬로건(All new Infiniti)을 예로 들며 'All new, Xcanvas'를 말했다. 팀원2는 엑스캔버스의 매커니즘에 익숙해진 사람이 할 수 있는 행동을 과장법을 통해 보여 주자고 말했다. 이를테면 현실 생활에서 (타임머신 기능이 된다고 착각해) "야, 3초 전으로 돌아가 봐."라고 말하는 상황 말이다. 팀원3은 유명한 사람을 비롯해서 일반 사람들까지 모두가 다르게 사용하고 있는 엑스캔버스를 보여 주자고 제안했다. 승효상의 '건축학적인 관점에서 본 엑스캔버스'부터 '가정학적 관점에서 본 엑스캔버스', '환경학적 관점에서 본 엑스캔버스' 등등. 팀원4는 아트디렉터답게 엑스캔버스의 패키지 디자인부터 바꿔야 한다고 주장했다. 애플 제품을 개봉할 때 패키지에서부터 느껴지는 세련된 느낌을 예로 들며. 패키지 디자인부터 차별화되면 배달될 때부터 엑스캔버스를 자랑할 수 있을 것이라는 의견이었다. 팀원 5는 인쇄부터 인터렉티브 아이디어까지 모두 다 생각해 왔다. 도대체 무슨 말이냐고? 그러니까 산만한 아이디어들이 회의실 책상 위에 가득했다는 이야기다.

그러니 팀장님으로서도 별 다른 선택이 없었을 거다. 믿었던 팀원들이 산만하게 퍼지기 시작하니 우리가 산만하지 않았던 때, 회의가 물 흐르듯 진행되던 그 때로 돌아가는 수밖에.

"어제 회의에 나온 이야기 있잖아. 그거 좀 정리해 보자."

"어제 회의……요?"

"응. 어제 회의 시간에 다들 이야기한 거 있잖아. 엑스캔버스로 사진 보고, 컴퓨터하고……. 또 뭐가 있었지? 그거 한 번 불러 봐."

"신혼부부 집들이 때 엑스캔버스로 결혼 사진 보여 주는 거. 엑스캔버스로 컴퓨터 모니터 대신하는 거. PS2 연결해서 게임하는 거."

"골프 레슨이나 요리 프로그램 엑스캔버스로 녹화해 놓고, 필요할 때마다 다시 돌려보는 것도 있었고, 신문에서 편성표 안 보고 엑스캔버스로 편성표 보고 예약 녹화하는 것도 있었어요."

"아, 그것도 있었어요. 녹화할 때 예전처럼 비디오테이프를 사용하는 게 아니라, 리모콘의 버튼 하나만 누르면 된다는 거."

팀장님이 모두 칠판에 썼다.

"응. 지금 벌써 몇 개지? 7개네. 난 여기에 답이 있는 것 같아. 이렇게 엑스캔버스의 다양한 사용 패턴을 보여 주면서 사람들이 '아, TV를 저렇게 쓰면 되겠네!'라고 생각하도록 만들어 주는 거지. 이게 잘 되면, 엑스캔버스가 기존TV와 선을 확실하게 그을 수 있을 것 같아."

"이 방향은 너무 생활의 중심이나 네이버 같아요. 엑스캔버스가 생활의 중심처럼 예산이 많은 것도 아니고 네이버처럼 필요할 때 딱 치고 빠질 수도 없고."

제일 고참 카피라이터의 한 마디 지적에 회의실은 잠시 침묵. 그 침묵을 깬 사람은 다시 팀장님이었다.

"그래, 그런 문제점이 있는 건 맞아. 그런데 이 길이 맞다면 TV 광고가 중심이 아니라 온라인 쪽을 중심에 놓고 캠페인을 전개해 볼 수도 있겠지. 방법은 찾아질 거야. 우선은 이 방향으로 좀 달려 보자. 각자 엑스캔버스를 사용하는 다양한 방법들을 찾아봐. 그걸 다 모아 놓으면, 뭔가가 될 것 같아."

뭔가가 될 것 같다는 팀장님의 밑도 끝도 없는 확신. 그 확신의 말을 들으며 팀원들은 안심하기 시작했다. '그래, 뭔가 될 거야. 아무리 오카 CD라도 생각할 수 없는 어떤 답이 나올 거야. 그러니 우리는 우리 할 일을 하도록 하자.' 팀원들 각자가 스스로를 다독였다. PT는 하루하루 가까워지고 있었다.

마치 엑스캔버스를 가지고 있는 것처럼
2005년 11월 17일(목)

내가 말했던가? 우리 중 그 누구도 벽걸이 TV를 가지고 있지 않다고. 하지만 우리는 안 되는 것도 되게 만드는 불굴의 회사원! 다들 24시간 엑스캔버스만 보며 사는 사람들 같은 아이디어를 들고서 나타났다. 엑스캔버스는 없었지만 인터넷이 있었고, 인터넷에는 사람들의 사용 후기가 가득했고, 그게 모자라면 우리의 상상력이 있었고, 무엇보다 우리는 불굴의 회사원이었기 때문에!

누군가 엑스캔버스의 저장 기능으로 좋아하는 드라마에서 좋아하는 장면만 편집한다고 말했다. 누군가는 미국 드라마를 녹화해서 언제든지 돌려보며 영어 공부를 할 수 있다고 말했다. 잠시 화장실 다녀와서 '방금 전에 어떻게 된 거야?'라고 물으면 무심하게 앞 장면으로 돌리는 동생 이야기를 누군가가 인터넷에서 찾아왔다. 누군가는 12시 전까지는 TV가 아버지 차지지만, 12시만 넘어가면 아들의 TV 세상이 시작된다고 했다. 어떤 집에는 거실 소파에 키보드와 마우스만 있다고 했다. TV를 컴퓨터 모니터로 쓰고 있으니까. 컴퓨터로 다운 받은 영화도 USB만 꽂으면 TV를 통해 바로 볼 수 있고, DVD도 바로 볼 수 있다고 누군가 알려줬다. 각자 몇 개씩 엑스캔버스 이용 사례를 찾았더니 벌써 10개가 넘는 사례가 모였다.

"이건 이렇게 따로 모아 놓으면 될 것 같고. 혹시 다른 아이디어 생각한 사람 없어?"

"엑스캔버스 클럽이라는 것을 해보면 어떨까 싶더라고요. 엑스캔버스를 사면 배달해 주는 사람 복장부터 시작해서 사용 설명서까지도 애플처럼 스타일리시하게 하는 거죠. 보통 사용 설명서와는 완전히 격이 다르게요. 리모컨 박스 하나도 보석 상자 열어 보는 느낌을 줄 수 있도록 디자인하고. 그럼 사람들이 자연스럽게 엑스캔버스의 경험을 자랑하게 될 거고, 엑스캔버스에 대해 자부심을 가지게 될 것 같아요. 할리 데이비슨이나 애플처럼요. 일종의 팬덤을 만들어 내는 거죠."

"그런데 엑스캔버스는 할리 데이비슨이나 애플이 아니잖아요. 결이 다른 브랜드 같아요. 할리나 애플보다는 훨씬 더 대중적인데 그런 클럽이 가능할까요?"

"나도 그 생각을 해봤는데, 좋게 생각하면 엑스캔버스의 마니아적인 요소는 그들만큼 강하지 않더라도 시장 자체는 훨씬 더 넓다는 이야기도 되잖아."

우리의 이야기를 듣던 팀장님도 입을 열었다.

"엑스캔버스의 구매력이 있는 연령대의 집단은 커뮤니케이션에 적극적으로 참여하진 않을 거야. 그런데 젊은 사람들을 중심으로 엑스캔버스의 마니아적인 분위기가 잡히면, 나이 많은 사람들은 반대급부로 자신들이 엑스캔버스를 쓰는 것만으로도 젊어졌다는 생각을 할 수 있을 걸? 그러니까 클럽은 수면 위에 내세우는 거고, 우리가 원하는 반응은 '나도 가입해 볼까?'가 아니라 '심정적 공감'

인 거지."

"그래도 이건 또 너무 다른 길 같아요."

"생각해 보면 엑스캔버스 사례 모음집이랑 합칠 수도 있어. 방향은 비슷하거든. 기본적으로 사람들을 'TV 시청자'가 아니라 'TV 사용자'로 만드는 거잖아. 맨 처음에 AE들이 가져온 '엑스캔버스를 대하는 우리의 자세'라는 슬로건은 여기에도 붙는 거지."

"사례 모음집을 중심에 놓고 클럽 아이디어를 부차적으로 가져가도 되겠어요."

"그렇겠네. 오늘 회의는 여기까지 하고, 각자 할리 데이비슨이나 다른 클럽 사례들 좀 찾아봐. 엑스캔버스 이용 사례도 더 많았으면 좋겠어. 그리고 타임머신 기능으로도 생각을 더 해봐. 지금 것들도 괜찮은데, 내 생각엔 좀 더 다양하고 디테일한 매력이 있는 소재들이 더해져야 할 것 같아. 타임머신은 엑스캔버스에만 있는 기능이니까 여기에 힘을 더 줘야지. 각자 할 일 알겠지?"

회의에서는 무조건 말할 것
2005년 11월 18일(금)

오늘도 우리는 지난 회의의 연장선상에서 엑스캔버스 클럽에 대해 논의했다. 지난 번 내용에서 크게 벗어나지 않는 수준에서 아이디어가 더 추가되었다. 그렇게 엑스캔버스 클럽 아이디어에는 살이 붙어 갔지만 왠지 우리의 확신은 점점 빈약해져만 갔다.

"예전 회의에 한 번 나왔던 캔버스 아이디어 있잖아요. 그렇게 이름에 충실하자는 아이디어도 괜찮을 것 같더라고요. 파브와 엑스캔버스는 네이밍부터 철학이 다르잖아요. 파브는 뭐의 약자라더라? Powerful. Audio. 다음이 뭐더라?"

"Vast. Vision."

"진짜요? Powerful Audio Vast Vision? 와, 완전 공장 같다."

"그렇지? 그런데 엑스캔버스는 안 그렇잖아. 파브는 시작부터 '보는 TV'로 규정하고 있다면, 엑스캔버스는, 좀 억지일 지도 모르지만, 어쨌거나 빈 화폭처럼 열어 놨잖아. TV 이름을 짓는 철학으로 본다면 엑스캔버스의 이름을 가지고 놀아 보는 것도 방법일 것 같아. 'Brand is amusement park. Product is souvenir.'(브랜드는 놀이 공원이다. 제품은 사람들이 공원에서 사는 기념품이다.) 예전에 내가 깐느광고제 강의에서 들은 말인데 이 말 진짜 정확하지 않아? 어쨌거나 사람들은 브랜드를 보고 상품을 구입하잖아. 그런 의미에서 엑스캔버스는 훨씬 더 매력적으로 보일 가능성이 있는 거지. 또 다른 아이디어 생각한 사람?"

모두 침묵했다. 다시 침묵을 깬 사람은 팀장님이었다.

"내가 좀 생각해 봤는데."

"와!"

"아침에 일찍 왔는데 별로 할 일이 없더라고. (이상하게 팀장님은 일이 없어도 일찍 오신다. 그에 반해 팀원들은 일이 있어도 늦게 온다. 세월이 흘러도, 팀원이 바뀌어도 굳건히 지켜지는 우리 팀의 유구한 전통이다!) 'TV를 씁시다' 어때?"

"'TV를 봅시다'가 아니라 'TV를 씁시다'요?"

"응. 이상한가. 다른 것도 또 생각했어. 'TV 아나바다 운동', '꺼진 TV도 다시 보자'"

"그건 좀 이상해요."

"어떤 생각을 했냐면, 사람은 살면서 두뇌의 5퍼센트밖에 못 쓴다잖아. TV도 그러고 있는 게 아닌가 싶더라고. TV를 다 쓰자. 잘 쓰자."

"하긴 아직도 TV는 바보 상자라 불리잖아요. 바보 온달이 그랬던 것처럼, TV도 이제 바보 딱지를 떼고 제자리로 돌아갈 때죠."

"애들한테도 자꾸 TV는 바보 상자라고, 못 보게만 하잖아요. 그런데 그럴 일이 아니라, 팀장님 표현을 빌리자면 '잘 쓰는' 방법을 가르쳐야 하는 게 아닌 가 싶은 생각을 저도 하긴 했어요."

"응. 지금까지 '수동적 TV'였다면 이제부터는 '적극적 TV'가 되는 거지."

'TV를 씁시다'라는 일견 의아한 슬로건을 내놓은 팀장님의 깊은 뜻을 우린 뒤늦게 알아차렸다. 그때부터 그 방향을 어떻게 달릴 것인가에 대해 논의했다. 슬로건 자체가 딱딱하다 보니 공익 광고처럼 진지한 어조로 말해 보자는 아이디어가 나왔다. 'Sponsored by Xcanvas Club' 개념을 사용해서 TV를 쓰는 방법을 알려 주는 광고를 만들자는 아이디어도 나왔다. 지난 회의 때 나온 엑스캔버스 클럽 아이디어가 자연스럽게 녹아들었다. 'TV를 씁시다'를 놓고 여러 가지 아이디어가 난무하는 가운데 팀장님이 갑자기 제동을 걸었다.

"이쪽 방향, 괜찮은 거 맞지? 좀 정리해 보자. 더 이상 화질 이야기를 안 하는 건 맞는 거야?"

"처음 가전 매장에 갔을 때도 느꼈는데 화질을 이야기하는 건 의미가 없는 것 같아요. 이미 화질은 사람 눈의 한계를 뛰어넘은 느낌이거든요. 미세한 차이야 있겠지만, 보통 사람의 눈으로는 도저히 알아차릴 수 없는 정도이니. 지금 제대로 가고 있는 것 같아요."

다른 팀원이 팀장님에게 (혹은 우리 모두에게) 확신을 주기 위해 거들었다.

"지금 다시 '화질'을 이야기하는 건, '통화 품질'을 이야기하는 것과 같은 맥락인 것 같아요. 너무 시대에 뒤떨어진 이야기인 거죠. 지금 저희가 가려는 길은 이를 테면 '생활의 중심'의 방향과 같은 거 같아요. 통화 품질만 이야기하던 시장을 '생활의 중심' 캠페인이 사소한 휴대폰 에피소드들로 확 꺾어 놨잖아요. 그것처럼 지금 우리가 이야기하고 싶어 하는 엑스캔버스의 사소한 부가 서비스들도 언뜻 보면 '화질'에 비해서 너무 사소한 이야기 같지만, 멀리 보면 더 이상 부가 서비스가 아닌 것 같아요."

역시 말을 하다 보면 정리가 된다. '내가 언제 이런 거시적인 것을 생각했지?' 싶은 말들이 술술 흘러나오는 법이다. 그러니 회의에서는 무조건 말할 것. 말이 되든 말든 말할 것. 자기도 무슨 말인지도 모르는 말이 훌륭한 말로 둔갑하는 법이니까. 하지만 팀장님은 여기에 만족하지 않았다. 팀장님의 질문이 이어졌다.

"엑스캔버스의 태생은 벽걸이 TV, PDP, LCD 이쪽이잖아. 이런 쪽은 화질이 당연히 제일 중요한 문제이고. 그런데 이걸 무시한 채로 기능들을 앞으로 내세우는 방향을 광고주가 동의할까? 음악을 듣는 것도 그렇고, DVD를 보는 것도 그렇고, 타임머신을 제외한다면 엑스캔버스만의 기능은 아니잖아."

팀장님은 일부러 우리 회의의 반대편에 서서 광고주 입장에서 우려할 점들을 미리 짚고 넘어가려는 것 같았다. 질문을 계속 던지고, 우리가 답을 하면 또 다른 질문을 던지고. 어쨌거나 우리 모두가 아는 사실은, 이런 과정을 거치면 어느새 논리는 더 단단해져 있다는 것. 이게 그 유명한 소크라테스의 산파술? 팀원들은 약간 격앙된 어조로 답하기 시작했다.

"그런데 '생활의 중심' 캠페인도 그랬잖아요. 우리가 말한 대부분의 것들이 SK텔레콤만의 것은 아니었잖아요. 그래도 먼저 말함으로써 모든 에피소드를 SK텔레콤이라는 이름으로 감싸 안을 수 있었잖아요. 마찬가지로 엑스캔버스가 먼저 나서서 부가 기능이라고만 생각했던 것들을 중심에 내세워 말을 한다면 서비스 전체가 '엑스캔버스만의 배타적인 기능'으로 인식되는 거죠."

"어차피 우리는 TV를 사기 위해 매장으로 간 사람을 타겟으로 광고를 만드는 거잖아요. 사람들이 매장에서 파브와 엑스캔버스를 놓고 고민을 할 때, 거기서 엑스캔버스를 선택할 수 있도록 만들어 줘야지요. 그러려면 벽걸이 TV 시장에서 엑스캔버스가 얼마나 우월한가를 말하는 게 맞을 거예요."

그제야 팀장님은 약간 미소를 짓고 회의를 정리하기 시작했다.

"그래 맞아. 나도 그렇고 전부 좀 더 적극적으로 발상의 단절을 해보자. 어차피 다른 회사는 이런 길을 생각도 못하고 있을 거야. 아직 한쪽을 닫지는 말고. 엑스캔버스 클럽이든 아까 잠시 이야기 나왔던 캔버스 아이디어든, '엑스캔버스를 씁시다'든 자기가 마음에 드는 쪽으로 생각을 해봐. 오늘 회의는 여기까지. 다들 주말에 일 생각하지 말고 잘 쉬고."

또 한 번의 회의가 끝났다. 물론 한 시간이 넘지 않았다.

세 갈래의 길이 있었네. 그리고 우린
2005년 11월 21일(월)

다시 한 번 정리해 보자. 우리에겐 세 갈래의 길이 있었다. 엑스캔버스를 캔버스로 해석하는 방향(It's your canvas, Xcanvas)과 '엑스캔버스 클럽' 방향. 그리고 'TV를 씁시다' 방향. 그리고 우리는 주말 동안 놀며 쉬며 각 방향을 약간씩, 아주 약간씩 살찌워 왔다.

"지난 회의 때 누가 'TV의 진화'라는 말을 했는데, 그대로 광고로 만들어 보면 어떨까 싶더라고요. 옛날에는 동네에 한 대씩 흑백 TV가 있었잖아요. 그땐 '구경하는 TV'였죠. 그러다가 TV가 좀 대중화되면서 '보는 TV'가 되고. 칼라 TV가 나오면서 '즐기는 TV, 마침내 엑스캔버스로 오면서 '쓰는 TV'가 되는 과정을 광고로 만들어 보는 거죠."

다른 사람이 그 아이디어를 이어받았다.

"저는 시대를 아우르는 게 아니라, 세대를 아울러 보면 어떨까 싶더라고요. 한 집에 살아도 각 세대 별로 TV를 쓰는 방식이 다를 것 같거든요. 10대는 교육방송을 의무적으로 봐야 한다면, 20대는 TV로 음악을 듣거나 DVD를 보고, 30대는 드라마를 돌려서 보거나,

요리 채널을 저장해서 보거나, 그걸 보여 주는 건 어떨까요?"

이렇게 한 쪽에서는 'TV를 씁시다' 방향의 아이디어들이 더해졌고, 또 다른 쪽에서는 엑스캔버스를 캔버스로 해석하는 아이디어들이 더해졌다.

"엑스캔버스를 배달할 때 화구 박스와 조그마한 캔버스를 주는 거예요. 매뉴얼도 화구 박스 안에 넣어 주는 거죠."

"엑스캔버스 박스 안에 엑스캔버스 주위에 설치할 수 있는 액자들도 넣어 주는 건 어떨까요? 액자에 둘러싸여 있다 보면 엑스캔버스도 자연스럽게 캔버스가 되는 거죠."

"엑스캔버스 운반 차량부터 설치하는 사람의 복장까지 모두, 유명 박물관의 그림 다루는 사람처럼 설정해 주는 건 어떨까요? 미술관 특유의 분위기 있잖아요. 그걸 차용하는 거죠."

"제품명을 미술과 관련시켜서 짓는 건 어떨까 싶었어요. '세잔과의 대화, 엑스캔버스', '모네와의 산책, 엑스캔버스' 이런 식으로요."

서로 다른 길들이 공존하는 회의였다. 아직 명확하게 한 방향으로 좁히지 못하다 보니, 회의는 중구난방이었다. 그리하여 기존의 아이디어들은 좋든 나쁘든 점점 살찌워지고 있었고, 새로운 아이디어들은 조금씩 아쉬운 구석들이 있었다. 팀장님도 이렇다 저렇다 할 코멘트를 아끼다 더 이상 진척이 없자 간단히 정리 멘트만 했다.

"캔버스 방향이 '엑스캔버스를 대하는 우리의 자세' 쪽으로 합쳐질 수 있다면 좋을 텐데. 어쨌거나 지금은 길들이 나눠져 있으니까, 조급해하지 말고, 각 방향의 확장 가능성에 대해서 생각해 보자. 그게 있어야만 확신이 생길 것 같아."

팀장님은 이 말을 정말로 싫어하시지만 우리는 회의실을 나오면서 이 말을 할 수밖에 없었다.

"내일은 뭘 해 와야 하는 거야?"*

솔직히 말해 우리는 이미 알고 있었다. 오늘 회의가 썩 성공적이지 않다는 걸. 방향이 딱 정해지지 않아서인지, 계속되는 아이디어 회의에 이미 지쳐서인지, 우리의 회의 준비는 느슨했다. 차라리 카피를 쓰라고 그러거나 TV 콘티를 짜는 거라면 나을 텐데. 그런데 오늘 같은 회의를 내일 또 한다고? 그러니 이 말을 할 수밖에.

"그런데 진짜, 내일은 뭘 해 와야 하는 거야?"

* 팀장님이 회의 시간에 늦는 것만큼 싫어하는 것. 바로 회의실을 나서면서 각자가 뭘 해야 하는지 모르는 것이다. 각자가 해야 할 일을 명확하게 파악하고, 준비해 오지 않는다면 다음 회의에 모여 봤자 무슨 소용이냐는 신념 하에 팀장님은 언제나 회의가 끝날 때 말씀하신다. "각자 뭘 해야 하는지 알겠지? 그럼 오늘 회의는 여기까지 하자." 물론 모르겠다면 다시 물어 보면 된다. 무지는 결코 흠이 될 수 없으니까, 겁내지 말고. 당당하게. 정말 겁내야 하는 것은 다음 회의까지 자신이 뭘 해야 하는지 모르는 것이다.

답답한 20분
2005년 11월 23일(수)

우려하던 일이 현실로 나타났다. 결론부터 이야기하자면 회의는 20분도 안 돼 끝났다. 이틀 만에 회의를 했음에도 불구하고, 대부분 빈손으로 나타났다. 뭘 해야 하는지는 알지만 동시에 뭘 해야 하는지를 아무도 몰랐기 때문이다. 현대생활백서 2권을 만든다고 다들 바쁘기도 했고. 다시 단편적인 아이디어들이 책상 위에 나왔다가 스러져 갔다. 크게 발전시킬 만한 것들이 보이진 않았다. 엑스캔버스 스쿨을 만들어 보자, 교과 과정을 모두 엑스캔버스로만 짜 보자. 팀장님은 '엑스캔버스하다'라는 슬로건이 생각났다며, 이걸 바탕으로 사전 형식으로 풀어나가는 건 어떨까 생각을 해봤지만 아닌 것 같다고 스스로 접었다. 이번에는 'TV+'라는 슬로건에서 'TV+CD' 'TV+DVD' 'TV+Music'으로 확장해 나가자는 의견이 나왔다. 하지만 팀장님은 '+'만으로는 꽉 차는 느낌이 들지 않는다며 좀 더 생각해 보자고 말했다.

다시 원점이었다. 지금까지 나왔던 3가지 큰 방향, '엑스캔버스 클럽', 'TV를 씁시다', 'It's your 캔버스'에 기댈 수밖에 없었다. 각자 좀 더 적극적으로 자기가 마음에 드는 방향을 구체화시켜서 회의에 참석하기로 했다. PT는 하루하루 다가오고 있었다. 죽이 되든 밥이 되든 결정을 내려야 하는 시간이 점점 다가오고 있었다.

문득 되돌아보았을 때 보석이 보였다
2005년 11월 25일(금)

답답한 마음에 모두 다시 한 번 새로운 아이디어들을 회의실 책상 위에 펼쳐 놓았다. 광고에서 '지금 TV를 보시는 분들 중에 엑스캔버스로 보시는 분은 별 표를 누르세요.'라는 메시지가 나오고, 그때 별표를 누르면 독특한 체험을 할 수 있도록 만들어 보자는, 기술적으로 가능한지조차 알 수 없는 아이디어부터, 'TV를 TV로만 보실 거면 엑스캔버스까지는 필요 없습니다.'라는 슬로건까지. 어느새 잊혀졌던 '엑스캔버스를 대하는 우리의 자세'도 카피로 변해 책상에 올라와 있었다. 예전 회의에 잠시 나왔던 '엑스캔버스 10계명'도 완성되어 있었다.

카피아이디어1

엑스캔버스를 대하는 우리의 자세-신혼부부

1) 혼수 준비 시, 맨 먼저 엑스캔버스부터 산다.
2) 엑스캔버스에 어울리는 벽지를 고른다.
3) 엑스캔버스에 어울리는 소파, 테이블, 커튼을 고른다.
4) 위와 동일한 기준으로 나머지 혼수를 고른다.

엑스캔버스를 대하는 우리의 자세-결혼 10년차

1) 애는 크고, 집은 좁아진다.
2) 이사하기는 귀찮다.
3) 엑스캔버스로 바꾼다.
4) 넓어진 거실에서 가족 모두 '나 잡아 봐라' 놀이를 한다.
5) 사이가 더 좋아진다.

카피아이디어2

엑스캔버스 사용자 10계명

1) 엑스캔버스는 바보 상자가 아니다.
2) 엑스캔버스의 능력을 100퍼센트 발휘하도록 도와라.
3) 모든 사물을 엑스캔버스와 연결해 보라.
4) 엑스캔버스는 당신의 캔버스이다. 게임, 음악, 사진 등 자신의 입맛에 맞게 즐겨라.
5) 집에 들어오면 엑스캔버스부터 켜고 엑스캔버스와 함께 여가 시간을 즐겨라.
6) 엑스캔버스의 타임머신 기능으로 4차원의 시간을 지배하라.
7) 엑스캔버스로 가족 간의 분쟁이 생기면 과감히 엑스캔버스를 포기하라. 아무리 엑스캔버스가 좋아도 가족이 최우선이다.
8) 엑스캔버스 때문에 자신에게 접근하는 사람을 피하라.
9) TV교체를 고민하는 주변인에게 엑스캔버스의 장점을 피력하라.
10) 엑스캔버스로 즐거운 인생을 즐겨라.

　새로운 아이디어들과 카피들과 이미지 자료들 앞에서 팀장님은 침묵했다. 다시 한 번씩 아이디어들을 보시더니 물만 벌컥벌컥 들이켜고 한마디 했다. "지금까지 정리된 회의록들 다 가져와 봐."
　우리는 경험상 알고 있다. 이 말로 시작된 회의의 끝에는 뭔가 정리되어 나온다는 것을. 앞만 보고 달리다가 문득 멈춰서, '우리가 지금까지 뭘 했지?'라고 되돌아보는 순간, 예전에는 보이지 않던 보석들이 회의록 곳곳에서 반짝반짝 빛을 내는 게 보이기 때문이다.

팀장님이 회의록들을 찬찬히 보기 시작했다. 우리도 모두 회의록들을 꺼내서 보기 시작했다. 타임머신을 타고 과거의 회의를 돌아보기 시작했다. 그리고 11월 15일에 멈췄다. "이 날 회의가 괜찮았던 것 같아. 이 날로 돌아가 보자."

11월 15일. 엑스캔버스와 관련한 에피소드들이 쏟아져 나온 날. 그러고 보니 11월 16일 회의에서도 우리는 잠시 회의를 멈추고 11월 15일로 돌아갔다. 그 날이 계속 우리의 발목을 잡는 것을 보면 그 날 뭔가 있었던 것에 틀림이 없다. 다들 11월 15일부터 17일까지의 회의록을 보기 시작했다.

"'디카로 찍은 사진, 엑스캔버스로 보십시오. 끝장입니다.' 이거 그대로 카피로 쓰면 안 되나? '아버지가 방으로 들어가시면, 게임은 시작된다.' 이것도 그대로 카피가 되네. 슬로건은 'TV를 씁시다' 보다 'TV를 배웁시다' 어때?"

"'TV를 씁시다'는 딱딱한 감이 있었는데 'TV를 배웁시다' 좋네요."

"너무 공익 광고 느낌이 나지 않아요?"

팀장님이 나서서 우리의 우려를 덜어 주었다.

"그렇긴 한데, 카피를 어떻게 쓰느냐에 따라서, 톤을 어떻게 잡느냐에 따라서 그런 느낌은 많이 없앨 수 있을 것 같아."

"'엑스캔버스를 대하는 우리의 자세' 슬로건도 괜찮았어요."

"응. 아까 다시 봐도 괜찮더라고. 그런데 매뉴얼 형식은 아닌 것 같아. '디카로 찍은 사진 엑스캔버스로 보십시오. 끝장입니다. TV

를 배웁시다' 여기에서 'TV를 배웁시다' 대신 '엑스캔버스를 대하는 우리의 자세'를 슬로건으로 넣어도 되는 거 아니야?"

"아, 그렇네요. 둘 중에는 뭐가 더 나을까요?"

"월요일에 AE들과 대표님과 리뷰하기로 했으니까, 그때 둘 다 제시해 보지 뭐. 슬로건은 그때 정해도 되니까."

우리는 다시 고개를 떨구고 꼼꼼히 회의록들을 넘겨봤다. 그냥 내뱉은 말도, 사소한 에피소드들도 모두 다 카피로 바꾸기 시작했다. 그리고 팀장님이 그 카피들을 칠판에 썼다.

"과속하지 맙시다. TV를 배웁시다."

"요리 못한다고 걱정하지 맙시다. TV를 배웁시다."

"이것도 카피가 될 것 같은데? 'TV가 바보 상자라면, 컴퓨터도 바보 상자다.'"

"시간이 우리를 기다려 주지 않는다는 것은 틀린 말이다. 엑스캔버스를 대하는 우리의 자세."

"아까 나온 이야기 있잖아요. TV를 TV로만 볼 거라면 엑스캔버스는 필요 없다는 말. 그것도 카피로 쓰면 어떨까요?"

"괜찮겠네. 그것도 카피에 추가."

어느새 칠판이 카피로 가득 찼다. 우리는 구체적인 에피소드를 담고 있는 카피들은 우선 'TV를 배웁시다' 쪽으로 분류해 놓고, TV를 대하는 새로운 태도에 관한 말은 '엑스캔버스를 대하는 우리의 자세' 쪽으로 분류했다. 그것만 했을 뿐인데, 이미 일을 다 한 것처럼 뿌듯했다. 순간 다시 찬 물 한 바가지. "TV 광고는 어떡하죠?"

팀장님의 간단한 해결책.

"이 카피들 중에서 TV 광고가 될 만한 것들은 TV 광고로 바꿔 보자. 그럼 될 것 같은데? 이를테면 신혼부부가 집들이 하는 장면, 여자가 신혼 여행 사진을 작은 디카 화면으로 보여 주는 장면, 남자가 디카에서 메모리카드를 꺼내서 엑스캔버스에 꽂는 장면, TV속에서 사진이 넘어가는 장면, 보는 사람들의 환호. 이런 식으로 TV 시놉들을 짜 보자고."

"예전 맥도날드 광고처럼, 아기가 2초마다 웃는데 카메라가 빠져 보면 엄마가 아기 좋아하는 장면만 돌려서 반복적으로 보여 주고 있는 거죠. 물론 맥도날드처럼 연출하면 안 되겠지만."

"배 나온 남자와 불룩한 TV를 연결해 보는 건 어떨까? 남자의 불룩한 배, 아내의 한숨, 불룩한 TV. 컷되면 TV는 엑스캔버스로 교체되어 있고, 남자는 여전히 튀어나온 자신의 배를 보며 머쓱해하는 거지. 그리고 슬로건은 'TV를 배웁시다'"

"그때 'TV를 배웁시다'는 'TV를 본받읍시다'가 되겠네요."

회의는 길어졌다. 회의록을 보고 또 보면서, 이제까지 나온 모든 아이디어들을 다시 검토하면서 버려졌던 아이디어는 다시 살리고, 숨이 넘어가는 아이디어에는 심폐소생술을 해 가며 회의를 했다. 어느 정도 윤곽이 잡혔다. 슬로건은 'TV를 배웁시다' 혹은 '엑스캔버스를 대하는 우리의 자세'. TV 광고와 인쇄 광고 모두 기존과는 다른 방식으로 TV를 쓰는 모습을 보여 줄 것. 월요일까지 각자 부족한 부분은 채워오기로 했다. 어쨌거나 오늘 회의는 여기서 끝! 벌써 두 시간째였다. 우리 팀에서는 있을 수 없는 일이다!

카피 정리

TV 사용은 TV 시청과는 전혀 다른 말이다.
엑스캔버스를 대하는 우리의 자세

TV를 TV로만 볼 거라면 엑스캔버스는 필요 없다.
엑스캔버스를 대하는 우리의 자세

시간이 우리를 기다려주지 않는다는 것은 틀린 말이다.
엑스캔버스를 대하는 우리의 자세

정일영 씨 거실에는 컴퓨터 자판만 있습니다. 컴퓨터는 없이.
엑스캔버스를 대하는 우리의 자세

TV가 바보 상자라면, 컴퓨터도 바보 상자다.
엑스캔버스를 대하는 우리의 자세

디카로 찍은 사진 엑스캔버스로 보십시오.
끝장입니다.
TV를 배웁시다.

과속하지 맙시다.
TV를 배웁시다.

요리 못한다고 걱정하지 맙시다.

TV를 배웁시다.

(TV 아이디어 팁)

1. 배불뚝이 남편: 'TV를 배웁시다'를 'TV를 본받읍시다'로 해석해 주기
콘티) 부부의 이야기하는 모습-배 나온 남자-아내의 한숨-배 나온 TV-cut-엑스캔버스-자신의 배를 만지며 엑스캔버스를 바라보는 남자

2. 맥도날드 광고처럼, 아기가 2초마다 반복적으로 웃고, 카메라가 빠지면 엄마가 잡지를 보며 아기가 좋아하는 장면을 돌려서 보여 주는 것

3. 여자의 집들이-디카로 사진 보여 주는 장면-남편의 모습-메모리스틱 꽂는 장면-TV 속에서 사진들이 넘어가는 장면(보는 사람들의 환호성이 들림)

4. "녹화해야 해."-어떤 사람은 VTR 포장을 뜯고 있고-어떤 사람은 버튼 두 번으로 녹화를 완성

5. 남녀 둘이서 TV를 보다가 멋있는 장면에서 돌려본다. 계속, 계속……
여자 "가자."-남자 VTR을 옆에 두고 편성표를 뒤지며,-여자의 한심해하는 표정-TV에서 편성표 찾아서 녹화 버튼 누른다.-여자, 다시 "가자."

※ 음악 감상, 슬라이드쇼……등의 콘티화가 필요함.

엑스캔버스하다, 될 것 같지 않아요?
2005년 11월 28일(월)

　오늘 오후에는 AE들과 대표님 미팅이 잡혀 있었다. 지금까지 우리가 달려온 방향을 점검하고, 다듬고, 앞으로 나갈 방향을 공유하는 자리. 우리는 오전부터 분주했다. 주말 동안 각자가 써 온 카피들을 공유하고 그중에서 괜찮은 카피들을 골라내 다시 정리하고 다 같이 보기 편하도록 카피들을 프린트하는 일련의 작업을 거쳤다. 회의실 하나를 빌려 'TV를 배웁시다', '엑스캔버스를 대하는 우리의 자세' 이렇게 두 개의 슬로건을 붙이고 엑스캔버스 10계명도 붙이고 TV 광고 아이디어들도 따로 붙여 놓고 인쇄 광고 카피들도 따로 붙여 놓고 인터렉티브 아이디어도 붙여 놓았다. 오후 4시. 모두가 모였다. 그리고 팀장님이 설명을 시작했다. 대표님은 고개를 갸웃했다. 워낙 말이 없는 대표님은 설명이 다 끝나자마자 한마디 했다. "이걸로는 안 될 것 같은데?"

　팀장님이 다시 설명을 시작했다. 왜 우리가 이쪽 방향으로 달렸는지, 왜 기존의 TV 광고와 엑스캔버스의 선 긋기가 필요한지, 왜 화질 이야기를 하면 안 되는지 조목조목 설명했다. 하지만 대표님의 입장은 변하지 않았다.

　"방향은 맞아. 그런데 크리에이티브는 이렇게 가면 안 될 것 같아. 프리미엄으로 가자는 건 아니지만, 몇 백만 원짜리 TV인데 최소한의 고급감은 느껴져야지."

　팀장님도 즉각 반박했다.

"카피만 보고서 프리미엄을 논하기는 무리인 것 같은데요."

"아니, 그래도 지금 이 슬로건으로는 안 될 것 같아. 'TV를 배웁시다'는 이게 무슨 공익 광고도 아니고. '엑스캔버스를 대하는 우리의 자세'도 약해."

팀장님의 이마에 핏줄이 섰다. (화가 났다는 증거다.)

"저희가 2주 동안 회의해서 겨우 찾아낸 답입니다."

팀장님은 크게 심호흡을 한 번 하고 지금까지의 회의록을 다 꺼냈다. 팀원들은 한 마디도 못하고 노트만 바라보고 있었고, 회의실에는 회의록 넘기는 소리만 났다. 대표님도 칠판만 바라보고 있었다. AE들이 분위기를 풀어 보려고 했지만 역부족이었다. 팀장님이 회의록을 한 장 한 장 넘기면서 이제까지 나왔던 아이디어들을 읊기 시작했다.

"'TV를 씁시다'가 있었고요. 'It's your canvas. Xcanvas'도 있었어요. 이건 엑스캔버스를 캔버스로 해석하는 방향이었고요. 그런데 이쪽은 캠페인 자체를 크게 가져가기 힘들어요. 그리고 '엑스캔버스하다'가 있었고요. 그리고……"

팀장님은 계속해서 회의록을 넘기며 우리가 낸 아이디어들에 대해 말을 했다. 대표님은 한 말씀도 안 했다. 단 한 번, '엑스캔버스하다'를 팀장님이 말했을 때, 고개를 한 번 갸웃했을 뿐이다.

갑자기 막내 카피라이터의 얼굴에 깨달음의 표정이 스쳐 지나갔다. 의자를 돌려 벽에 붙어 있는 카피들을 둘러보더니 회의실의 적막을 뚫고, 차장 카피라이터에게 소곤소곤 말했다.

"엑스캔버스하다, 될 것 같지 않아요?"

"아니."

막내 카피라이터는 다시 한 번 카피들을 쭉 보았다. 그러더니 이번엔 대리 카피라이터에게 조용히 말했다.

"엑스캔버스하다로 풀면 다 풀려요."

"……."

막내 카피라이터는 차마 회의실의 적막함을 깰 용기가 나지 않았다. 팀장님도, 대표님도 칠판만 째려보고 있었다. 평소에는 5분만 이야기해도 서로 생각하는 게 뭔지 단숨에 알아차리는 사이이지만, 두 분 다 고집이 세서 한 번 부딪히면 평행선을 달리기 때문이었다. 팽팽한 긴장감으로 회의실이 가득 차는 사이에 벌써 두 시간이 지났다. 결국 팀장님이 먼저 입을 열었다.

"시간이 있으니까 좀 더 생각해 보죠, 뭐."

모두 지쳐서 회의실을 나왔다. 두 어깨를 축 늘어트린 채 우리는 휴게실 소파에 털썩 털썩 주저앉았다. 밖에는 11월의 비가 추적추적 내리고 있었다. 팀장님은 계속 침묵했고, 우리도 어색한 침묵만 공유했다. 한참을 그렇게 앉아 있다가 막내 카피라이터가 입을 열었다. 아주 조심스럽게.

"아닐지도 몰라요. 그런데……"

"아닌 게 어디 있어. 말해 봐."

팀장님의 말 한 마디에 막내 카피라이터는 용기를 냈다.

"'엑스캔버스하다'면 다 풀리는 거예요. '엑스캔버스하다'가 원래 사전 형식으로 풀어 보자는 아이디어였잖아요. 엑스캔버스를 쓰는 방식들을 모두 사전 형식으로 풀어내면 돼요."

"어떻게? 구체적으로 설명해 봐."

"집들이 때 엑스캔버스로 사진을 보여 주는 광고라면 '엑스캔버스하다. 신혼여행 사진을 엑스캔버스에 띄워 놓고 집들이 하다.'가 되는 거죠. 엑스캔버스에 내장된 요가 프로그램을 말하고 싶으면 '엑스캔버스하다. 엑스캔버스에 내장된 요가 프로그램으로 몸매를 가꾸다.' 이런 식이 되는 거고요. 그러니까 사전 형식으로 간단하게 엑스캔버스의 기능들을 다 풀어내는 거죠."

가장 먼저, 막내 아트디렉터의 얼굴이 밝아졌다.

"야, 그러면 되겠네. 그럼 다 풀리는 거네."

하지만 팀장님은 의심의 눈초리를 거두지 않았다.

"그럼 다 되는 거야? 엑스캔버스와 그 이전의 다른 TV 선 긋기는 어떻게 되는거고?"

"그건 런칭편으로 해결할 수 있을 것 같아요. 런칭편을 '엑스캔버스하다. 수동적인 TV 시청을 벗어나 적극적으로 TV를 활용하다.' 이런 식으로 개념을 잡아 주는 거죠."

그때 카피라이터 선배들도 거들었다.

"아까 회의하다가 얘가 '엑스캔버스하다' 어떤지 묻는 거예요. 그때는 아니라고 말했는데, 듣고 나서 가만히 회의실 벽에 붙어 있는 카피들을 보니까 이게 될 것 같더라고요. 대표님이 걱정하시는 고급감 문제도 해결될 것 같아요. 애써 폼 잡으려고 하지도 않고, 담백하고, 젊어 보이고요."

"그럼 디자인은 어떻게 잡을 거야?"

막내 아트디렉터가 바로 노트를 꺼내서 스케치를 쓱쓱 했다.

"별 다른 디자인 요소가 필요할 것 같진 않아요. 엑스캔버스처럼 심플하게, 검정색을 주조로 잡고 사전 형식을 빌려서 깔끔하게 잡으면 제일 고급스러워 보일 것 같아요."

팀장님이 막내 카피라이터에게 말했다.

"내일부터 휴가지?"

"네."

"미안하지만, 오늘 저녁에 그거 좀 정리해 줄래?"

"네."

"계속 난항이었는데 이제 좀 정리가 되는 것 같네. 그런데 아직 100퍼센트 확신은 안 들어. 카피를 봐야 확신할 수 있을 것 같아."

"오늘 밤에 정리할게요."

"그래. 오늘은 여기까지 하자. 완전 지쳤어. 모두 들어가."

막내 카피라이터는 새벽까지 카피를 썼다. 그것이 PT중간에 휴가 가는 데 대한 미안한 마음을 씻을 유일한 길이기 때문이었다.

PT중에 휴가를 간다고?

당연히 보통의 광고 회사에서는 있을 수 없는 일이다. 아르바이트생 한 명까지도 아쉬워지는 판에, 가긴 어딜 간다는 말인가? 하지만 우리 팀의 가장 큰 원칙은 '모든 사생활은 회사 일에 우선 한다.' 이다. 휴가는 당연히 개인이 누릴 권리라 생각하기 때문에, 감히 그 누구도 휴가 가는 사람에게 가지 말란 압력을 넣지 못한다. 며칠을 가든, 언제 가든, 그것은 개인의 자유다. 팀장님이라도 PT를 앞두고 휴가를 간다. 대부분의 경우 휴가는 미리 예정되었기 때문에 급작스럽게 PT가 치고 들어와도 PT는 2순위가 되는 것이다. 이런 분위기이니 신입 사원이 PT 중간에 휴가를 간다고 해도 팀 사람들은 기분 좋게 보낸다. 신입 사원 한 명 빠진다고 팀 전력에 손실이 생기는 것도 아니고. 어쨌거나 그날 밤 신입 카피라이터가 미안한 마음에 새벽까지 카피를 쓴 건 당연한 일이었다. 휴가를 가려면 이 정도 밤샘쯤이야!

우선은 많이 쓰고 볼 일이다
2005년 11월 29일(화)

막내 카피라이터는 팀장님보다 먼저 출근했다. 그리고 어제 새벽까지 쓰고도 못 쓴 카피들을 계속 썼다. 맞는지 안 맞는지는 선배 카피라이터들이 판단할 문제였다. 우선은 많이 쓰고 볼 일이었다. 그럼 선배들이 버리고 다듬을 것이다. 휴가 갔다가 돌아오면, 한 번도 보지 못한 새로운 광고가 탄생해 있을 것이다.

워드 파일의 저장 버튼을 눌렀다. 선배 카피라이터들에게 메일로 전송하는 동시에 프린트한 카피 뭉치를 들고 10층 회의실로 올라갔다. 이미 팀원들이 모여 있었다. 카피들을 설명하기 무섭게 말했다.

"휴가 다녀오겠습니다."

"잘 갔다 와. 일 생각은 절대 하지 말고. 여긴 우리에게 맡겨."

"안심이 안 되지? 그래도 우리를 믿어 봐. 너 하나 없다고 큰일 안 나. 대신 갔다 오면 막 부려먹을 거니까 무조건 푹 쉬다가 와."

"네. 꼭 그렇게 해주세요. 죄송합니다. 다녀올게요."

"그래. 얼른 가."

막내 카피라이터의 발악

1단계: TVCM과 함께 기타 매체들을 다양하게 활용해 '엑스캔버스 하다'를 개념 정의해 줌.

TV
[엑스캔버스하다]
엑스캔버스에 내장된 요가 프로그램으로 요가를 즐기다.

[엑스캔버스하다]
엑스캔버스에 내장된 음악으로 태교를 하다.

[엑스캔버스하다]
생중계를 보며 화면을 일시정지시키고 딴 일을 하다.

[엑스캔버스하다]
TV를 보다 아이가 좋아하는 장면을 반복적으로 보여 주다.

[엑스캔버스하다]
비디오 테이프 없이, 신문의 TV편성표 없이 예약 녹화를 하다.

[엑스캔버스하다]

엑스캔버스로 15년 결혼 생활에 변화를 주다.

[엑스캔버스하다]

TV를 이용, 벽을 장식하다.

사전정의

엑스캔버스하다[eks-kænvɜs-hada]

동사)

1. 수동적인 TV 시청에서 벗어나 적극적으로 TV를 활용하다.

   반) TV를 보다.

2. 오디오, 게임기, 앨범, 액자, 타임머신 등 다양하게 TV를 활용하다.

3. 멋진 대형 벽걸이 TV를 걸어놓고 주변 사람들에게 으스대다.

   예문) 그 녀석 집에 갔더니 어찌나 엑스캔버스해대는지, 부럽더라.

4. 타임머신 기능을 이용해 생방송을 자유자재로 돌려보다.

   예문) 그는 어제 축구 경기를 엑스캔버스했다.

   반) 놓친 장면을 안타까워하다.

5. TV를 시청하다가도 급한 일이 생기면 생방송을 중지하다.

   예문) 예전에는 TV 볼 때 화장실도 못 가더니, 요즘은 엑스캔버스하고 여유로워졌다니까.

6. 비디오 테이프 없이, 신문 TV편성표 없이 TV를 녹화하다.

7. TV를 중심으로 인테리어 하다.

   예문) 결혼 10년차 이예훈 씨는 엑스캔버스로 바꾸고, 집안 전체를 엑스캔버스했다.

8. 디지털 카메라로 찍고, 메모리스틱을 TV에 꽂아 큰 화면으로 감상하다.

   예문) 경숙이는 집들이 때 신혼여행 사진을 엑스캔버스해서 보여 주었다.

9. TV에 음악을 옮겨놓고, 분위기에 맞게 음악을 틀다.

   예문) 그는 결정적인 순간에 와인을 준비하고, 엑스캔버스로 분위기를 고조시켰다.

10. 아이들이 좋아하는 프로그램을 TV에 녹화해 두고 반복적으로 보여 주다.

11. 다양한 전자기기를 TV에 연결해서 시너지 효과를 내다.

    예문) 어젯밤 컴퓨터와 엑스캔버스했는데 별의별 기능이 다 되더라고.

12. 원하는 부분만 따로 편집해 저장하다.

13. 내장된 영어, 골프, 요가 등 취미 교육 프로그램과 함께 삶을 풍요롭게 만들다.

    a) (내장된 요가 프로그램으로) 요가를 즐기다.

    b) (내장된 골프 프로그램으로) 완벽한 골프 자세를 익히다.

    c) (내장된 음악으로) 태교를 하다.

    d) (내장된 영어 교육 프로그램으로) 청취 실력을 드높이다.

14. TV를 이용, 벽을 장식하다.

    숙어) **Xcanvas A with Xcanvas**: 엑스캔버스로 A를 장식하다.

15. 가족 모두가 각자 자신의 방식으로 TV를 쓰다.

    예문) 아버지가 엑스캔버스하고 방으로 들어가시면, 아들이 엑스캔버스하러 나온다.

숙어)

as A as Xcanvas: 엑스캔버스만큼이나 A하다.

ex) She is as beautiful as Xcanvas: 그녀는 엑스캔버스만큼이나 아름다웠다.

catch up with Xcanvas: 엑스캔버스를 따라잡다. 최신식이 되다. 유행을 선도하다.

compare A with Xcanvas: A를 최상급의 어떤 것과 비교하다.

속담)

엑스캔버스字 10번이면 사고를 면한다: 급하게 TV를 보기 위해서 과속하지 말고 엑스캔버스가 있다는 점을 계속 명심하면, 늘 안전운전을 할 수 있다는 뜻

돌다리도 엑스캔버스하며 건너라: 자신의 기억력을 과신하지 말고, 늘 엑스캔버스로 돌려보며 확인하는 버릇을 기르라는 뜻. 특히, TV를 보면서 자주 내기를 하는 사람에게 쓴다.

떠난 버스는 잡을 수 없지만, 엑스캔버스는 잡을 수 있다: 꼭 보고 싶은 장면을 놓치고 애꿎은 주변 사람들에게 화풀이하는 사람에게 필요한 옛 선조들의 지혜. 예나 지금이나 떠난 버스와 떠난 여자는 잡을 수 없음을 명심할 것

공든 엑스캔버스가 무너지랴?: 어떤 상황에서도 낙관적인 생각을 버리지 않으려는 자세. 잘못하면 자신이 예약하지 않은 프로그램도 'TV가 알아서 녹화해 주겠지.'라는 낙관주의로 흐르기도 한다.

더도 말고 덜도 말고 엑스캔버스만 같아라: 아주 행복한 순간이나 풍요로운 순간이 영원히 지속되기를 바라는 것

어느새 마법처럼 진짜 카피가

2005년 12월 5일(월)

　휴가를 마치고 돌아온 신입 사원은 클릭 한 번으로 선배들이 고생해서 쓴 카피 파일을 받았다. 그 안에 지난 일주일간의 모든 것이 들어 있었다. 일주일 동안 무슨 회의가 어떻게 진행되었는지, 누가 또 몇 번이나 야근을 한 건지, 팀장님 이마의 핏줄이 몇 번 곤두섰는지, 얼마나 많은 카피가 버려졌는지 알 수는 없었지만 단 하나는 분명했다. 지난 화요일에 잉태된 신입 사원의 카피는 걸음마도 다 떼고 어느새 어엿한 어른이 되었고 마법처럼 진짜 카피가 되어 있었다.

　'엑스캔버스하다'의 뜻은 이미 36가지로 늘어나 있었다. 동사도 있었고 대명사도 있었다. 무엇보다도 월드컵 시즌 카피들이 모두 완성되어 있었다. TV 광고 시안은 이미 감독들이 촬영하는 중이었고, 아트디렉터들은 인쇄 제작에 들어갈 사진 컷들을 찾고, 다듬고, 정리하느라 정신이 없었다.

　"우와, 일주일 동안 이 많은 것을 다 하신 거예요?"

　"응. 이제 네가 왔으니까 나머지는 네가 다 할 거야."

　하지만 신입 사원이 할 일은 없었다. 이미 모든 일은 정리 단계에 접어들고 있었다. 참으로 일복 없고, 선배 복만 많은 신입 사원이 아닐 수 없었다.

정리된 카피

1단계 : 런칭

엑스캔버스하다 [ékskænvəs-hada] (동사)

1. 수동적인 TV 시청에서 벗어나 적극적으로 TV를 활용하다.
   반) TV를 보다.
2. 멋진 대형 벽걸이 TV를 걸어 집안 분위기를 쇄신하다.
   예문) 그 친구 얼마 전에 엑스캔버스했다더니 집이 싹 달라졌더군.
3. 예전에 재미없게 봤던 영화를 고화질의 TV를 통해 재발견하다.
   예문) 엑스캔버스했더니 완전히 다른 영화던걸!
4. 비디오 테이프 없이, 신문 TV편성표 없이 방송을 녹화하다.
5. TV를 중심으로 인테리어하다.
   예문) 결혼 10년차 이예훈 씨는 집안 전체를 엑스캔버스했다.
6. 디지털 카메라 메모리스틱을 엑스캔버스에 꽂아 큰 화면으로 감상하다.
   예문) 그녀는 집들이 때 신혼 여행 사진을 엑스캔버스해서 친구들에게 보여 주었다.
7. TV를 이용, 벽을 장식하다.
8. (내장된 영어, 골프, 요가 등 취미 교육 프로그램과 함께) 삶을 풍요롭게 만들다.
   a) (내장된 요가 프로그램으로) 요가를 즐기다.
   b) (내장된 골프 프로그램으로) 완벽한 골프 자세를 익히다.

c) (내장된 음악으로) 태교를 하다.

d) (내장된 영어 교육 프로그램으로) 청취 실력을 드높이다.

9. 오디오, 컴퓨터, 앨범, 타임머신, 주크박스, 액자, 게임기 등 다양한 용도로 TV를 활용하다.

10. TV를 보다가 분위기가 고조될 때, 방송을 끄고 오디오로 전환하다.

　　예문) 그는 결정적인 순간에 엑스캔버스한 후 와인까지 준비해서 그녀의 마음을 사로잡았다.

11. 어린 자녀들이 좋아하는 특정 TV프로그램을 앞으로 돌려 반복해서 보여 주다.

12. 다양한 전자 기기를 TV에 연결해서 시너지 효과를 내다.

　　예문) 컴퓨터를 엑스캔버스하니까 별의 별 기능이 다 되더군.

13. 예약 녹화를 버튼 두 번으로 5초 만에 끝내다.

　　예문) 급하니까 엑스캔버스해 놓고 빨리 나와요!

14. 디지털 카메라로 찍은 사진을 엑스캔버스에 띄워 액자로 만들다.

　　예문) 어린이날 사진을 할머니께 엑스캔버스해 드렸더니 참 좋아하셨어요.

15. 엑스캔버스에 내장된 골프 동영상을 보며 골프를 배우다.

　　예문) 요즘 짬짬이 엑스캔버스했더니 자세가 많이 좋아졌어.

16. 추억이 담긴 사진을 음악과 함께 TV에 띄워 그럴 듯한 분위기를 조성하다.

　　예문) 결혼 10주년 되는 날 엑스캔버스하려고 준비 중입니다.

17. 엑스캔버스에 저장된 MP3 파일을 재생해 최상의 음질로 음악을 감상하다.

예문) 샤워 후 맥주 한 잔에 엑스캔버스할 때가 제일 행복해.
18. 엑스캔버스로 녹화한 동영상을 HD화질 그대로 보고 또 보다.
반) 비디오 테이프가 늘어나고 또 늘어날 때까지 보다.
19. 각종 프로그램을 엑스캔버스 안에 폴더별로 분류해서 저장해 두다.
예문) 그 친구는 성격이 꼼꼼해서 틈날 때마다 엑스캔버스해 두더라고.
20. 영화의 멋진 장면들을 모아 나만의 예고편을 만들다.
예문) 그이가 둘이서 봤던 영화를 엑스캔버스해서 보여 주는데, 정말 감동했지 뭐예요.
21. 가족 모두가 각자 자신의 방식으로 TV를 쓰다.
예문) 아버지가 엑스캔버스하고 방으로 들어가시면, 아들이 엑스캔버스하러 나온다.
(콘티화: 아빠가 TV보다 들어가면/아들이 게임하고/딸이 음악 듣고. 카메라 고정)
22. 원하는 부분만 따로 편집해 저장하다.
예문) 드라마 명장면을 엑스캔버스하다.
23. 15년 결혼생활에 변화를 주다.
예문) 두 사람은 엑스캔버스하고 난 후 집안도 부부관계도 달라졌음을 고백했다.
24. 명절 연휴, 신문이 없이도 방송프로그램 편성표를 실컷 보다.
25. 엑스캔버스에 내장된 요리 프로그램을 이용해 파티를 성공적으로 치르다.
26. 수능 교육방송을 놓치는 부분 없이 보다.

예문) 저 강사는 말이 빨라서 중간 중간 엑스캔버스해 가며 봐야해.

27. HD 드라마를 HD 화질 그대로 TV에 녹화하다.

28. 영화관의 감동을 앞사람 머리에 가려지는 일 없이 그대로 즐기다.

예문) 이 영화의 감동은 혼자서 엑스캔버스할 때 가장 커진다.

29. 멋진 장면을 보고 또 보다.

예문) 첫키스 장면, 너무 멋있어서 얼마나 엑스캔버스했는지 몰라.

30. PC로 하던 게임을 엑스캔버스로 하면서 전에 없던 감동을 느끼다.

예문) 스트레스 받을 땐 엑스캔버스하는 게 효과 있어.

31. 주말의 명화를 기다리다 깜박 졸았을 때, 정신 차리고 앞으로 돌려서 보다.

예문) 눈을 떴더니 반이 지나갔더라고, 그래서 얼른 엑스캔버스했어.

32. TV시청 중에 아이가 울면 보던 방송을 멈추고 아이를 재우다 다시 돌아와 못 본 장면부터 느긋하게 시청하다.

33. 가스렌지를 끄기 위해 부엌에 가면서 드라마를 잠시 멈추다.

34. EBS강사가 답을 말하기 전에 방송을 멈추고 문제 풀 시간을 벌다.

예문) TV강사: 다음 보기 중 어떤 것이 답일까요?
　　　　어머니: 엄마가 엑스캔버스 할 테니 넌 문제를 풀어 보아라.

35. TV의 퀴즈 프로그램을 친구 간의 내기에 활용하다.

예문) 문제를 듣고 엑스캔버스한 후에, 답을 적었다. 답을 못 맞추는 사람이 맞춘 사람에게 간식을 샀다.

36. 멋있는 대사가 나오면 TV를 앞으로 돌려서 확인하고 넘어가다.

예문) 어제 '뉴욕의 연인' 피아노치는 장면, 3번이나 엑스캔버스했다.

엑스캔버스[ékskǽnvəs-hada](대명사)

1. 대형 벽걸이 TV의 대명사
2. 세련되고 현대적인 디자인의 대명사
    예문) 그 자동차의 외관은 마치 한 대의 엑스캔버스와도 같았다.

2단계 월드컵 시즌

엑스캔버스하다[ékskǽnvəs-hada](동사)

1. 타임머신 기능을 이용해 생방송을 자유자재로 돌려보다.
    예문) 그는 어제 축구경기를 엑스캔버스했다.
    반) 놓친 장면을 안타까워하다.
    1-1) 타임머신 기능을 이용해 시간을 거꾸로 되돌리다.
        예문) 전반전 15분으로 엑스캔버스해 봐.
    1-2) 타임머신 기능을 이용해 생방송을 정지시키다.
        예문) 그는 엑스캔버스한 뒤 차분하게 전화를 받았다.
    1-3) 생방송 중이라도 보고 싶은 장면을 몇 번이고 다시보다.
        예문) 반칙이 의심되면 언제든 엑스캔버스해 보라.
2. TV를 시청하다가도 급한 일이 생기면 생방송을 중지하다.
    예문) 예전에는 TV 볼 때 화장실도 못 갔었는데, 요즘은 엑스캔버스하
        면 되니까 마음이 편해.
3. 내가 보면 골이 안 들어가는 징크스가 있을 때 잠시 생방송을 멈추다.

예문) 역시 내가 엑스캔버스했더니, 패널티킥이 들어가더라고!

4. 반칙 판정이 나면 화면을 앞으로 돌려서 확인을 하다.

　　예문) 글쎄 그 심판이 박지성 선수한테 옐로우카드를 주잖아! 그래서 바로 엑스캔버스했지.

5. 생방송을 보다가 배가 아프면 일시정지하고 화장실을 가다.

6. 축구 경기 도중에도 집에 가려는 여자친구에 대한 예의를 지키다.

7. 축구 경기를 보기 위해 과속하지 않는다.

　　콘티) 남들은 다 서두르는데 혼자 여유 있게 운전하는 사람

8. 축구 경기를 편집해서 나만의 하이라이트를 만들다.

　　예문) 박지성 슛 장면만 엑스캔버스했는데, 너무 멋있어!

9. 경기를 엑스캔버스에 그대로 저장하다.

10. 이긴 다음날, 경기 내용을 엑스캔버스에 녹화해 놓고 되풀이해 보며 감격의 순간을 연장하다.

11. 진 다음날, 경기 내용을 엑스캔버스에 녹화해놓고 패인을 분석, 선수 기용과 새로운 전술에 대해서 연구하다.

12. 호주 팀의 경기가 있는 날, 전임 감독에 대한 예우 차원에서 호주 팀의 경기를 버튼 하나로 예약 녹화하다.

13. 패널티킥을 볼 때 만일의 사태에 대비해 생방송을 멈추고 호흡을 가다듬다.

　　예문) 노약자, 임산부를 위해 엑스캔버스하다.

14. 응원석에 앉은 이상형 여자를 발견했을 때, 생방송을 멈추고 미모를 감상하다.

　　예문) 잠깐잠깐! 저 여성을 좀 볼 수 있도록 엑스캔버스 해봐!

15. 방송을 앞으로 돌려서 골인 장면을 반복해서 돌려보다. 골인! 골인! 골인! 골인! 골인!
16. 우리 팀에 영향을 미치는 다른 팀의 경기를 한 화면에 동시에 띄우고 같이 보다.

엑스캔버스-당하다[ékskǽnvəs-](피동) 영) be Xcanvased

1. 다른 이의 집에 갔다가 벽에 걸린 엑스캔버스를 보고는 부러움에 휩싸여 자신의 처지를 한탄하게 되다.
2. 친구 집에서 엑스캔버스로 실감나는 게임을 한 후, 똑같은 게임을 자기 집에서 할 때는 전혀 재미를 못 느끼게 되다.
3. 같은 벽걸이 TV인데 왜 자신의 TV에는 엑스캔버스 같은 기능들이 없는지 의아해하게 되다.
   예문) 은정이 집에 놀러갔다가 제대로 엑스캔버스 당해버렸어. 이번 월급 받으면 적금 붓기 시작하려고.

엑스캔버스-스럽다[ékskǽnvəs-](형) 영) be Xcanvasive

1. 몸매가 날씬하고 세련되었다.
2. 영화, 음악, 사진, 미술 등 모든 방면에서 두각을 드러내다.
   예문) 김선생님은 이 학교에서 보기 드물게 엑스캔버스스러운 분이셔.
   반) 브라운관TV스럽다.

라디오

1) "디카로 찍은 사진,

   엑스캔버스해 보십시오.

   끝장입니다."

   여기서 엑스캔버스하다란,

   디카의 메모리카드를 TV에 바로 꽂아 초대형, 고화질 사진을

   감상하다라는 뜻입니다.

   엑스캔버스

2) "골프자세,

   틈틈이 엑스캔버스해 보십시오.

   일취월장 하실 겁니다."

   여기서 엑스캔버스하다란,

   엑스캔버스에 내장된 골프교습 동영상을 보고 배우다

   라는 뜻입니다.

   엑스캔버스

3) "결혼 15주년,

   엑스캔버스해 보십시오.

확실히 달라집니다."

여기서 엑스캔버스하다란,

멋진 대형 벽걸이 TV를 걸어 집안 분위기를 쇄신하다

라는 뜻입니다.

엑스캔버스

4) "페널티킥 장면,

노약자나 임산부는

반드시 엑스캔버스하십시오."

여기서 엑스캔버스하다란,

만일의 사태에 대비해

생방송을 멈추고 호흡을 가다듬다

라는 뜻입니다.

엑스캔버스

TPO카피(TV프로그램 각각에 최적화된 카피들)

(교육방송용) 엑스캔버스하다[ékskǽnvəs-hada](동)
수능 교육방송을 볼 때 타임머신 기능을 이용해 방송을 멈추고 문제 풀 시간을 벌다.

ex) TV강사: 다음 보기 중 답은?
　　　어머니: 엄마가 엑스캔버스할 테니 넌 문제를 풀어 보아라.

(9시뉴스용) 엑스캔버스하다[ékskǽnvəs-hada](동)
HDR기능을 이용해 9시 뉴스를 10시에 보다.

(방귀대장뿡뿡이용) 엑스캔버스하다[ékskǽnvəs-hada](동)
「방귀대장 뿡뿡이」가 끝나서 아쉬워하는 아이들에게 타임머신 기능을 이용해 다시 보여 주다.

(드라마용) 엑스캔버스하다[ékskǽnvəs-hada](동)
HDR기능으로 「서동요」와 「이 죽일 놈의 사랑」 둘 다 놓치지 않다.

(드라마용) 엑스캔버스하다[ékskǽnvəs-hada](동)
HD드라마 「다모」를 HD화질 그대로 TV에 저장하다.

(퀴즈프로그램용) 엑스캔버스하다[ékskǽnvəs-hada](동)
「퀴즈 대한민국」을 보던 중 방송을 정지시키고 정답 내기를 하다

(미드용) 엑스캔버스하다[ékskǽnvəs-hada](동)
「프렌즈」의 대사를 알아들을 때까지 되돌려 보고 또 보다.

캠페인은 그냥 만들어지지 않는다

2005년 12월 6일(화)

모두가 바쁘게 돌아갔다. 특히 아트디렉터들은 바빴다. 작업해야 할 인쇄물들이 많았다. 카피라이터들이야 36개 카피 중에서 인쇄물에 어울릴 카피들을 뽑아서 아트디렉터에게 넘기기만 하면 되는 일이었지만 아트디렉터는 그 카피에 어울리는 일러스트와 레이아웃을 잡느라 정신없이 클릭을 했다. 결국 깔끔한 것을 좋아하는 아트디렉터의 취향과, 깔끔한 것을 더 좋아하는 팀장님의 취향과, 깔끔해야 어울리는 엑스캔버스의 제품 특성이 고스란히 드러난 인쇄물이 완성되어 갔다.

TV 시안 촬영은 무사히 끝났고 감독님과 PD님이 편집실에서 밤을 새기 시작했다는 소식도 들려 왔다. 팀장님과 맏언니 카피라이터도 편집실로 나갔다. 휴가 갔다가 일을 열심히 해야겠다는 의지를 불태우며 돌아온 막내 카피라이터와 또 다른 카피라이터만 묘하게 한가했다. 그때 편집실에 간 팀장님에게 급하게 전화가 왔다.

"여기서 보니까, 런칭편을 급하게 만들어야 할 것 같아. 런칭편이 없으니까, '엑스캔버스하다'가 산만하게 퍼지네. 예전에 카피 정리해 놓은 거 있지? 그거 15초로 다시 정리해서 편집실로 보내 봐."

선배 카피라이터가 자리에 앉더니 순식간에 정리해서 편집실로 카피를 보냈다. 그리고 우리는 다시 한가해졌다. 놀다가 가끔 아트디렉터 뒤에 서서 인쇄물들을 보며 "와!"라고 감탄하는 것 말고는 별 다른 일이 없었다.

LG
엑스캔버스
경쟁 PT

인쇄:::런칭
이렇게 온통 검정색인 인쇄 광고는 처음이었다. 하지만 검정색만큼 엑스캔버스를 잘 나타내는 색은 없었다. 검정색만큼 고급스러운 색도 없었다. 한치의 오차도 허용하지 않는 검정색에 어울리려면 카피도 최대한 심플해져야만 했다. 이렇게.

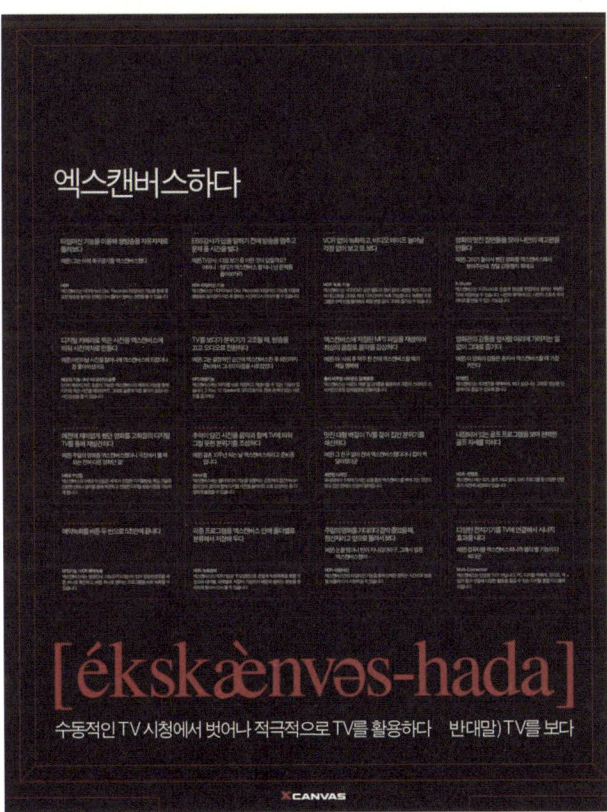

인쇄:::본편
총 16개의 엑스캔버스 사용 방법이 빼곡히 적힌 인쇄의 종합판. 엑스캔버스를 가지고 있는 사람이 이 인쇄물을 스크랩을 해서, 두고두고 보며 활용할 수 있도록 만들었다. 정말로 엑스캔버스를 가진 사람이 이 인쇄물을 스크랩할지는 논외.

우리
회의나
할까?

인쇄:::리플렛
이 이미지들은 하나하나 개별적으로는 인쇄 광고가 될 수도 있지만, 전체를 모아 놓으면 엑스캔버스 리플렛이 되도록 구성했다. 엑스캔버스의 프리미엄 이미지를 위해서는 리플렛부터 달라져야 한다는 회의 초반의 의견이 반영된 것이다. 자세히 보면 헤드라인 카피는 엑스캔버스를 사용하는 방법을 설명하고 있고, 아래쪽에 작은 글씨는 그와 관련된 엑스캔버스의 기능을 설명하고 있다. 광고주가 실제로 이 리플렛을 사용할지 안 할지는 알 수 없지만, 경쟁 PT때에는 이런 사소한 (하지만 아주 많은 노력이 필요한) 제작물들이 힘을 발휘하는 경우가 많다. 그러니 대충 만드는 것은 아예 상상도 할 수 없다.

TV:::런칭

엑스캔버스하다[ékskǽnvəs-hada]
수동적인 TV시청에서 벗어나 적극적으로 TV를 활용하다.
대명사) 엑스캔버스: 대형 벽걸이 TV의 대명사
형용사) 엑스캔버스스럽다: 몸매가 날씬하고 세련되었다.
반의어) TV를 보다.

우리에겐 이긴다는 확신이 있었다
2005년 12월 7일(수)

이제 경쟁 PT는 하루 남았다. AE들과 논의 끝에 완성한 스케줄 맵 안의 제작물들, 총 14개의 TV 시안, 16개의 인쇄물 시안이 회사 안팎에서 완성되고 있었다. 새벽, 편집실에서 확인한 TV 시안은 우리에게 승리의 확신을 안겨주었다. 팀장님에게도, 대표님에게도 AE들에게도 확신을 심어 주는 제작물들이었다. 마지막으로 막내 아트디렉터가 밤늦게까지 PT를 위한 PPT를 만들었다. 카피라이터들은 밤늦게까지 자리를 지키며 바쁜 아트디렉터들을 도와주는 척 방해했다. 그렇게 PT준비는 모두 끝났다.

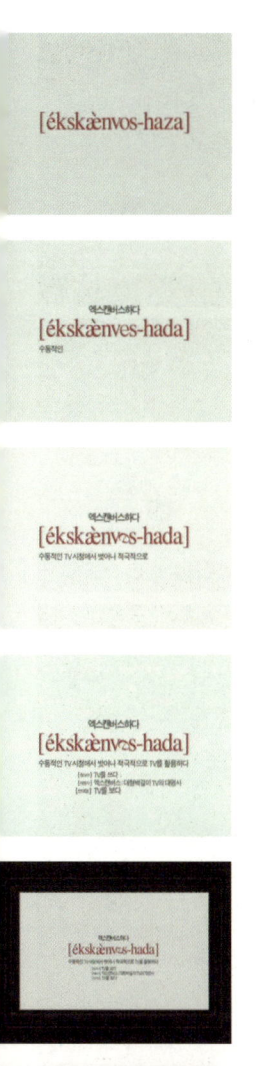

TV 시안:::런칭

우리
회의나
할까?

TV 시안:::본편_인테리어    TV 시안:::TPO_이 죽일 놈의 사랑

LG
엑스캔버스
경쟁 PT

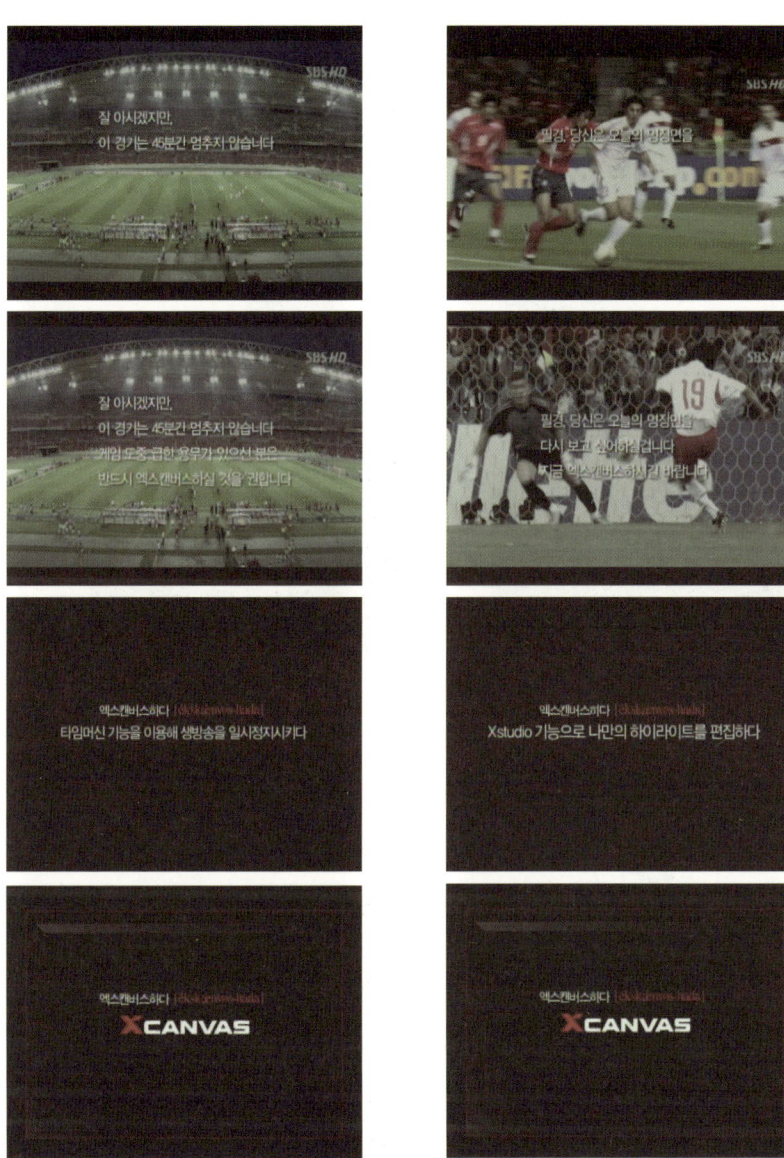

TV 시안:::월드컵_전반전 시작 전   TV 시안:::월드컵_후반전 시작 전

우리
회의나
할까?

인쇄시안:::월드컵

PT 다음 이야기

결론부터 이야기하자면 한 번의 PT만으로는 광고주를 완전히 설득하지 못했다. 앞서 말한 일본의 오카 CD라는 카드를 광고주는 손에서 놓고 싶어 하지 않았다. 그러면서도 우리가 내민 카드도 매력적이라 포기할 수 없다고 고백했다. 그리하여 우리는 크리스마스 연휴가 끝난 이틀 후인 12월 27일, 다시 PT를 할 수밖에 없었다. 물론 오카 CD도 다시 PT를 해야만 했다.

2차 PT를 위해 다시 처음부터 PT 준비를 했냐고? 그럴 리가 있나! 분명 광고주는 '엑스캔버스하다'라는 캠페인이 1) 본질인 '화질'에 대해 언급하지 않았다, 2) 인간적인 교감이 부족하다, 3) 단기적인 캠페인처럼 보인다, 4) 고급감이 부족하다, 그러니까 아주 쏙 마음에 들지는 않는다는 이유로 난감함을 표했다. 하지만 우리는 '엑스캔버스하다'라는 그릇이 쏙 마음에 들었다. 100퍼센트 확신이 있었다. 다만 광고주의 우려를 덜어 주기 위해 '엑스캔버스하다'라는 그릇 안에 들어간 내용물을 약간 수정할 필요는 있었다. 그리하여 우리는 1) fact에 대한 비중을 줄이고 화질에 대한 내용을 넣었고, 2) '감각'을 약간 줄이고 '삶의 단면'들을 넣었고, 3) '엑스캔버스하다'만큼 장기적이고 큰 그릇이 없다는 논리를 더 보강하고, 4) 시안 때문에 생기는 '고급감'에 대한 오해를 피하기 위해 시안을 포기하고 콘티를 넣었다. 그 많은 일을 하느라 크리스마스는 포기했을까? 그럴 리가! 우리는 미리 일을 다 처리해 놓고 크리스마스를 챙긴 후에 여유 있게 12월 27일 2차 PT에 임했다. 그리고 2005년이

다 가기 전에 승리 소식을 들었다.

하지만 승리했다고 모든 스토리가 해피엔딩인 것은 아니었다. 진짜 엑스캔버스 광고를 만들기까지 우리는 다시 한 번 진통을 겪어야만 했다. 어찌 보면 당연한 과정이었다. 우리가 생각한 방향과 광고주가 생각한 방향에는 차이가 있었다. 광고주는 우리가 제시한 TV 광고 대신 이듬해 6월에 열릴 월드컵 광고를 바로 집행하고 싶어 했다. 빨리 월드컵 분위기에 편승해서 매출을 늘려야 한다는 중압감에 시달리고 있었던 것이다. 그런 광고주에게 우리 의견만 고집할 수는 없었다. 결국 '엑스캔버스하다'라는 그릇과 런칭편만 살아남았다. 그리고 나머지 모든 것은 다시 원점에서 시작해야만 했다.

아쉬웠다. 하지만 당연한 성장통이었다. 어쨌거나 우리 아이디어로 광고가 집행됐으니, 전체적인 캠페인 그릇은 살아남았으니, 사람들의 반응은 뜨거웠으니, 이 광고로 상도 받았으니, 광고주도 만족했으니, 이 정도에서 만족하자고 스스로를 위로했다. 그렇게 우리의 '엑스캔버스하다' 캠페인은 시작되었다.

LG
엑스캔버스
경쟁 PT

집행된 TVC_1
2006년 월드컵, 우리와 같은 조에 편성된 가장 막강한 팀은 프랑스였다. 프랑스 팀의 히어로인 지단과 닮은 모델을 섭외해 월드컵으로 풀어낸 광고. 지단이 자신의 집에서 박지성의 골 장면을 엑스캔버스로 계속해서 돌려보며 월드컵을 준비하고 있다는 시나리오. 타임머신 기능과 월드컵을 광고 속에 한꺼번에 녹였다.

우리
회의나
할까?

엑스캔버스하다
[ékskǽnvəs-hada]
생방송을 자꾸자꾸 돌려보며
골세레머니를 연구하다

집행된 TVC_2
박지성이 엑스캔버스로 음악 프로그램을 돌려보며 골세레머니 동작을 연구한다는 시나리오. 실제 박지성은 촬영할 때 월드컵에서 골을 넣게 되면 이렇게 세레머니를 해보겠다고 말해 우리를 설레게 했다. 하지만 박지성의 이 세레머니는 광고에서만 볼 수 있었을 뿐이다. 2006월드컵에서 박지성은 골을 넣었지만, 경기 중이라 정신이 없었는지 다른 세레머니를 보여 줬다. 아쉽게도!

수상한 회의록 다시보기

2005-11-10 엑스캔버스 회의록

- 사람들이 파브를 선택하는 이유는, 파브 때문이 아니라 그 뒤에 막강하게 버티고 있는 '삼성'이라는 브랜드 때문임. 그렇다면 '삼성'이라는 브랜드 파워와 싸워 이길 수 있는 '엑스캔버스'만의 이미지를 만들어 줘야 함.
- 굳이 나누자면 파브가 보수적인 사람들의 이미지를 가지고 있고, 엑스캔버스가 individualism 쪽에 더 붙을 수 있을 것임. 그러나 그렇게 딱 나누어서 이야기 할 수 있을 정도로 이미지의 격차가 크지 않은 것이 사실임. 엑스캔버스를 전문적인, individualism 쪽으로 규정을 할 것이라면 좀 더 확실하게 그 쪽으로 Positioning을 해 줄 필요가 있음.
- 엑스캔버스가 디자인적으로 (파브에 비해) 우수하다는 것도 무기가 될 수 있음. TV를 살 때 디자인을 보는 층이 분명 넓어지고 있기 때문이다. 예전에는 훌륭한 제품이 디자인도 훌륭할 가능성이 높았다면, 최근에는 디자인이 훌륭한 제품이 성능도 뛰어나다는 것으로 인식되고 있음.('사람들은 눈으로 맛을 본다')
- 사람들이 점점 TV의 진화에 눈을 맞춰가고 있는 것도 사실. 예전에는 흑백 TV에 맞춰진 눈이었다가 칼라 TV에 맞춰지고, 평면 TV에 맞춰지고, 4:3이 아닌 16:9 TV에 맞춰지고, 이제는 벽에 거는 plat TV에 맞춰지고 있음.
- '당신을 말해 줍니다', '내 마음을 벽에 걸었다'와 같은 캠페인이 how to say 측면에서 아니었지만, 그럼에도 불구하고 what to say 면에서는 잘 된 카피일 수 있음. 엑스캔버스는 무작정 선택하는 것이 아니라, 정보를 기반으로 한 선택임. 이런 선택을 할 수 있는 사람은 좋은 것을 아는 사람, 좋은 것을 감상할 수 있는 사람이라면, 'TV는 다 똑같지.'라며 무작정 브랜드 명성에 기대서 선택하는 사람은 엑스캔버스의 타겟이 아닐 수 있음.
- 전문가 집단으로 주요 타겟을 맞추지 말 것. 분명 시대 흐름은 그렇게 되고 있지만, 그것보다는 좀 더 높은 연령대가 맞을 것임. 대부분의 사람들은 '아파트 평수를 늘려가는 것처럼 TV를 장만하고, 결혼 10주년을 맞아서 10년 된 TV를 바꾸고, 언제가 될지는 모르겠지만 다음에 사면 벽걸이형 TV'라고 생각하는 것임.

- 그렇다면, 그런 시점에서 엑스캔버스를 생각하면 떠오르는 어떤 이미지를 만들어 줘야 함.
- 벽걸이형 TV를 선택하는 것은 분명 큰 TV를 산다는 것과는 다른 문제임. 그것은 'Quality', 취향 문제임.
- 엑스캔버스를 선택하는 것은 내가 판단하는 나의 위치, 즉 '내가 이 정도 되니까 벽걸이형 TV정도는……'이라는 사고 방식이 크게 작용할 것 같음. 남들이 나를 어떻게 보느냐는 크게 중요한 문제가 아닐 수 있음.
- 우리가 원하는 광고를 보고 난 후 사람들의 반응은, '별 생각이 없었는데 저 이야기를 듣고 보니 그러네.'라고 동조해 주는 것임.

2005-11-11 엑스캔버스 회의록

AE 회의 결과

Functional Premium

- TV: 수동적 단순성을 띤 제품 → 능동적 제품
  즉 '바라보는 TV'가 아닌 '활용하는 TV'쪽으로 방향을 맞추고 TV의 활용 가치를 발견, 누려 나가는 것을 강조할 것.
- "진화하는 TV에 대처하는 자세" (엑스캔버스를 대하는 우리의 자세)

Emotional Premium

- 엑스캔버스의 타겟이 되는 사람들은 자신만의 독특한 취향이 있다고 믿고 있음. 때문에 TV도 자신의 정체성을 반영하는 제품이 되도록 만들어 줄 것.
  "엑스캔버스는 작품이다"
- 작게는 엑스캔버스만의 데모 영상을 만들 수도 있을 것이고 크게는 고객이 직접 집에서 이를 만들고 감상할 수 있도록 한다.
  → 삼성의 긍정적 효과가 있다면 분명 부정적 효과도 기대할 수 있을 것임.

제작팀 내부 회의

- 우리의 일상생활 속에 깊숙이 들어와 있는 물건들의 디자인은, 삶을 풍요롭게 만들어 줄 수 있는 것이어야 함.
- 직접 가서 본 결과, 파브는 같은 재질에 같은 블랙이었지만 투박하고, 왠지 없어 보였음. 전체적인 디자인감은 비슷했으나 확실히 디테일 측면에서는 엑스캔버스가 월등했음.
- "100-1=0"이라는 것을 아는 사람이 엑스캔버스를 쓰는 사람
- 고화질을 보여 주는 방법에 있어서도, 현재 파브가 보여 주는 영상 톤이 아니라, 이를테면 클림트의 그림을 보여 주는 것이 엑스캔버스의 이미지에 맞는 방법일 수도 있음.
- 엑스캔버스가 인상파 화가의 역할을 하도록 해줘야 함. 그 이전의 많은 화파들이 있었지만 인상파가 나오면서 그 이전 모든 것이 다 구시대적인 그림이 되어 버린 것처럼.
- limited edition: 각 모델에 고유번호를 매겨 주거나, 고객의 이름 새겨주기
- 뉴비틀에 '꽃 꽂는 자리'가 장착된 것은 '차를 대하는 태도의 차이'였음. 즉 차에 대한 발상의 전환

2005-11-14 엑스캔버스 회의록

캔버스

- 쌈지가 가고 있는 길처럼, 엑스캔버스도 그 이름에 걸맞은 문화 활동을 펼치는 것은 어떤가? 디지털 미디어를 활용하는 작가들을 섭외, 그들이 엑스캔버스를 통해 작품 활동을 하도록 유도, 전시
- TV 브라운관 사이즈로 그리는 그림: 거리에 TV 브라운관 사이즈의 캔버스를 배치, 고객들이 그릴 수 있도록 유도. 혹은 전문 작가들에게 의뢰해서 그 사이즈로 그림을 그려 전시회를 할 수도 있을 것임. ex) 39인치 작품전
- 파브는 기계적인 냄새를 많이 풍기는 반면, 엑스캔버스는 인간의 손이 더 느껴지는 편임.
- 캔버스를 중심으로 캠페인을 펼치려면 '캔버스에 대한 해석'이 중심이 되어야 함.

- • 캔버스는 당신의 화폭이다.
- • 세잔: 우리 모두의 가슴 속에는 아직 태어나지 않은 화가가 자라고 있다.
- • 엑스캔버스는 2차원의 공간 안에 3차원을 구현한다. 이제는 4차원이다.(타임 머신)
  - ▫ 엑스캔버스로 바꾼다는 것은 단순히 기기를 바꾼다는 것과는 다른 차원의 문제임. 그것 하나를 바꾼다면 그 주변 분위기를 TV에 어울리게 다 바꿔야 함. 그래서 사람들이 엑스캔버스를 사는 시점이 집을 새로 옮기거나, 결혼을 할 때가 아닐까?

LG 휘센의 방향
- ▫ 사람들의 머릿속에 LG 휘센은 '세계 판매 1위'로 기억되고 있음. 끊임없이 그 메시지 하나로 소구해 성공한 케이스
- ▫ LG엑스캔버스 vs. 삼성 파브로 싸울 때는 이길 확률이 낮아짐. 엑스캔버스 vs. 파브로 싸워야 함.
- ▫ 두바이 7성 호텔의 엑스캔버스, APEC 정상 회담의 엑스캔버스……등의 사례를 더 모아서, 휘센과 같은 방향으로 갈 수 있을 듯. 삼성만을 의식하지 말고, PDP LCD TV 회사 전체를 다 겨냥하는 것도 하나의 방법이 될 수 있을 것임. 단 포장은 Hard Selling Message가 되지 않아야 함.
- ▫ '인간은 이성적 동물이다'가 캠페인 테마.
  - → 합리적인 선택을 하는 사람들이라면 엑스캔버스를 선택해야 한다.

BMW 마케팅
APEC 정상 회담에 공급한 BMW를 성공적으로 Selling한 이야기
- ▫ 박지성 사인을 새긴 TV
- ▫ 월드컵을 기념, 고유번호를 매긴 TV를 파는 것

2005-11-15 엑스캔버스 회의록

사고 패턴의 변화

- TV가 모든 기기와 다 연결되는 다기능 TV의 등장. 마치 컴퓨터가 그렇듯이, TV를 통해 음악도 듣고, 사진도 보고 멀티미디어로 활용하고 있음.
- 같은 다기능 TV이지만, 쓰임새에 따라 나이 차이가 나며 TV 자체의 의미도 달라짐. 음악을 들을 때도 TV를 켜고, 사진을 보여줄 때도 TV를 켜는 사람들과, TV는 TV일 뿐이라는 사람들과의 사고 패턴의 차이. "It's not a TV. It's Canvas."
- 제품 자체는 젊어지는 것이 아님. 쓰는 사람들의 쓰임새가 젊어지는 것임.
- 벽에 TV를 건다는 것은 사고 패턴의 변화. 그럼에도 불구하고 엑스캔버스의 광고가 카테고리 광고가 되어서는 안 됨. 인식상의 No.2가 market leader처럼 카테고리 광고를 하는 것은 위험함. 그러나 엑스캔버스의 USP가 바탕이 된 카테고리 광고라면 수용할 수 있음.
- "엑스캔버스 Generation"을 내세울 수 있을 정도의 엑스캔버스만의 USP를 내세운 TV 활용 방안. 이를 통해 파브는 TV를 사는 것이고, 엑스캔버스는 디지털 통합 기기를 사는 것이라는 인식을 심을 수 있을 것임.
- "Play Xcanvas.": 단, 이 말 속에는 "엑스캔버스를 켜라."라는 의미도 내포되어 있어서 위험 부담이 있음.
- 백남준이 인정받는 이유는 그 자체가 어마어마한 예술성이 있어서가 아니라, 새로운 미디어를 창조했다는 것에 더 큰 의미가 있음.
- TV, PC, MP3, 휴대폰 등 모든 가전이 자기 하나만으로 다 된다고 말하는 추세인데, 거기에 비해 TV가 경쟁력을 가질 수 있겠는가? TV가 '멀티미디어의 총아'가 되어서는 안 됨. 핵심은 '멀티미디어의 총아'가 아니라 'TV라는 제품을 대하는 태도'임. 이를 말함으로서 '누가 그렇게 해?'라는 반응이 아니라, '아, 그럴 수도 있겠구나.'라며 사고 패턴의 변화를 보여 주는 것이 관건
- 우리의 메시지는 '내 마음을 벽에 걸었다.'와 '당신은 그 차이를 안다.'의 교집합에 위치해야 함. 또한 광고에서 말하는 메시지가 sales talk와 같아서도 안 되지만, 분명 그 둘 사이를 엮어줄 수 있는 끈은 존재해야 함. 광고의 메시지는 TV에 대한 새로운 화두를 던지는 것임.

AE와의 회의를 통해 보충된 내용

- 엑스캔버스가 '나만의 독특한 취향과 감성을 반영하는 것', '나를 표현할 수 있

는 여러 가지 요소가 있는 것'이 되어야 함.
- □ "엑스캔버스는 TV가 아니다. 엑스캔버스는 작품이다" 단 이런 식으로 "엑스캔버스=something"이라는 개념 정의를 하기 시작하면 답이 안 나올 가능성이 높음.
- □ 3C의 교집합에서 나올 수 있는 어떤 것
  - •• Corporate: HDR, 디자인, 타임머신기능, Kind TV……
  - •• Consumer: 26-35 X세대의 특징
  - •• Competitor: 삼성의 장점, 그러나 그것이 역으로 단점이 될 수 있는 상황
- □ Life Style에 따른 분류. 서로 다른 생활 방식은 서로 다른 사고 패턴을 반영하는 것임. TV를 단순한 TV 이상으로, 자신만의 something으로 활용할 줄 아는 사람. 그런 노하우와 생활 방식이 있는 사람이 우리의 타겟이 될 것임.
- □ "나는 TV 쓰는 방법이 달라"라는 메시지를 다양한 life style에 의거해 보여 주기. 단, 쓰는 방법은 엑스캔버스만의 USP에 기반한 것이 되어야 할 것임.
- □ Your life 캔버스, 엑스캔버스
- □ Are you X?

2005-11-16 엑스캔버스 회의록

아이디어 tip

- □ Philips 광고: "You'll never go back to ordinary TV"
  TV는 더 이상 TV의 기능만을 가지고 있는 것이 아님.
  "이것이 TV라는 사실을 잊어라"
- □ 문화의 차이는 개성으로 이어진다.
  즉 엑스캔버스를 다루는 태도의 차이가 그 사람의 개성이 된다.
- □ All new, 엑스캔버스: 이전의 우리가 알고 있던 TV의 모습과 겉모습에서 내용까지 모두 새로운 것임.
- □ 엑스캔버스에 oriented된 사람들이 보여 줄 수 있는 행동을 다양하게 보여 주는 것. (과장법을 통해)
  ex) "야, 3초 전으로 돌아가 봐."

- 결혼을 하거나 이사를 할 때, 남자들은 TV를 비롯한 AV 시스템에 욕심을 내는 편이고 반면 여자는 냉장고와 같은 주방 기구에 욕심을 내는 편임.
- 엑스캔버스를 놓고 사람들 각자가 다른 입장에서 서술할 수 있지 않을까.
  ex) 승효상의 '건축학적인 관점에서 본 엑스캔버스'
  '가정학적 관점에서 본 엑스캔버스' '환경학적 관점에서 본 엑스캔버스'
- 엑스캔버스가 소유의 기쁨을 주는 것이라면, 그것이 배달이 될 때부터 자랑거리가 될 수 있도록 하자. 자연스럽게 주변 사람들의 반응이 "203호는 엑스캔버스 샀나보더라"라고 나올 수 있도록.
- • "Welcome to my world, Welcome to Xcanvas."
- 엑스캔버스가 있는 집 (or 엑스캔버스가 있는 풍경)
- • 인쇄: 유명인, 혹은 특정 직업을 가진 사람들이 그들의 집안 환경에 맞게 엑스캔버스를 구비한 모습을 보여줌. 화가의 집에 어울리는 엑스캔버스, 작가의 집에 어울리는 엑스캔버스, 프로방스 스타일의 집에 융화된 엑스캔버스 등…… 잡지에 1p로 혹은 부록 책자를 만들어서 끼워주기
- • TV: 엑스캔버스는 그 자리에 고정되어 있고, 주변 환경은 계속해서 변해 나감. 어떤 곳에도 다 어울리며, 주변 환경까지 좋아보이도록 만드는 엑스캔버스
- • Interactive: 엑스캔버스가 있는 집(혹은 가게)에 예쁜 문패 달아 주기
- TV의 의미 재해석: "TV는 생명력이 부여되어 말을 하는 가구다. 밋밋한 삶을 견디게 해 주는 것이다."
- 디지털 신인류(호모 사피엔스가 아닌 '호모 디지피엔스')
- 「전파견문록」처럼 아이들의 엑스캔버스에 대한 기발한 생각들을 중심에 놓고 가는 방법

아이디어의 한 갈래-엑스캔버스로 가능한 여러 가지

- 엑스캔버스로 컴퓨터 모니터 대신하기
- 신혼부부 집들이 때 엑스캔버스로 결혼 사진을 보여 주며 음악 틀어 주기
- PS2를 연결, 게임한다.
- Golf lesson, 요리 lesson을 녹화해가면서 필요할 때마다 다시 본다.
- 디카 사진을 엑스캔버스를 통해 본다.

□ 더 이상 신문을 보지 않고, 엑스캔버스를 통해 편성표를 보고 녹화를 예약한다.
□ 녹화를 할 때 더 이상 비디오 테이프가 필요 없다. 단추 하나만 누르면 완성.
→ "Welcome to my world, welcome to 엑스캔버스"

이렇게 엑스캔버스의 다양한 사용 패턴을 보여 주면서 사람들이 '아! 저렇게 쓰면 되겠다'라고 생각할 수 있도록 유도. 즉 엑스캔버스 사용의 장을 넓혀 주는 것. 이 길을 성공적으로 간다면, 기존의 TV의 개념과 단절된 something의 모습을 보여줄 수도 있을 것임.

그러나 동시에, '생활의 중심'이나 '네이버'가 간 길과 비슷하게 보일 수도 있다는 점과 엑스캔버스의 예산에 적합한 아이디어인가 하는 점은 다시 한 번 검토해 볼 필요가 있음. 이 길이 맞다면 TV뿐만이 아니라 on-line쪽이 중심이 되어 캠페인을 펼쳐나가는 것 등도 방법이 될 수 있을 것임.

해야 할 것들
□ 위와 같은 사례들, 소재들 더 찾아볼 것
□ interactive 연결 아이디어

2005-11-18 엑스캔버스 회의록

엑스캔버스 이용 사례
□ 좋아하는 드라마에서 자신이 좋아하는 장면만 편집해서 저장
□ "방금 전에 어떻게 된 거야?"라고 물으면 무심하게 돌려서 보여 주는 동생
□ 「프렌즈」같은 미국 드라마 녹화→영어 공부용으로 사용
□ 밥 먹으면서 식탁의 각도와 맞게 엑스캔버스를 20도 돌려놓고 보기
□ 누워서 볼 때 그 각도에 맞춰서 TV를 돌려서 보기
□ 컴퓨터로 다운 받은 영화를 TV를 통해서 보기
□ 컴퓨터 화면으로 사용: 거실 소파에 키보드와 마우스만 있는 장면
□ 칼리브래이터(디지털 튜닝): 원하는 TV 톤으로 조정해서 보기
□ 아버지가 자러 들어가면 PS2와 엑스캔버스를 결합한 아들의 활동이 시작
□ TV 칠판, TV 수업

- 아이가 보는 비디오를 DVD, 비디오를 꽂을 필요 없이 TV를 통해 보기

엑스캔버스 클럽
- 엑스캔버스에 대해 자부심을 줄 수 있도록
- 성능과 기능에 대해서 알려 주고
- 첨부되는 사용 설명서도 일반 사용 설명서와는 다르게
- 엑스캔버스 주변 인테리어도 알려 주고
- 이런 방향이 일반적인 TV 용례에서 벗어나 있으므로 컬트가 될 여지가 있지만, 컬트 브랜드 쪽으로 포커스를 맞춰서는 안 됨.
- 엑스캔버스 자체가 할리 데이비슨, 애플, 미니만큼 흡인력 있는 브랜드가 아니라는 문제점도 있지만, 동시에 시장 자체가 그것보다 넓다는 것을 생각해야 함.
- 이런 방향이 엑스캔버스의 타겟과 맞아떨어지느냐의 문제에 있어서는 communication target과 sales target이 다르다는 것을 고려해야만 함.
- 좀 더 높은 연령대의 sales target은 분명, 우리의 communication 방향에 적극적으로 참여하지 않을 것임. 그러나 엑스캔버스를 쓰면서 젊은 계층의 방향에 심정적 동조는 가능할 것임. 동시에, 자신이 엑스캔버스를 쓰는 것 자체만으로도 젊어졌다는 생각을 할 수 있을 것임.
- 즉 수면 위에서는 클럽을 내세울 것이지만 "나도 가입해 볼까?"가 원하는 반응은 아님. '심정적 공감'을 이끌어 내는 것이 중심이 될 것임.
- 1등의 자기 혁신: 1등이기 때문에 'TV만으로 더 이상 만족 못하겠다'라는 메시지를 직접적으로 전달하는 것은 바람직하지 않음. 대신, 소비자들을 'TV 시청자'가 아닌 'TV User'로 만들어서 'It's not a TV.'라는 메시지를 보여 주는 것임.
- 때문에 여전히, '엑스캔버스를 대하는 우리의 자세'라는 슬로건은 유효함.

해야 할 일
- Club의 사례
- 엑스캔버스 이용 사례 더 수집할 것
- 타임머신 기능 사례 더 수집할 것: 좀 더 다양하고 디테일한 소재들이 더해진다면, 지금의 타임머신 광고에 더 힘을 줄 수 있을 것임.

2005-11-18 엑스캔버스 회의록

엑스캔버스 클럽 강화 아이디어
- 광고를 매뉴얼 형식으로 만들어 주기
- 엑스캔버스 10계명
- 엑스캔버스 University
- 엑스캔버스를 배달할 때도 일종의 세레모니를 해줄 것: 리모컨 혹은 다른 어떤 것을 예쁘고 고급스럽게 포장, '엑스캔버스 클럽'의 일원이 된 것에 자부심을 느낄 수 있도록.(현대카드 배송 차량처럼)
- 엑스캔버스 설명서도 간단하고 예쁘게 만들어서 늘 배치해 볼 수 있도록 만들어 줄 것
- Mac User들이 실은 그렇지 않지만 Mac을 소유하는 것만으로도 창조적인 사람이 된 것 같은 느낌을 받는 것처럼, 엑스캔버스 클럽의 역할도 그 연장선상에 있어야 함.
  - •• 그러나, 이런 방향은 엑스캔버스의 가격과 sales target을 생각할 때, 너무 가볍게 접근하는 것이 아닌가 하는 우려가 여전히 있음.

- 엑스캔버스에서 '캔버스'를 강조하는 아이디어는?
- 파브와 엑스캔버스는 네이밍에서부터 이미 다르다. 파브는 TV를 '보는 TV'로 규정하고 있지만, 엑스캔버스는 빈 화폭처럼 열어 놓았다.
- "Brand is amusement park. Product is Souvenir."
- 미장센 단편 영화제, 설화수 조각보 디자인처럼 연관성이 있는 분야를 적극 후원

'TV를 씁시다' 캠페인
가능한 표어 방향
- 'TV를 봅시다'가 아니라 'TV를 씁시다'
- 대표적인 '바보 상자'였다면, 바보 온달이 정상이 되는 것처럼, TV도 제자리 찾아주기
- 꺼진 TV도 다시 보자.

- TV 아나바다 운동
- TV를 걸어놓고 보기만 하는 것은 자원의 낭비다. 인간은 두뇌의 5퍼센트밖에 쓰지 못한다. TV는 그러지 말자. TV를 다 쓰자.
- 아이들에게 TV를 못 보게 할 것이 아니라, 잘 쓰는 방법을 알려 줘야 한다.
- 절약한 공간으로 화초를 키웁시다.
- 수동적 TV를 '적극적 TV'로 만들어 주자.

위치 찾기
- 더 이상 바보 상자가 아닌, 콘텐츠로서의 TV가 아닌, 수동 피동의 TV가 아닌.
- Takeout TV처럼 '-TV'라고 이름을 붙여 주는 것도 방법이 될 것임.
- 정부 캠페인처럼 진지한 어조로 말하는 것도 방법이 될 것임.
- 캠페인의 일환으로 TV 쓰는 요령, TV 사용법을 알려 주면서 (TTL제공처럼) 'Sponsored by 엑스캔버스 클럽'이라고 붙여주는 것도 요령이 될 것임.
- BGM으로 'TV를 씁시다'를 테마로 한 경쾌한 음악을 계속 깔아 주는 것도 방법이 될 수 있을 것임.

방향에 대한 점검
- '화질'을 이야기 한다는 것은 '통화 품질'을 이야기하는 것과 같은 맥락이다.
- 처음에는 '부가 서비스'처럼 보였으나, 더 이상 그것이 '부가 서비스'가 아닌 것처럼 엑스캔버스의 기능도 더 이상 '부가 기능'이 아닐 수 있음.
- 엑스캔버스의 태생은 '벽걸이 TV, PDP, LCD'라는 카테고리인데, 이것을 무시한 채로 기능을 앞으로 내세우는 것에 대해 광고주가 동의할 것인가? 우리가 말하려고 하는 기능들의 대부분은 실은 일반 TV에서도 가능한 것이기 때문.
- 그러나, 그런 기능들에 대해 엑스캔버스가 먼저 나서서 이야기 한다면 '엑스캔버스만의 배타적인 기능'으로 사람들에게 인식되는 효과를 누릴 수도 있지 않을까.
- 어차피 TV 구매 의사가 없는 사람에게 'TV를 사세요'라고 말하는 것이 아니라, TV를 사기 위해 매장에 간 사람을 대상으로 한 광고가 아닌가. 파브와 엑스캔버스 혹은 다른 브랜드 중에 고민하는 사람이 엑스캔버스를 선택하도록 하는 것이 광고의 목적이라면, '벽걸이 TV, PDP, LCD'에 대한 이야기가 아니라, 그 시장에

서 엑스캔버스가 얼마나 우월한가를 이야기해 주면 될 것임.
- □ 'TV를 씁시다' 캠페인을 할 때 Target 선택이 우선되어야 함. 이베이가 전문 수집가들을 끌어들이고, 할리 데이비슨이 Hog들을 끌어들인 것처럼. 엑스캔버스에 맞는 Target 계층을 설정해야 더 정확한 메시지를 구축할 수 있을 것임.
- □ '발상의 단절'이 필요함!

2005-11-21 엑스캔버스 회의록

- □ 귀한 흑백TV (구경)-흑백TV (보는 것)-칼라TV (즐기는 것)-디지털TV (쓰는 것)
- □ 10대 (영어, 교육방송)-20대 (음악, DVD)……50대, 60대까지 세대별 TV 정의
- □ 매뉴얼을 만들 때, 엑스캔버스를 사용함으로서 얻는 즐거움을 색과 동작으로 표현하고, 한 장면을 정면, 측면, top에서 다 보여 주면서 엑스캔버스의 장점을 최대한 드러내기
- □ 매뉴얼에서 엑스캔버스의 자리만 일정부분 뚫린 책으로 구성하는 것은?
- □ 캔버스 아이디어
  - •• 엑스캔버스를 배달할 때, 화구 박스와 조그마한 캔버스를 같이 줄 것 매뉴얼도 그 박스 안에 넣어서 주는 것은 어떨까?
  - •• 종신 보험과 일반 보험의 차이/엑스캔버스를 사는 것에서 끝나는 것이 아니라 별 문제는 없는지 체크해 주고 이것저것 챙겨주는 엑스캔버스만의 도우미
  - •• 카탈로그 안에 엑스캔버스 주위에 설치할 수 있는 액자도 여러 가지 옵션으로 넣어 주는 것은 어떤가?
  - •• 엑스캔버스 운반 차량이나 설치하는 사람의 복장까지 모두, 유명 박물관의 물건을 다루는 사람처럼 설정해 주는 것은 어떤가?
  - •• TV마다 고유의 작품명을 달아 주는 것. '세잔과의 대화, 엑스캔버스'
  - •• '엑스캔버스를 대하는 소비자의 태도'와 함께 '엑스캔버스를 대하는 공급자의 태도' 역시 달라지는 것이 맞지 않은가?
- □ 그 이전 TV의 모든 것을 구식으로 몰기
  '그건 너무 구식이에요. 엑스캔버스를 써 보세요. 우리가 꿈꾸는 삶'

- 미니 광고처럼,
  'TV에 대해 알고 있던 것을 모두 잊고 다시 시작하자. 진화하자. 엑스캔버스로'
- 고양이가 즐겨보는 TV
- 캔버스 방향이 '엑스캔버스를 대하는 우리의 자세' 쪽과 합쳐질 수 있다면 좋을 것임.
- "It's your canvas, Xcanvas."의 길과 'TV를 쑵시다'의 길이 현재로서는 나뉘어 있는데, 확장 가능성에 대해 생각해 볼 것

2005-11-23 엑스캔버스 회의록

아이디어

- TV는 TV고, 엑스캔버스는 엑스캔버스다.
- TV를 향해 시치미 떼고 말하기
  "넌 지금 최선을 다하고 있는 게 아니야. 니 능력을 다 발휘하고 있는 게 아니야"
- "Maximize your TV."
- 디지털 TV의 다기능화: CD, DVD, 디카, 휴대폰, 스피커, 컴퓨터 모든 것과 다 연결. 그것이 연결 될 때 주는 희열감
- 엑스캔버스 School 광고가 시작할 때, 엑스캔버스 School 로고를 넣어 주고 시작.
  체육시간/영어시간/미술시간/자율학습시간……
  TV를 사고 나서 이틀 후에 '입학 통지서' 받기
  커리큘럼도 초급/중급/고급 과정으로 짜고, 이수증명서도 줄 것
- '엑스캔버스하다'의 확장. 즉 사전 형식으로 풀어 나갈 가능성은?
- TV+TV를 활용하자. TV+CD/TV+DVD/TV+Music
  그러나 +만으로는 엑스캔버스가 작아 보이는 느낌이 있음.

3가지 방향

- 엑스캔버스 클럽
- TV를 쑵시다
- It's your 캔버스

- • 어떤 방향으로 가든 중심을 잡아줄 수 있는 어떤 것이 필요함(매뉴얼, 클럽, 스쿨, 캔버스 등등).
- ☐ 각자 마음에 드는 방향을 구체화시켜서 회의에 참석할 것

2005-11-25엑스캔버스 회의록

Back to 15th, Nov.

- ☐ 디카로 찍은 사진, 엑스캔버스로 보십시오. 끝장입니다.

  아버지가 방으로 들어가시면, 게임은 시작된다.

  엑스캔버스를 사고 싶다. 오로지 게임을 위해.

  엑스캔버스를 사고 싶다. 15년 결혼 생활에 변화가 필요하다.

  축구 보겠다고 과속하지 마라. 시간은 당신을 기다려준다.

- ☐ You'll never go back to ordinary TV
- ☐ Not Watch, but PLAY

  Play _____

  Play _____

  (visual) 엑스캔버스의 수많은 잭
- ☐ Welcome to 엑스캔버스

새로운 아이디어 팁

- ☐ 'TV의 최대치', '다기능TV'처럼 실용적인 슬로건이 아니라, 'shift, new'처럼 benefit에서 끌어올린 슬로건에서 출발하면 낫지 않을까?
- ☐ 기능에 대해 광고주가 언급한 것은 'HDR'밖에 없음. 여러 가지 기능을 갖추고 있고, 그중 유의미한 것이 HDR임. 박지성이큰우산없이 HDR을 이야기 했다면, 큰 우산 아래서 HDR을 이야기 할 수 있도록 해줘야 할 것 같음.

  광고주의 이야기를 크게 나누어 보면 Multi Function/HDR임.
- ☐ TV를 TV로만 보실거면 엑스캔버스까지는 필요 없습니다.

  화질, 음질, 그렇게나 따지면서 왜 그걸로 음악을 들을 생각은 안 하십니까?

당신이 TV라고 믿고 있는 그 물건이 TV가 아닐 수도 있습니다. (공포 버전)
▫ 광고를 보는 사람들은 다 TV를 보고 있는 사람들이니, 그 상황을 독특하게 이용해볼 수 없을까?
　ex) '지금 TV를 보시는 분들 중에 엑스캔버스를 보시는 분은 *를 눌러보세요'
▫ Q & A 형식을 가져오는 것은 어떤가?
▫ 중심을 잡아주는 카피가 나오면 전쟁이 달라지지 않을까. 우산이 되는 카피가 아니라. 중심이 잡아주는 카피가 A.B.C.D가 나가고, 다른 기능들이 back up이 되는 것.
▫ 현재 매뉴얼 북에 있는 '안전을 위한 주의사항'의 방향은 500만원이 안 느껴짐. 프리미엄이 느껴지는 아이디어가 중심이 되어야 함.
▫ TV를 TV로만 활용하는 것을 배척.
　DVD로/ 사진 보는 것으로/오디오로 활용하는 모습들을 보여 주고
　'TV를 TV로만 보실 거면 엑스캔버스까지는 필요 없습니다.'라는 슬로건이 붙는다면?
▫ '엑스캔버스를 대하는 우리의 자세'는 여전히 유효한 것일 수도 있음. 매뉴얼이라는 형식을 벗어난다면 완전히 달라질 수 있지 않을까?
▫ 개별적인 콘티로 존재하는 것을 묶어 주는.
　ex) 축구 게임 하는 날, 한 시간 전, LED, TVC, 모든 곳에 '한 시간 후에 게임이 시작된다. 빨리 가려고 과속하지 마라. 시간은 당신을 기다려준다.' 메시지를 띄우는 것

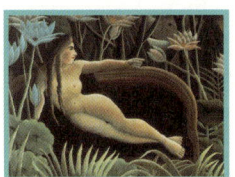

SK브로드밴드 경쟁PT

See The Unseen

CD · 박웅현
Copywriter · 유병욱, 김민철
Art Director · 박정현, 이주환, 차정화
PD · 천성재

3

우리
회의나
할까?

Welcome to hell

또 한 번 지옥의 문이 열렸다. 이제는 낯설지도 않다. 광고 회사에서는 수시로 열리는 문이다. 내 머리에서 나왔다는 것을 믿을 수 없을 만큼 좋은 아이디어를 광고주에게 제시했는데 광고주가 "다른 아이디어는 없나요?"라고 말할 때, 퇴근을 하려고 막 회사 문을 나섰는데 갑자기 내일 아침 신문에 광고를 내보내야만 한다는 전화를 받았을 때, 혹은 몇 달 동안 공들여 만든 광고에 사람들이 아무런 반응도 보이지 않을 때 등등. 지옥의 문은 도처에 널려 있고, 문이 언제 열릴지는 아무도 모를 일이다.

그중에서도 제일 지독한 지옥의 문은 바로 경쟁 PT다. 잔잔한 일상에 경쟁 PT라는 돌이 떨어지면 당분간 개인적인 활동을 전면 중단하고, 회사 일에만 집중해야 한다는 강박관념에 휩싸인다. 몇십 억, 크게는 몇백억이 왔다 갔다 하는 일인지라 긴장도 되고 부담도 크다. 다른 팀 사람들의 "요즘 바빠요?"라는 인사치레에 "곧 경쟁 PT가 있어요."라고 하면 "아…….."라며 크게 고개를 끄덕이며 안됐다는 표정이 돌아온다. 급한 일이 들어왔을 때 "내일 모레가 경쟁 PT인데……"라고 말하면 일을 가져온 사람이 도리어 미안하다는 표정을 지으면서 "그럼 어떻게 해서든지 이 일은 미뤄 볼게요."라고 말한다. 광고 회사에서 경쟁 PT는 지옥의 문인 동시에, 모든 일에 우선하는 깡패다.

그럼에도 불구하고 신기한 일이다. 이 경쟁 PT라는 녀석이 우리를 묘하게 흥분시킨다. 일단 경쟁 PT가 시작되면, 속에 꽁꽁 숨겨

놓은 승부사 근성이 마구 발휘되어 나온다. 주말을 반납해야 하는 일이 일상다반사지만 누구 하나 불평하지 않는다. 알아서 주말에 나오고, 시키지 않아도 야근한다. 언제나 주어진 시간은 짧고, 그 시간을 최대한 잘 활용하는 자에게만 승리의 열매가 주어진다는 것을 우린 안다. 지는 경우는 생각하지 않는다. 승부가 시작된 이상, 이기는 상상만 하며 앞만 보고 달린다. 우리가 내놓은 아이디어들이 드라마틱하게 합쳐지면서 또 하나의 놀라운 광고가 탄생하는 순간만 기다린다. 그 짜릿하고도 기막힌 순간을 위해 광고주들은 언제나 어려운 문제를 준비해 준다. 우리는 이번에도 그 문제를 열심히, 그리고 놀라운 방법으로 풀어낼 것이다.

그나저나 또 경쟁 PT가 우리 발등에 떨어졌단다. 마른 하늘에 웬 날벼락.

우리는 어디를 보고 달려야 할까?
2008년 7월 18일(금)

"하나로 텔레콤이 SK브로드밴드로 바뀌었습니다."

그래서? 그게 나랑 무슨 상관이야? 난 몰라. 바꾸든 말든.

"SK브로드밴드 런칭을 위한 경쟁 PT에 참여하게 되었습니다."

뭐? 하나로 텔레콤이 SK브로드밴드로 바뀐다고? 언제? 어떻게? CI는 나왔어? 뭐? 아직 CI도 결정이 안되었다고? 그런데 어떻게 광고를 하라는 거야? 그나저나 브로드밴드 뜻은 뭐야? 경쟁 PT는 언제 하는 거야? 어느 광고 회사와 경쟁한다고? 광고주 성향은 어때?

원하는 메시지는 뭐야? 그쪽에서 생각하는 방향은 있어? 큰일 났네. 얼른 회의를 시작해야겠네. 다들 집합.

하나로 텔레콤이 SK에 합병된다더라는 소식은 이미 이곳저곳을 통해 들었다. 그러거나 말거나 나와는 아무런 상관이 없는 먼 나라 이야기였다. 하지만 어느 날, PT에 참여해야 한다는 말 한 마디에 갑자기 SK브로드밴드의 모든 것이 초미의 관심사로 떠오르고 있었다.

2008년 7월 18일 금요일 오전, AE들에게 오리엔테이션을 받았다. 언제나 일의 시작은 AE들이 정리해 준 오리엔테이션 브리프에서 시작된다. 광고주에게 직접 오리엔테이션을 받은 내용을 전달해 주는 것이라 브리프 곳곳에는 힌트가 숨어 있다. 물론, 오리엔테이션을 받아도 안개가 걷히지 않는 경우도 많다. 광고주가, 문제를 정확히 파악하지 못해 오리엔테이션을 정확하게 안 해줬을 경우도 있고, 정말로 어려운 문제일 경우도 있다.

그쪽 사정이 어찌되었건, 우리에게 중요한 것은 적어도 우리끼리는 같은 목적지를 보고 있어야 한다는 사실이다. 어디를 보고 달려야 할지를 공유하는 것만으로도 이미 50미터는 온 셈이니까. 그래서 우리는 오리엔테이션을 받고 난 후에는 간략하게 약 10분 정도 회의를 한다. 오리엔테이션에서 받은 일감(一感)을 가지고 모두 함께 달릴 목적지를 정하는 것이다. 중간에 안개가 껴 있어도 상관없다. 고지가 저 멀리 어렴풋하게라도 보이니까.

AE들의 오리엔테이션은 복잡했지만, 원하는 바는 간단했다. 하나로 텔레콤이 SK브로드밴드로 바뀐다는 것, 9월 23일이 SK브로드밴드의 런칭일이라는 것, 그 때부터 시작해 3개월가량 집행될 광고 캠페인이 필요하다는 것, 뭔가 색다른 광고 캠페인이어야 한다는 것, SK브로드밴드 자체가 화제의 중심에 서야 한다는 것, 그리고 경쟁 PT는 8월 6일이라는 것.

AE들의 오리엔테이션이 끝나고 난 후 팀 사람들 모두 다시 한 자리에 모였다. CD 한 명, 카피라이터 두 명, 아트디렉터 세 명. 우리는 어떻게 될지는 모르겠지만, 우선은 달려보자는 말만 간단히 나누고 헤어졌다. 월요일 아침 10시 회의. 주말 동안 각자 놀면서 혹시라도 아이디어가 생각나면 가지고 오면 된다. 누가 알겠는가? 주말에 데이트를 하다가 애인이 아이디어 팁을 던져 줄지.

브로드밴드가 도대체 무슨 밴드야?
2008년 7월 21일(월)

월요일 아침 정확히 10시. SK브로드밴드 첫 회의. 팀 사람들 모두 팀장님 방에 모였다. 첫 회의에는 첫 회의 나름의 부담과 긴장이 있다. 세부적이고 구체적인 아이디어를 낼 필요는 없으니 부담이 적고, 큰 줄기가 될 만한 생각들을 부려놓아야 하니까 긴장된다. 모든 것이 커다란 캠페인이 될 수 있는 잠재력을 가지고 있는 씨앗이니까, 사소한 말 한마디에서도 가능성을 점칠 수 있으려면 마음을 활짝 열어 두어야 한다. 그 씨앗은 막내 인턴 사원에게서 나올 수도 있고, 조용한 차장님 입에서 나올 수도 있는 거니까.

팀장님이 먼저 말을 꺼낸다. "주말 동안 일했을 리는 없고, 어제

올림픽 경기 이야기나 해볼까?"

팀장님 한 마디에 모두들 긴장이 풀어져서 박태환 금메달부터 최민호 한판승까지 줄줄이 쏟아져 나왔다. 분위기가 말랑해졌다 싶을 때 누가 한 마디 꺼낸다. "그런데 있잖아요, SK브로드밴드" 사람들의 시선이 그 쪽으로 쏠린다. 자, 이제 본격적으로 회의를 시작해 볼까?

" AE들의 OT를 듣자마자 생각한 건데, '브로드밴드'라는 진짜 밴드를 결성하는 건 어때요? 10월이니까 야외 공연도 많을 테니 거기에도 내보내고, 우리 광고에도 출연시키고, 메인 송도 부르게 하고……. 그러면 ATL(Above the Line, 광고 활동에 있어 매스미디어에 해당하는 4대 매체. TV, 라디오, 신문, 잡지)과 BTL(Below the Line, ATL을 제외한 나머지 마케팅 활동, 즉 전시, 이벤트, PR, DM, PPL 등의 직접적인 활동 전체)이 모두 한 줄기로 엮이지 않을까요?"

다시 옆에서 거든다.

"저도 금요일부터 자꾸 밴드 생각이 나더라고요. SK브로드밴드라는 이름이 사실 어렵잖아요. 설명을 들으면 그런가보다 하지만 그 전에는 누가 짐작이나 하겠어요. 그런데 그걸 가볍게, 쉽게, '밴드'로 해석해 주는 거죠. 더 친근하게 다가갈 수 있도록."

갑자기 분위기가 '밴드' 아이디어로 몰린다. 회의실이 한 쪽 분위기로 쏠려가다 보면, 어느 순간 '아! 이 아이디어가 정답이다!'라는 순간이 온다. 모두 그 아이디어 속으로 매몰되는 것이다. 그럴 땐 그 아이디어가 어디까지 흘러가는지 잘 봐야 한다. 처음엔 100점짜리 아이디어 같아 보일지라도, 회의실 안 사람들의 입을 몇 번만 거치면 아이디어는 스스로 허물을 벗고, 자신의 한계와 장점을 모조리 노출을 시키는 법이다. 그러니 우리가 할 일은 회의의 자정 능력을 믿고 아이디어에 매몰이 되든 빠져 나오든 우리 마음이 내키는 대로 이야기를 하면 될 일이다.

아니나 다를까, 확신을 가지고 달려가려는 찰나 '밴드'가 좀 허술하다는 점이 발각되었다.

"기존에 있던 밴드의 이름을 'SK브로드밴드'로 바꿔야 하는 거야? 아님 언더그라운드 뮤지션들을 모아 우리가 직접 밴드를 결성을 해야 하는 거야? 그럼 그렇게 밴드를 결성하는 과정까지 모두 광고가 되어야 하는 걸까? 9월 23일 런칭인데 그때까지 그럴 시간이 있겠어? 밴드 좋기는 한데, 뭔가 좀……."

모든 것이 안개 속에 갇혀 있었다. 유명한 뮤지션들을 모아 프로젝트 밴드를 구성하는 것도 방법이 되겠다 싶었는데, 그러자니 '애니밴드'(2007년 애니콜에서 만든 프로젝트 밴드. 보아, 타블로, 시아준수, 진보라가 멤버. 광고에도 나오고 싱글 앨범도 출시했다.)가 마음에 걸렸다. 밴드가 연주할 음악의 장르도 애매했다. 록? 발라드? 전 세대를 공략해서 트로트? 모든 장르에 가능성을 열어 둔다는 말은 동시에 어떤 장르에도 확신을 못 가진다는 말이었다. 아직까지는 허점투성이였다. 뭐, 첫 회의니까 모든 허점은 용서된다.

'브로드'+'밴드'라는 아이디어도 나왔다. 업계의 화두가 '컨버전스'라 하니 SK브로드밴드도 모든 장르의 음악을 다 소화해 낼 수 있는 크로스오버 밴드로 만들자는 것이었다. 국악도 클래식도 재즈도 다 소화해 낼 수 있는, 그야말로 '브로드'+'밴드'인 것이다. 하지만 국악 합주단이 클래식을 연주하고, 오케스트라가 재즈를 연주하는 장면을 상상해 보니, 진부했다. 이미 너무 많은 광고에서 보여 준, 닳고 닳은 소재였다.

회의실이 침묵으로 뒤덮이며 각자의 머리가 빠르게 돌아갔다. 그때 글래스톤베리 축제(1970년부터 영국 남서부 글래스톤베리에서 열리는 예술 축제로 세계에서 가장 큰 노천에서 벌어진다.) 이야기가 나왔다. 그러면서 글래스톤베리처럼 지방 소도시와 결합해 브로드밴드가 하나의 문화적인 행사를 만들어 가는 건 어떠냐는 아이디어가 나왔다. 다시, 처음에 나온 '밴드' 아이디어와 맞닿아 있는 아이디어가 나온 것이다.

신기했다. 각자 따로따로 주말을 보내고 왔는데, SK브로드밴드에 대해서는 같이 의논 한 번 한 적도 없는데, 모두들 각자 다른 방식으로 '밴드'를 중심에 놓고 아이디어를 풀어 온 것이다. 텔레파시가 통한 건가? 팀워크가 너무 좋은 건가? 아니면 이 아이디어, 너무 상식적인 아이디어인가? 설마 경쟁 상대도 똑같은 아이디어를 생각하고 있는 거 아냐? 그럼 큰일이다. 이런 식의 생각들이 꼬리에 꼬리를 물고 있을 때 팀장님이 한마디 한다.

"우리가 지금, 다 '밴드'쪽으로만 아이디어를 가지고 와서, 이 아이디어가 쉬워 보이지? 그런데 이거 하나도 안 쉬워. 우리 지금 회의 하면서 하나로 텔레콤 이야기는 한 마디도 안 했잖아. 대부분은 '하나로 텔레콤이 SK브로드밴드로 바뀌었습니다.'라는 메시지 근처에서 아이디어 회의를 시작할거야. 그런데 우리는 첫 회의부터 거두절미하고 바로 브로드밴드로 들어갔잖아. 이 방향, 괜찮을 것 같아."

'밴드'에 관한 아이디어는 더 이상 나오지 않았다. 우리는 이제 다른 방향을 생각해 보기로 했다. 이제 겨우 첫 회의니 아이디어를 살리는데도, 아이디어를 버리는 데도 거침이 없었다. 조용히 있던 누군가 하나로 텔레콤이 SK 브로드밴드가 되는 '변화'에 집중하자는 아이디어를 냈다. 그 개념을 넓혀서 사람들의 변화를 이끌어 내자는 것이었다. '하나로 텔레콤이 SK 브로드밴드가 됩니다. 기대하세요.'라는 메시지를 전달하더라도, '변화'라는 큰 주제로 접근하는 것은 훨씬 더 가능성이 있어 보였다. 그러나 가능성은 보여도 구체적인 그림은 떠오르지 않는다. 그렇다면 이 아이디어는 우선 보관해 놓는 수밖에.

"또 아이디어 준비해 온 것 없어? 그럼 오늘 회의는 여기까지. 오늘 나온 아이디어 더 다듬어 볼 사람들은 다듬어 보고, 또 다른 아이디어 생각나면 가지고 오고. 브로드밴드와 왠지 어울릴 것 같은 이미지들도 한 번 찾아봐. 한 며칠은 이렇게 자유롭게 각자 달려보자. 제일 중요한 회의니까, 이제부터 브로드밴드 회의는 매일 아침 10시."

드디어 10시 릴레이 회의의 시작이다. 우리 팀은 언제나 가장 중요한 회의를 오전 10시에 잡는다. 대부분의 광고 회사 스케줄이 오후를 중심으로 돌아간다는 것을 감안하면 오전 10시는 꽤나 영리한 시간이다. 다른 회의로 인해 방해 받지 않을 만큼 이르고, 회의 시작 전 후다닥 아이디어 정리할 여유를 가질 수 있을 만큼 늦은 시간이다. 어쨌거나 당분간은 10시 회의를 'SK 브로드밴드'가 예약해

버렸다.

 회의를 마치니 10시 50분쯤 되었다. 늘 이렇다. 아무리 오래 회의해도 절대 한 시간은 넘지 않는다. 그러나 결과물은 시간을 초월한다. 한 시간 동안 집중해서 회의를 했을 뿐인데, 언제나 놀라운 것들이 탄생한다. 몇 명의 머리가 모여 잡담을 한 것뿐인데, 회의의 결과는 언제나 마법 같다. 그나저나 내일 회의는 어떡하지? 아이디어 어디 없나.

이상한 나라의 앨리스, 그 느낌
2008년 7월 22일(화)

 어제는 분명히 정답이라고 믿었던 밴드 아이디어는 하루가 지나고 나니, 왠지 미심쩍은 녀석이 되어 버리고 말았다. 광고주로서는 고심해서 잡아 놓은 '브로드밴드'라는 이름을 너무 쉽게 '밴드'로 해석해 버리는 것이 아닌가라는 의견이 있었기 때문이다. 그러고 보니 그 말도 일리가 있다. 솔직히 말해서 '밴드'와 'SK 브로드밴드'는 정말로 하등의 상관도 없지 않은가?
 그렇다면 어제 나온 또 하나의 아이디어, '변화'는 어떠한가? '변화'의 경우에는 개념만 던져져 있을 뿐, 구체적인 실현 방안이 합의되지 않은 상태라 맞다 아니다 판단을 할 근거가 없었다. '변화'로 방향을 잡는다 해도 그 구체적인 길을 더듬어 나가는 것은 멀고도 긴 길이 될 것이다. 우리가 원하는 것은 '하나로 텔레콤이 SK 브로드밴드로 변화했습니다.'라는 메시지가 아니었으니까. SK 브로드밴드만의 '변화'라는 가치를 던져 줄 수 있어야만 한다는 것에는 모두 동의하고 있었으니까.

이런 상태에서 화요일 오전 10시, SK브로드밴드 2번째 회의가 시작되었다. 오늘의 회의는 누가 가져온 아이디어가 아니라, 누군가의 말 한 마디에서 시작되었다.

"이걸 어떻게 말해야 될지는 모르겠는데, 휴대폰은 1:1의 관계라는 느낌이 든다면, 인터넷은 뭐랄까……눈에 보이지 않는 거대한 세상이 있고, 그 안으로 내가 들어가는 듯한 느낌? 1:1보다는 1:多의 느낌이 강한 것 같아요."

이 말을 들은 한 사람이 "엔터!(enter)"라고 중얼거렸다. 또 다른 방향 탄생의 순간이었다. 그쪽도 한 방향이 되겠다는 팀장님의 판단이 내려지자 jump in, link, swimming, touch, open the door 등의 단어들이 툭툭 던져졌다. '새로운 세상으로 들어가다, 뛰어들다, 터치하다, 연결되다' 등 모두 비슷한 언저리에 있는 단어들이지만 각각의 느낌과 연상되는 이미지는 달랐다. 섬세하게 단어의 뜻을 헤아려서 가장 정확한 단어를 잡아야만 제대로 방향을 잡고 갈 수 있을 것이다. 다들 그렇게 비슷비슷한 단어들 사이를 헤엄치고 있을 때 누가 이미지 하나를 던진다.

"앨리스가 토끼를 따라서 굴속으로 들어갔을 때의 느낌."

모두의 입에서 '아…….'라는 탄성이 절로 나왔다. 말로는 설명이 되지 않는 그 느낌이 '이상한 나라의 앨리스'라는 이미지 하나로 다 설명이 되고 있었다. 우리가 원하는 건 단순한 '엔터'가 아니었다. 전혀 차원이 다른 공간이 눈앞에 펼쳐지고, 사람들이 그 안으로 함께 따라 들어오길 원했다. 그러고 보니 『나니아 연대기』도 있었다. 꼬마 여자아이가 숨바꼭질을 하다가 깜깜한 장롱 속에 숨고, 털코트의 보드라운 기운을 느끼기 위해 더 깊이깊이 들어가다가 문득, 눈 내리는 나니아 세계를 만나게 되는 장면, 그 장면도 『이상한 나라의 앨리스』와 일맥상통하는 부분이 있었다. 그리고 「몬스터 주식회사」도 빠트릴 수 없었다.

　단어 몇 개와 전에 읽었던 책, 영화 한 편으로 팀 사람들 모두 머릿속에 같은 그림을 그리기 시작했다. 만약에 『나니아 연대기』를 읽지도 않은 사람에게, 『나니아 연대기』의 장면에 대해 설명하기 시작했다면 회의는 더 길어졌을 것이다. 「몬스터 주식회사」를 말했을 때 모두가 단박에 알아듣지 못했다면, 모두 각자의 그림을 머리에 그리며 헤매게 되었을 것이다. 다행히 팀 사람들 모두 아이디어를 길어 올릴 수 있는 토양이 넓었다. 그렇게 다시 한 번 같은 곳을 보게 되었는데, 더 이상 무슨 회의를 하겠는가? 각자 머릿속의 엔터 느낌을 구체화시키자고 말하며 회의는 끝났다. 오늘 회의 시간은 30분이 넘지 않았다.

진짜 그 분은 언제쯤 우리에게 오실까?
2008년 7월 23일(수)

"저만 믿으세요. 어제 새벽에 드디어 저에게 그분이 강림했어요."
　아침 10시, 카피라이터 하나가 당당하게 회의실로 들어섰다. 다들 화색이 돌며 반긴다. 그래, 드디어 그분께서 오셨구나. 우리 모두 얼마나 애타게 그분을 기다렸던가. 가끔 그런 날이 있다. 누가 갑자기 A4용지 뭉치를 가지고 회의실에 들어오는 날. 평소에 안 그러던 사람이 그런 행동을 하면 모두가 눈을 반짝이며 그 사람의 손끝만 바라본다. 바로 아이디어신이 강림한 것이다. 그나저나 진짜 그분이 오신 게 맞는지 아이디어부터 듣고 보자.

아니나 다를까, 이번에는 가짜 신이었다. 'Unreal is real.'이라는 슬로건 아래 SK브로드밴드에서는 가상이 현실이 된다는 메시지를 전달하자는 것이었다. 인터넷은 가상 공간이니까, 보통의 인터넷 세상과는 구별을 지은 것이었다. 영 포인트를 잘못 잡은 거다. 이건 너무 가상 현실 게임의 느낌이 강했다. 그분은 지금까지의 모든 회의에 모두 불참했으니 제 아무리 아이디어 신이라고 한들 별 수 있겠나. 이번 아이디어는 일단 패스.

다른 쪽에서는 '브로드'라는 단어에 집중했다. 그러고 보니, '밴드'에도 집중을 해보았고, '브로드밴드'에도 집중을 해보았지만 '브로드'는 처음이었다. 왜 우리는 이제껏 이 생각을 하지 못했던 것일까? 어쩌면 이곳에 금맥이 있을지도 모르니, 우선은 회의록에 적어 두도록 한다.

하지만 오늘도 회의의 중심에는 '엔터'가 있었다. 어제 회의의 연장선상이었다. 각자 머릿속에 그리고 있는 엔터 느낌을 다양한 방식으로 풀어냈다. 아무 벽에나 손잡이를 붙이면 문이 되고, 그 문을 열고 들어가면 새로운 세상이 펼쳐진다거나, 「매트릭스」처럼 전화를 받으면 갑자기 다른 세상으로 간다거나 하는 팁들이 회의실을 가득 메웠다. 그때였다.

"뜬금없이 들릴지도 모르겠지만, SK브로드밴드는 보라색 같지 않아요?"

"오! 맞는 것 같아."

"그러게. 왜 그런 거지?"

"모르겠어. 그런데 SK브로드밴드 아이디어를 내려고 생각하다 보니 보라색이 떠오르더라고."

이유는 아무도 알지 못했다. 말한 사람조차도 왜 SK브로드밴드가 보라색인지 알지 못했다. 굳이 이유를 찾자면 신규 브랜드에는 신비한 색깔이 필요하다고 느끼고 있던 것이 보라색으로 결론난 것일지도 모른다. 제작팀은 모두 격하게 공감했지만 막상 AE들에게 이 이야기를 했을 때 그들은 너무 막연한 이야기라 대답을 유보했다. 하지만 우리에게 SK브로드밴드는 명확했다. SK브로드밴드는 보라색이었다.

enter로 연상되는 수많은 이미지들을 테이블 위에 펼쳐 놓았을 때도 같은 일이 벌어졌다. 무심히 그 이미지들을 보던 사람들이 한 이미지 앞에서 동시에 멈춰 섰다. 머릿속에는 모두 같은 생각이었다. "이게 엔터네."

말로는 설명할 수 없다. 그 때의 우리는 도대체 광고가 어떻게 완성이 될지도 알지 못하는 상태였고, 슬로건 따위는 생각조차 못하는 상태였다. 어느 방향에 답이 있을지 누구도 확신하지 못했다. 하지만 이상하게도 모두의 머릿속에는 비슷한 그림을 그리고 있었다. 보라색이며, 미지의 세계가 열리는 듯한 느낌. 우리는 모두 한 방향을 보고 있었다. 딴 건 몰라도 그것만은 확실했다. 혼자서 한 쪽으로

달려가고 있는 것이 아니라, 모두 함께 한 곳을 보면서 다 같이 달리고 있다는 확신. 그것만으로도 오늘 회의의 성과는 충분했다.

이 방안의 한 사람도 설득 못하는데
2008년 7월 25일(금)

어제는 회의를 하루 빼먹었다. 피치 못할 사정이 있었다. 경동나비엔 경쟁 PT가 있었던 것이다. PT를 마치고 모두 함께 모여 술을 마시고 당연히 모두 늦게 출근했다. 아직 술이 덜 깬 상태로 출근을 했더니 낭보가 날아들었다. 경동나비엔 경쟁 PT 승리! 좋아서 날뛰는 우리를 흐뭇하게 바라보던 팀장님, 인자로운 말씀을 남긴다. "자, 이제 SK 브로드밴드 회의에 집중해야지?"

이틀 전 제작팀 내부 회의를 마치고 AE들과의 중간 점검 미팅이 있었다. AE들이 정리한 기획 방향을 가지고 회의를 하다가, 누군가 답답한 마음에 질문했다. "그래서 도대체 SK 브로드밴드가 뭐하는

우리
회의나
할까?

회사예요?" AE가 짧게 대답한다. "인터넷, TV 그리고 전화."
　오늘 회의는 AE가 그때 던진 그 말 한 마디에서 시작되었다.
　'컨버전스'는 어려웠다. '엔터'는 막연했다. '밴드'는 너무 멀었다. 그러나 이 얼마나 명쾌하고 단순하며 마음에 팍 와 닿는가. 'TV, 인터넷, 전화'라니! 누구는 그 단어를 듣는 순간, 막혔던 가슴이 뻥 뚫리는 느낌이었다고 한다. 막연히 공중에 붕 떠 있던 회의가 땅으로 발을 디디고 있었다. TV/인터넷/전화만 잘 풀어내면 캠페인 전체가 풀릴 것 같았다.
　아니나 다를까 TV/인터넷/전화에 대한 아이디어들이 쏟아져 나오기 시작했다. '미스 TV, 미스터 인터넷, 미스 전화'를 만들자는 말이 아이디어의 주축이 되었다. 그들이 TV, 인터넷, 전화의 탈을 쓰고 나와서 밴드 연주도 하고, YMCA노래에 맞춰 춤도 추고, 기이한 퍼포먼스도 하며 사람들의 시선을 붙잡자는 거였다. 메시지는 'SK브로드밴드의 새롭고 재미있는 세상'. 우리가 광고 캠페인을 통해 말하고 싶은 것은 심플했다. 너무 많은 욕심을 부리지 말고, 정확하게 SK브로드밴드가 뭘 하는 회사인지를 알려 줄 것. TV/인터넷/전화에 대한 SK브로드밴드의 새로운 시선을 보여줄 것. 단 재미있게. 런칭 광고니까.
　모두 한 마디씩 덧붙이며 '미스 TV, 미스터 인터넷, 미스 전화' 아이디어는 점점 더 매력적인 아이디어로 변신하는 중이었다. 회의실 분위기는 화기애애했다. 한 사람만 빼고. 팀원 한 명의 얼굴이 영 심상치 않았다. 영 동의할 수 없다는 표정이었다. 그러고 보니 아까부터 말도 없었다. 보다 못한 팀장님이 말을 걸자, 그제야 불만을 토로

하기 시작했다.

"뭐 이해 안 되는 게 있어?"

"네."

"뭐가 이해가 안 돼?"

"전부 다요."

"TV/인터넷/전화로 새로운 세상을 보여 주자는 건데? 간단하잖아. 왜 이해가 안 돼?"

"간단한 건 알겠는데요, 지금 정리하는 것처럼 광고하면 절대로 안 될 것 같아요. TV/인터넷/전화를 새롭게 보여 줘 봤자 얼마나 새롭게 보여 줄 수 있겠어요? 미스TV 뭐 그런 것도 암만해도 재미없을 것 같고……. 저는 아무리 생각해도 답이 아닌 것 같아요. 그런데 다들 좋다고 하니까 저만 이상한가 싶기도 하고……."

"아까 YMCA 영상(YMCA 음악에 맞춰서 웃긴 춤을 추는 영상. 예전에 다른 광고주 제시용으로 만들었지만 결국 불방되어 팀 내에서만 공유되고 있다.) 봤지? 그게 안 재미있어?"

"재미있어요. 그런데……."

"TV/인터넷/전화가 그 춤을 추면 재미없을 것 같아?"

"아뇨. 재미있을 것 같아요. 그런데, 그래도 그건 아닌 것 같아요. 그래서 어쨌다는 건데요? 어떤 메시지가 붙어야 할지도 모르겠어요."

"새롭고 재미있는 세상, SK브로드밴드."

"안 새롭고 안 재미있어요. 씹다 버린 껌 같잖아요. 죄송해요. 저만 자꾸 딴지를 거는 것 같아서. 그런데 아무리 생각해도 이쪽 방향은 아닌 것 같아요. 이렇게 말하면서 저도 정말 답답한 게, 그러니까 이렇게 하자고 대안을 말하고 싶거든요. 그런데 답은 저도 모르겠어요."

"아니, 네가 답을 알면 회의는 뭐 하러 하냐? 뭐가 죄송해. 의견은 조율해 나가면 되는 거지. 어쨌거나 아닌 것 같다는 거지?"

"네."

"그럼 뭔가 문제가 있겠지. 지금 이 방 안에 앉아 있는 사람이 다섯 명밖에 안 되는데, 그중 한 사람이라도 아니라고 하면 아닌 거야. 이 방 안에 있는 한 사람도 설득을 못하는 아이디어라면, 뭔가 문제가 있는 거겠지. 그럼, 이 아이디어는 여기서 접어 두고 주말 동안 각자 좀 생각해 보자."

회의실 분위기는 순식간에 착 가라앉았다. 모두가 답답한 마음으로 회의실을 나왔다. 경쟁 PT는 열흘밖에 안 남았다. 큰일이다. 과연 합의점을 찾을 수 있을까? 그런데 그 사람은 왜 그렇게 아니라고 했을까? 정말 그 아이디어에 문제가 있었던 걸까?

팀장님도 답답했나 보다. 회의가 끝나고 팀장님이 전체 메일을 보냈다. 우리가 무엇을 광고해야 하는지, 어딜 보고 달려야 할지, 간단하게 정리가 되어 있었다. 목표와 해야 할 일은 정해져 있으니까, 그 목표로 가는 방법은 주말 동안 각자 다시 찾아보면 될 일이다.

팀장님이 보낸 메일

광고 목적) SK 브로드밴드라는 회사의 런칭

뭐하는 회사?) 인터넷, TV, 전화의 컨버전스로 새롭고 재미있는 것
   을 주는 회사
슬로건) 새롭고 재미있는 세상-SK 브로드밴드
방법) 미스터 인터넷, 미스터 TV, 미스 전화가 등장, 새롭고 재미있
   는 퍼포먼스를 펼친다.
ex) YMCA, 헬리콥터
cf) 인텔 블루맨

무기는 이미 우리 손 안에
2008년 7월 28일(월)

    각자 주말 동안 생각이 많았다. 금요일 회의 때 그토록 딴지를 걸었던 팀원은 주말 내내 TV/인터넷/전화라는 아이디어 골자만으로 자기 자신이 납득할 수 있는 아이디어에 골몰했다고 말했다. 팀장님은 왜 그 친구가 그토록 반대를 했을까 생각했다고 한다. 그래서 나름대로 답을 찾아보려 했다며 카피 뭉치를 내밀었다. 월요일 아침이었다. 우리 팀은 주말에 일 안 하는데, 주말에 일 안 하기로 치자면 팀장님은 단연 1위인데, 그런 팀장님이 주말 동안 카피를 써 왔다. 모두 다 발등에 불 떨어졌다는 증거다. 세상에서 제일 건방진 팀원들은, 팀장님이 써 온 카피를 보며, '이 카피는 아닌 것 같고, 이 카피는 맞는 것 같아요.'라며 골라낸다. 그중 모두의 동의를 가장 많이 얻은 카피는 바로 이것이었다.

우리
회의나
할까?

인터넷은 빠르고

TV는 재미있고

전화는 반갑다

약간의 인터넷

약간의 TV

약간의 전화

합치자, 합치자, 합치자.

섞고, 말고, 비비자.

통합하고,

결합하고,

조합하자.

새롭고 재미있는 세상

뛰어들자,

내딛자,

접속하자.

Enter

SK 브로드밴드

팀장님의 카피를 앞에 두고, 모두들 주말 동안 생각한 것들을 털어놓았다. 여전히 TV/인터넷/전화의 컨버전스를 기반으로 해야 한다는 생각에는 모두 동의했다. '합(合)은 놀라움이다, SK브로드밴드'라는 슬로건도 나왔다. 틀린 이야기는 아니었다. 그러나 금요일에는 그 정도 선에서 동의를 했던 팀원들이 이제는, 그것만으로는 부족하다는 데 동의했다. 주말을 지나고 왔을 뿐인데 우리의 생각이 숙성되었기 때문이다. 팀장님의 카피도 다 맞는 말인데 플러스 알파가 없었다. 기대감을 심어 주기에는 역부족이었다. 우리가 만들어야 하는 건 런칭 광고였다. 정확한 개념을 던져 주는 것보다 더 중요한 것은 어쩌면 기대감을 심어 주는 일이었다. 뭔 일이 벌어질 것 같은 느낌, 뭔가 제대로 된 놈이 드디어 튀어나왔구나 싶은 느낌이 필요했다. 그 다음이 궁금해지고, 기대되고, 그래서 자꾸 관심을 가지게 되는 놈을 만들어야 했다.

그러다 문득 우리는, 우리 손에 무기가 너무 많다는 것을 깨달았다. 창도 있고, 칼도 있고, 방패도 있었다. 하나같이 약간만 다듬으면 우리를 승리로 이끌 좋은 무기들이었다. 유일한 문제점은, 전쟁의 날짜는 정해져 있는데 우리의 마음은 아직도 갈대처럼 흔들리고 있다는 것이었다. 창을 들고 나가려니 칼이 아쉽고, 방패를 들고 나가자니 왠지 창이 있어야만 승리할 것 같은 그런 마음. 첫 날 나왔던 '밴드' 아이디어는 좋고, 'enter' 아이디어는 승산이 있는 것 같고, 'TV/인터넷/전화' 아이디어는 안심이 된다. 이 세 개를 다 섞어야 하나? 그리고 보니, 팀장님의 카피에는 'enter'도 있고, 'TV/인터넷/전화'도 있었다. 그런데 가만, '밴드'만 빠져 있네?

"아이디어를 생각할 때마다, 밴드 아이디어보다 더 좋은 건 생각이 안 나요. 밴드 아이디어는 생각하면 할수록 괜찮게 될 것 같거든요. 첫날 말했던 것처럼, 그렇게 전적으로 밴드를 내세워서 가는 건 아닌 것 같아요. 수위 조정이 필요하다는 건 인정. 그런데 마음이 '밴드!'라고 막 외쳐요. 다른 아이디어가 생각이 안 난다니까요."

맨 처음 회의 때, '밴드' 아이디어는 우리 모두의 동의를 얻었지만, 어떤 방식으로든 더 이상 논의되지 않았다. 모두들 그 아이디어에 대한 애착을 가지고 있었지만, 동시에 그 상태대로의 '밴드'는 엉성하다는 것을 알고 있었다. 하지만 이 정도 메시지가 잡힌 상태에서 '밴드'가 들어오는 건 괜찮을 것 같다는 판단이 생겼다. 메시지를 날 것 그대로 소비자에게 던지는 것보다는, 밴드의 노래로 포장을 할 때 더 쉽게 다가갈 수 있을 것이다. 음악의 중독성을 이용해보자는 것이었다. 다만 처음과 달라진 것은, 밴드는 전면에 부각시키지 말자는 것. 밴드를 이용해 광고의 호감도를 높이자는 것. 우리가 전하고 싶은 메시지를 더 용이하게 전달하는 하나의 방법으로서 밴드를 이용하자는 것. 런칭 광고의 목적이 큰 강을 건너는 것이라면 밴드는 강을 건너기 위한 하나의 나룻배가 될 터였다.

여전히 문제는 도처에 있었다. 첫 날 논의된 문제들(음악 장르는? 밴드의 성격은? 한 곡으로 갈 것인가, 아님 T의 「되고송」처럼 각 광고에 맞게 편곡을 해야 하나?)은 우리 손에 고스란히 남아 있는 상태였다. 하지만 첫 날처럼 그렇게 막연한 기분은 아니었다. 여전히 같은 문제들이 이제는 다른 무게로 우리에게 다가왔다. 어떻게든 될 것 같다는 생각을 모두가 공유하기 시작했다. 무기는 이미 우리 손 안에 있었다.

마침내, 그분이, 오셨다

2008년 7월 29일(화)

하늘이 우리를 아주 버린 건 아니었다. 다행스럽게도, 정말 천만다행으로 팀장님에게 '그 분'이 오셨다. 우리가 그토록 기다리던 아이디어 신! 아침 9시에 회사 앞 커피빈에 갔더니, 거기에 '그 분'이 있었단다. 팀장님은 잔뜩 상기 된 얼굴로 10시 회의에 참석했다. "분명 저도 아침 9시에 그 커피빈에 갔는데, 왜 저에겐 그 분이 안 오신 거죠?"라고 항의를 해보았지만 어쩌겠는가. 어제 회의록 마지막에 적어 놓은 "무기는 이미 손 안에 가지고 있으니 잘만 섞고, 말고, 비벼 보아요."라는 말이 팀장님에게 도움이 되었다니, 그걸로 만족하는 수밖에. 그나저나, 다른 사람도 아닌 팀장님에게 아이디어 신이 강림했다는 말을 들으니, 한 줄기 광명이 내리는 듯했다.

"자, 내가 생각한 것을 써 볼게." 팀장님이 노트에 쓴 아이디어를 칠판에 옮겨 적기 시작했다. 모두 착한 모범생이 되어 칠판에 집중하기 시작했다. 처음, 브로드밴드의 이미지를 팀장님이 키워드로 썼을 때만 해도 모두들 역시 팀장님이야, 고개를 끄덕였다.

브로드밴드의 이미지

새로운 것을 창출하는/창의적인/Trendsetter/Innovative/out of box/혁신적CV/기대감, 상상력/

거기까지는 좋았다. 팀장님이 슬로건을 썼다. "See the Unseen"

그 순간 사람들의 고개가 갸우뚱했다. 저건 무슨 뜻이지? 못 보던 세상을 보라? 안 보이던 것을 보라? 너무 어렵지 않나? 사람들이 무슨 말인지 알까? 무엇보다도, SK브로드밴드와는 무슨 관계지? 우리의 고개가 계속해서 갸웃갸웃하는데 팀장님은 아랑곳하지 않고 칠판에 "한 장의 시화(詩畵)로 프리젠테이션을 하자!"라고 자신감 넘치는 필체로 커다랗게 썼다. 하지만 우리는 더 어리둥절해졌다. 시화? 그림 위에 시 쓰는 거? 액자에 넣어서 복도에 거는 거?

팀장님은 담대한 계획을 우리 앞에 펼쳐 놓았다. 슬로건은 'See The Unseen'. 그 슬로건을 한 장의 이미지로 옮길 것. 그 위에 'See The Unseen' 매니페스토(Manifesto, 보통은 선거의 공약을 일컫는 말이지만, 광고 회사에서는 캠페인을 통해 전달하고 싶은 특정 브랜드의 정신, 앞으로 나아갈 길 등을 총 집약해서 쓰는 짧은 글을 일컫는다.)를 합칠 것. 그렇게 하나의 'See The Unseen' 시화가 탄생하게 되면, SK브로드밴드는 그 시화를 중심으로 런칭한다는 것이었다. 9월 23일 런칭 기자 회견이 있는 날, SK브로드밴드의 사장이 연설하는 무대 위에 그 시화가 커다랗게 걸릴 것이다. 매니페스토는 노래로 만들어질 것이고, 그 노래와 이미지가 합쳐져 광고가 될 것이다. 그리고 노래는 미정의 밴드 SK브로드밴드가 부르게 될 터였다. 그 노래와 이미지는 여러 가지 방식으로 세상에 뿌려질 것이었다.

슬로건이 어렵다는 것에는 모두 동의했다. 그렇다면 '못 보던 세상'이라고 번역해서 넣으면 될 일이었다. 노래 가사 속에 '못 보던 세상'이라는 말을 넣고 비주얼에서도 못 보던 세상을 보여 주면 될 일이었다. 아니, 무엇보다도 그건 큰 문제가 아니었다. 모두들 이번엔

앙리 루소, 꿈(1910년)

이 날 회의가 끝나고 나온 첫 스케치: 앙리 루소의 그림이 발상의 시작이었다. See The Unseen 을 한 장의 그림으로 표현하면 어떤 식이 될까? 라는 질문을 던졌을 때, 누군가의 머릿속에서 앙리 루소가 떠올랐기 때문이다. 앙리 루소 식의 수풀이라면 충분히 낯설 것 같았다. 거기에 디지털적인 요소들까지 합쳐지면 왠지 못 보던 세상이 탄생할 것 같았다. 우리의 판단은 옳았다. 앙리 루소의 수풀은 결국 끝까지 살아남았다.

고개를 크게 끄덕이고 있었기 때문이다. 뭔가 폼 나고 뭔가 SK브로드밴드에서 무슨 일이 일어나는 느낌이 바로 들었다. 드디어 큰 줄기가 잡힌 거였다.

군건한 뼈대가 잡혔으니, 이제 각자 방식으로 뼈대에 살을 붙이는 일이 남아 있었다. 어쨌거나 아이디어는 점점 균형 잡힌 몸으로 변해갈 것이다. 매력적인 몸이 될 것이다. 매력적인 캠페인이 될 것이었다. 왠지 뭔가 놀라운 일이 시작될 것만 같은 느낌이었다. 우리는 회의실을 나서며 AE들과 프로덕션에 연락을 했다.

본격적인 광고 만들기

큰 방향이 잡혔기 때문에 이 정도 단계가 되면 대행사는 프로덕션 측과 회의를 한다. 감독과 기획실장에게 최대한 상세하고 정확하게 오리엔테이션을 해준다. 우리가 생각하는 방향과 그림을 공유한다. 그리고 프로덕션 측에 TV 광고 아이디어를 함께 생각해 달라고 부탁한다. 프로덕션의 아이디어와 우리의 아이디어가 합쳐지면 더 좋은 결과물이 나올 것이라는 믿음 때문이다.

대행사 측에서 줄 수 있는 시간은 언제나 짧다. 길어야 48시간이다. 이번에는 프로덕션 측에 TV 광고 아이디어와 더불어서, 오디오 감독을 통해 노래도 좀 찾아봐 달라는 주문을 했다. 우리 팀에서 제시한 음악 샘플은 모비의 「Run on」이었다. 처음에는 피아노 멜로디가 나오다가 비트가 합쳐지고 보컬이 합쳐지고, 또 다른 보컬이 합쳐지며 점점 다른 세계를 펼쳐 보이는 음악, 그러면서도 경쾌하고 매력적인 음악. 프로덕션에 숙제를 잔뜩 안겨 주고 돌아서니, 마음의 짐이 잠시나마 줄어드는 느낌이었다. 감독님은 무거운 마음으로 돌아서셨겠지만.

못 보던 세상, 안 해본 방식
2008년 7월 30일(수)

어제 AE들과 제작팀이 회의에서 'See The Unseen'을 공유했다. AE 쪽에서는 이 뼈대에 가능성이 있다는 것에 동의했지만 아직은 100퍼센트 장담할 수 없다고 말했다. 뼈대에 살집을 붙여야 했다. TV 광고는 어떻게 되고 인쇄 광고는 또 어떻게 되어야 할지 보여 줘야 했다. 캠페인의 단계는 어떻게 나눌 것인지, 단계를 꼭 나눠야 할지도 판단을 해야 했다. AE들도 AE들이었지만, 그 과정을 거쳐야만 우리도 우리의 아이디어에 100퍼센트 확신을 가질 수 있을 것이다. 오늘은 다 같이 모여서 세부적인 아이디어 회의를 했다.

아니나 다를까, 'See The Unseen'은 뜻만 어려운 것이 아니었다. 어떤 식으로 살을 붙여 나가야만 하는가를 결정하는 것도 어려운 일이었다. 다들 'See The Unseen'에 대해 다른 해석을 내놓았다. 어떤 이는 '일상적인 사람들의 숨겨져 있는 가능성'으로 해석했다. 겉보기에는 평범해 보이는 사람일지라도 'See The Unseen', 즉 숨겨져 있던 모습을 제대로 보면, 우리 모두는 능력자라는 메시지였다. 배트맨처럼, 슈퍼맨처럼. 공감이 갔다. 하지만 여기에는 큰 문제가 있었다. 바로 배트맨도 슈퍼맨도 SK브로드밴드와는 하등의 상관도 없다는 것이었다.

    누군가는 열심히 뛰어가던 펭귄이 어느 순간 날기 시작하는 장면이 있는 해외 광고를 가져왔다. 역시 'See The Unseen'이었다. 펭귄도 하늘을 나는 세상, 무한한 가능성의 세상, 그것이 바로 못 보던 세상 아닌가? 그 세상은 TV/인터넷/전화와는 약간의 거리가 있었지만, 그렇다고 뜬금없는 광고가 되지는 않을 터였다. TV/인터넷/전화야말로 요즘 우리에게 못 보던 세상을 열어 주는 매체니까. 기업의 철학을 전달하기에는 적당해 보였다. 괜찮은 아이디어도 많이 나올 수 있을 것 같았다. 자신감도 생겼다. 우리 팀이 많이 해본 스타일의 광고였기 때문이었다. 그럼에도 불구하고 우리는 망설였다. 뭔가 충분하진 않았다. 익숙한 광고 기법이라는 건, 다시 말하면 이미 구식이라는 거였다. 우리는 우리가 안 해본 방식의 광고를 만들고 싶었다.

    회의 내내 'See The Unseen'에 대한 많은 해석들이 오갔다. 하지만 우리는 이 날 회의 끝에, 다시 원점으로 돌아왔다. 'See The Unseen'에 기반을 두고 그 말과 그 말이 담을 수 있는 철학에 골몰하다 보니 도저히 회의가 끝이 안 났다. (그래 봤자 한 시간은 안 넘었지만) 결론이 없는 토론이었다. 어느 순간 아디다스의 'Impossible is nothing'과 맥락을 같이 하고 있다가, 또 어느 순간에는 애플의 'Think different'와도 맥락을 같이 하고 있고, SK에너지의 '생각이 에너지다'와도 맥을 같이 하고 있었다. 그중에 틀린 건 하나도 없었다. 회의를 하다 보니 우리가 점점 황희 정승으로 변해 가는 느낌이었다. "허허, 자네 말도 맞고, 자네 말도 맞네."

이 날 회의에서 우리가 얻은 결론은 일주일 전 회의의 결론과 비슷했다. 우리가 발을 딛고 일어서야 하는 땅은 'TV/인터넷/전화'였다. 절대 그 사실을 잊어서는 안 됐다. 'See The Unseen'의 철학을 사람들에게 가르치려고 해서 될 일이 아니었다. 광고를 다 보고 났을 때 자연스럽게 느껴지는 가치여야만 했다. 내일까지 TV/인터넷/전화, 그리고 그 셋의 컨버전스에 대해 아이디어를 다시 생각해 보기로 했다. TV/인터넷/전화를 물리적으로 합치지 말고, 화학적으로 결합시켜서 못 보던 세상을 만들어 내는 게 우리 숙제였다.

로켓 펀치 제너레이션
2008년 7월 31일(목)

잠시 모여 회의를 했더니 컨버전스, 즉 'TV/인터넷/전화의 화학적 결합'에 대한 아이디어가 완성되었다. 프로덕션에서 가져온 아이디어들은 좋았고, 준비해 온 노래는 신선했다. 밴드 W&Whale의 「R.P.G.(Rocket Punch Generation)」이었다. 9월에 데뷔할 신인 그룹이라고 말했다. 우선은 그 곡의 느낌을 잘 살려 우리만의 음악을 새롭게 만들기로 했다. 멜로디를 새롭게 제작하고 매니페스토를 변형해 가사로 붙이기로 했다. 그 작업은 오디오 PD에게 넘겼다. 그리고 약간의 회의 끝에 우리 쪽의 아이디어와 프로덕션의 아이디어를 합쳐서 대략의 시놉을 완성했다. 카피라이터의 오늘 일은 이로써 끝! 그런데 아트디렉터들의 얼굴은 왜 저렇게 어둡지?

1차 LAUNCHING : 컨버전스, 새로운 비주얼, 궁금증, 기대감

각 춤을 대변하는 복장을 한 댄서들

승무, 발레, 아이리쉬댄스, 비보이, 밸리댄스, 어우동, 재즈, 볼륨댄스

컨트라스트가 강한 라이팅에서 댄서들이 하나씩 춤을 춘다.

난데없이 승무복을 입은 전통춤 댄서가 발레를 춘다. (Dissolve)

발레리나가 밸리댄스를 춘다. (Dissolve)

재즈댄서가 전통 승무를 춘다. (Dissolve)

볼륨 댄서가 통아저씨 춤을 춘다. (Dissolve)

See The Unseen

SK브로드밴드

2차 Follow : TV/인터넷/전화의 컨버전스. See The Unseen을 설명할 것이 아니라 SK브로드밴드의 컨버전스 세상을 보여 주자. 그것이 SK브로드밴드의 See The Unseen. 그 중심에 놓여 있는 요소는 음악＋메인비주얼

1)

박스 3개가 나란히 놓여 있다.

각각의 박스에는 TV/인터넷/전화라고 적혀 있다.

한 소녀가 큰 유리 그릇을 들고 나와

TV/인터넷/전화 박스에서 음표들을 꺼낸다 섞는다.

유리 그릇의 음표들을 바닥의 오션지 위에 뿌린다.

음표들로 완성되는 악보

그 악보에 따라 나오는 음악은

런칭 때의 그 음악

멜로디에 따라서 음표들이 움직인다.

Copy) 새롭게 합치자

못 보던 세상이다

마지막 화면 위로 Main Visual이 생겨나고

See The Unseen

SK 브로드밴드

2)

3개의 버튼, 각각에 TV/인터넷/전화라고 적혀 있다.

한 소녀가 나와서 TV라고 적힌 버튼을 누른다.

옆의 커다란 벽에 불이 들어오듯이 문자들이 생겨난다.

(그 위로 비트로만 시작되는 음악)

인터넷이라고 적힌 버튼을 누르면

그 위로 아이콘들이 생겨난다.

(멜로디가 합쳐지고)

마지막 버튼을 누르면

나뭇잎과 가지들이 생겨나며 우리의 main visual이 완성이 된다.

(보컬이 합쳐지면서 우리의 song이 나온다.)

Copy) 새롭게 합치자

못 보던 세상이다

See The Unseen

SK 브로드밴드

메인 비주얼이 완성 되어가는 과정 1: 카피라이터들은 시놉에 Main Visual이라고 간략하게 적었지만, 아트디렉터들의 부담감은 차원이 달랐다. 팀장님이 한 장의 '시화'로 PT를 하겠다고 선언을 했으니 그들은 브로드밴드답고, 멋있고, 매력적이고, 신비롭고, 오묘하고, 쿨하고, 어쨌거나 See The Unseen한 이미지를 만들어 내야만 했다. SK의 메인 색깔인 주황색과 빨강색을 바탕으로 나온 이미지. 설득력은 있지만 매력적이지 않았다. 팀장님은 한 편의 비주얼 아트를 꿈꿨다. 아트디렉터들은 그 날도 야근을 했다.

먼 길일지라도 다른 길로 가자
2008년 8월 1일(금)

　8월 6일 수요일, 경쟁 PT 날짜는 하루하루 다가오고 마음은 점점 조급해진다. 어제 정리한 시놉을 AE들과 사장님에게 제시했더니, 1) 런칭편의 대안이 필요하다, 2) 컨버전스도 좋지만 'See The Unseen'의 철학을 보여 주는 광고가 필요하지 않을까라는 두 가지 의견을 내놓았다. 우리가 펭귄이 날아가는 영상을 보며 "저게 'See The Unseen'이네!"라고 말했던 맥락이었다. 사장님은 우리에게 SK에너지의 '생각이 에너지다'와 같은 캠페인을 기대하고 있었다. 뭔가 그 분야의 철학 혹은 가치와 딱 맞닿아 있는 그런 광고 캠페인.

　팀장님이 우리에게 AE들과 사장님의 의견을 전달했다. 팀장님도 어떻게 해야 하는지 판단이 안 선다고 솔직히 털어놓았다. 우선 사장님에게 우리도 그 방향을 생각해 봤지만, 아닌 것 같다고 말해 놓았다는데, 그럼에도 불구하고 팀장님은 미세하게 흔들렸다. 우리도 순간 헷갈렸다. 지금 우리가 내놓은 시놉이 별로라는 것은 우리도 알고 있었다. 앞으로 가야 할 길이 멀다는 것도 알고 있었다. 하지만 우리는 수요일 회의를 기억해 냈다. 펭귄 방향으로 달려가다가 우리가 벽에 부딪혔던 것도 기억해 냈다. 그 방향은 충분히 'See The Unseen'이 아니었다. 팀장님이 말했다.

　"그런 식의 카피는 솔직히 우리 전문이잖아."

　카피라이터들은 팀장님을 보며 함께 웃었다. 그러면서 대답했다.

　"그런데 그런 카피, 이젠 너무 지겹잖아요. 이번에는 다른 방법을 찾아요."

"그러자. 다른 방법, 찾아지겠지?"

"그럼요. 여기까지 왔는데."

헷갈릴 때는 다시 한 번 제자리에 서서 호흡을 가다듬을 필요가 있다. 그리고 우리 손에 뭐가 있는지 잘 들여다볼 필요가 있다. 거듭 말하지만, 답은 언제나 우리 손 안에 다 있다. 그 날 우리에게는 '곧, 멋지게, 완성될, 메인 비주얼'이 있었고, '곧, 중독성 있게, 완성될, 음악'이 있었다. 아직 미완성인 게 마음에 걸리긴 했지만 우리가 당장 기대야 할 가장 큰 무기는 그 둘이었다.

"미안하지만 우리 조금만 더 고민해 보고, 내일 토요일이지만 나와서 딱 두 시간만 회의하자."

팀장님의 마지막 말을 듣고 우리는 다시 해산했다. 다음 주 수요일이 PT인데, 어떻게든 되겠지?

1차 LAUNCHING

: TV/인터넷/전화의 컨버전스

그로 인해 열리는 새로운 세상에 대한 기대감

앞으로 캠페인에 계속해서 쓰일 비주얼과 음악 런칭

〈Music Launching〉

\# 박스 3개가 나란히 놓여 있다.

각각의 박스에는 TV/인터넷/전화라고 적혀 있다.

한 소녀가 큰 유리 그릇을 들고 나와

메인 비주얼이 완성되어 가는 과정 2:TV 광고 시놉은 길을 잃고 헤매고 있었지만, 그 와중에도 이미지는 점점 더 완벽해지고 있었다. 전면에 나왔던 글자들과 숫자들이 뒤쪽으로 숨고, 알 수 없는 그림들이 전면을 차지하기 시작했다. 이미지들의 조화도 어제보다 훨씬 더 좋아졌다. 붉은색보다는 검정색이 낫다는 의견이었지만, 이것도 충분하지 않았다. 우리는 무턱대고 좀 더 시간을 주면 더 좋아질 거라는 아트디렉터의 말을 믿었다.

TV/인터넷/전화 박스를 열어 음표들을 꺼낸다. 섞는다.

유리 그릇의 음표들을 바닥의 오선지 위에 뿌린다.

음표들로 완성되는 악보

런칭 음악 멜로디에 따라서 음표들이 움직인다.

Copy)

열자 열자

못 보던 세상

마지막 화면 위로 메인 비주얼이 생겨나고

See The Unseen

SK브로드밴드

〈Visual Launching〉

#3개의 버튼, 각각에 TV/인터넷/전화라고 적혀 있다.

   한 소녀가 나와서 TV라고 적힌 버튼을 누른다.

   옆의 커다란 벽에 불이 들어오듯이 문자들이 생겨난다.

   (그 위로 비트로만 시작되는 음악)

인터넷이라고 적힌 버튼을 누르면

   그 위로 아이콘들이 생겨난다.(멜로디가 합쳐지고)

마지막 버튼을 누르면

   나뭇잎과 가지들이 생겨나며 우리의 main visual이 완성이 된다.

   (보컬이 합쳐지면서 우리의 song이 나온다.)

Copy)

합치자 합치자

못 보던 세상

See The Unseen

SK브로드밴드

2차 Follow

: See The Unseen의 가치를 보여 주자!

일상에 약간의 상상력이 더해질 때

수면위로 떠오르는 못 보던 세계

장기적인 캠페인을 위한 밑그림이 될 수도 있음.

1)

#물끄러미 파도를 보며 해변에 앉아 있는 남자

　갑자기 카메라가 파도 속으로 쑥 빨려 들어간다.

　파도의 포말이 달려오는 말의 비주얼이 된다.

　그 순간 더해지는 브로드밴드 뮤직

　다시 카메라가 쑥 빠져나오면 음악이 멈춘다.

　평온한 표정으로 해변에 앉아 있는 남자의 모습

Copy)

못 보던 세상

See The Unseen

SK 브로드밴드

2)

#걸어가다가 건물 외벽의 담쟁이 넝쿨을 무심코 보는 여자

　그 순간 카메라가 담쟁이 넝쿨 속으로 쑥 빨려 들어간다.

　난쟁이들이 살고 있는 담쟁이 넝쿨 안의 세상

그 순간 더해지는 브로드밴드 뮤직

다시 카메라가 쑥 빠져나오면 음악이 멈춘다.

살짝 미소를 띠고 계속해서 길을 걸어가는 여자

Copy)

못 보던 세상

See The Unseen

SK브로드밴드

3)

늦은 밤, 강변북로에 차를 몰고 지나는 남자

남자의 시선이 물 위로 비치는 가로등에 머무른다.

그 순간 강물 안의 세상으로 쑥 빨려 들어가는 카메라

물 안에서 펼쳐지는 상상의 세상

그 순간 더해지는 브로드밴드 뮤직

다시 카메라가 쑥 빠져나오면 음악이 멈춘다.

살짝 미소를 띠며 계속해서 운전을 하는 남자

Copy)

못 보던 세상

See The Unseen

SK브로드밴드

SK
브로드밴드
경쟁PT

이길 것 같다는 예감은 처음부터 있었다
2008년 8월 2일(토)

비가 왔고, 토요일이었고, 우리는 말이 없었다. 뭔가 다 된 것 같은데, 돌아보면 찝찝하고, 찬찬히 들여다보면 석연치 않은 구석이 한둘이 아니었다. 오늘은 두 시간이나 회의를 하기로 했으니, 빈 구석들을 빼곡히 메워 보기로 했다.

우선, TV 광고부터 점검해 보았다. "꼭 멀티(한 기간 동안 여러 편의 광고를 동시에 온에어하는 것)가 되어야 하나?"라는 질문을 우리 스스로에게 던져 보았다. 그럴 필요는 전혀 없다는 것이 우리의

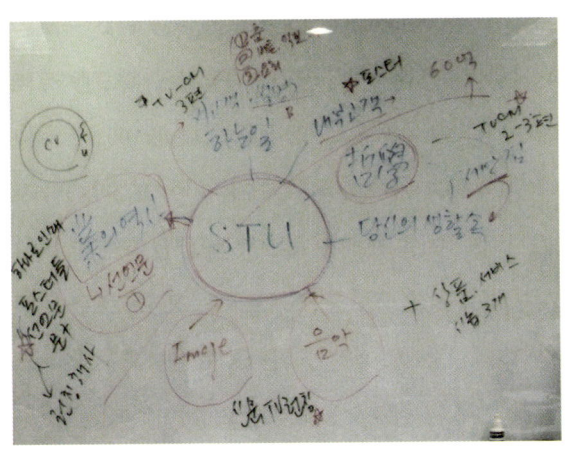

토요일 회의를 하면서 팀장님이 칠판에 정리한 내용. 가운데 See The Unseen이라는 슬로건을 놓고, 캠페인을 전방위적으로 펼쳐보았다. 결론부터 이야기를 하자면, 저 도표대로, 거의 아무런 수정 없이, 그대로 진행되었다. 이 날 회의 이후에 우리는 See The Unseen에 대한 확신을, 우리가 이길 것이라는 강한 확신을 가지기 시작했다.

솔직한 답변이었다. 똘똘한 한 편의 광고만 만들어지면 그것 한 편으로도 다 될 일이었다. 솔직해질 필요가 있었다. 런칭 광고로 이미지편과 음악편이 따로 나갈 필요도 없었다. 둘을 합치면 될 일이었다. 메인 이미지는 하루가 다르게 좋아지고 있었고, 음악은 내일까지 완성될 예정이었다. 이제까지 런칭으로 생각하고 있던 시놉을 버렸다. 그냥 이미지와 음악을 합쳐서 한 편의 광고를 만들기로 했다. 마치 뮤직비디오처럼.

우리 아이디어 중에서 제일 쓸 만한 녀석으로는 '춤' 아이디어도 있었다. 어떻게 나올지는 아무도 예상할 수 없었지만, 심지어 아이디어를 낸 감독님도 어떻게 나올지 모르겠다며 자신 없어 했지만, 그래서 모두들 그 아이디어에서 가능성을 엿보았다. 아무도 어떤 광고가 될지 예상조차 못하는 광고, 정말로 못 보던 광고, 그래야 'See The Unseen'이니까. 그래서 그냥 진행하기로 했다. 감독님이 시안을 촬영하기로 했다. 이렇게 벌써 TV 광고 두 편이 정리가 됐다.

3개월 동안 2편의 광고는 왠지 심심했다. 그리고 이미지편도 춤편도 런칭의 느낌이 강했다. SK브로드밴드가 어떤 일을 하는 회사인지를 노골적으로, 하지만 재미있게 보여 주기로 했다. TV와 인터넷과 전화기를 섞기로 했다. 그 세 개를 뒤섞어 각테일을 만들기로 했다. 그렇게 세 번째 광고 아이디어가 완성되었다.

다음으로 우리가 고민한 것은 9월 23일, SK브로드밴드의 런칭 행사를 어떻게 할 것이냐 하는 문제였다. 우리는 모든 것을 패키지로 제시하고 싶었다. 12월 말까지 모든 SK브로드밴드의 활동을 철저하게 계획해서 통째로 광고주에게 팔고 싶었다. 그 패키지의 한

드디어 완성된 시안 최종 이미지: 경쟁 PT를 위한 이미지가 드디어 완성되었다. See The Unseen이라는 막연한 슬로건을 아트디렉터들이 완벽하게 이미지로 해석해 냈다. 각각의 이미지는 모두, SK브로드밴드의 컨버전스 세상을 말해 주고 있다. 토끼와 개구리가 합쳐지고, 사람과 나비가 합쳐지고, 모니터는 사람이 되었다. 그리고 가장 놀라운 사실은, 아무도 깨닫지 못하고 있었지만 우리가 세 번째 회의 시간에 말했던 "왠지 SK브로드밴드는 보라색이지 않아요?"라던 막연한 느낌이 현실이 되었다는 것이다. 무의식 중 우리는 SK브로드밴드가 보라색이라는 생각을 공유하고 있었던 것이다.

쪽 축은 TV/인쇄 광고가 될 것이고, 또 다른 하나의 축은 9월 23일의 런칭 행사와 내부 직원들을 위한 제작물이 되어야 했다. 원래 다니던 회사가 어느 날 아침 바뀌게 되었으니, 왜 'See The Unseen'인지, 그 가치가 SK브로드밴드 직원인 당신들에게 주는 가치는 무엇인지를 정리하는 게 좋겠다는 판단이었다. 그리하여 어제 우리가 고민했던 사장님과 AE들의 의견을 그 축에 놓기로 했다. 'See The

Unseen'의 철학을 카피로 써서 포스터를 만들고, SK브로드밴드 런칭 행사장 입구를 포스터로 도배하기로 한 것이다. 런칭 행사 당일 날 SK브로드밴드 사장의 연설문도 쓰기로 했다. 직원들을 위한 사내 포스터는 또 따로 만들기로 했다. 두 명의 카피라이터가 그 짐을 떠맡았다.

2시간에 걸쳐서 TV 광고, 인쇄 광고, 주변 캠페인까지 모두 정리를 했다. 이제 드디어 'See The Unseen'이 덩치 있게 보였다. 뼈만 있던 녀석이 근사해졌다. 이번 경쟁 PT, 이길 것 같다는 예감은 처음부터 있었다. 이제는 그 예감이 눈앞의 현실로 다가오고 있었다.

1차 LAUNCHING

아트들이 완성하고 있는 Main Visual

＋ 녹음실에서 완성하고 있는 Main Song

2차 Follow

7월 31일 정리했던 '춤' visual

＋ 녹음실에서 완성하고 있는 Main Song

3차 유지

TV, 인터넷, 전화를 믹서기에 넣고 칵테일을 만들자.

＋ 녹음실에서 완성되고 있는 Main Song

일요일 밤에 걸려온 전화
2008년 8월 3일(일)~2008년 8월 4일(월)

일요일 밤, 팀장님에게서 다급한 목소리로 전화가 걸려왔다. 제작을 의뢰해 놓은 음악이 영 아니올시다였기 때문이었다. 일요일 밤 9시. 이젠 수정할 시간도 없었다. PT 때까지는 고작 사흘이 남았다. 팀장님은 바로 그 자리에서 판단을 내렸다. 원래 감독님이 가져온 노래, W&Whale의 「R.P.G.」를 그대로 쓰기로 한 것이다.

"여보세요? 팀장님? 이 시간에 웬일이세요?"

"나 지금 녹음실인데, 미안하지만 집에서 일할 수 있어?"

"네. 무슨 일이에요? 브로드밴드 곡이 잘 안 나왔어요?"

"응. 지난 번 회의 때 감독이 가져온 곡 생각나지? 지금 PD가 보내 줄 거야. 매니페스토를 그 곡에 맞춰서 다시 써야 할 것 같아."

"아, 지금 바로 써서 보내 드릴까요? 아님……."

"내일 아침에 회사 오자마자 보여 줘."

월요일 아침부터 급박하게 돌아가기 시작했다. 카피라이터들이 써 온 카피들 중에서 쓸 만한 것들을 골라, SK브로드밴드를 위한 카피 패키지를 완성했다. 행사장 포스터 카피부터 런칭 당일 사장의 연설문과 SK브로드밴드 건물 안에 붙일 매니페스토까지. 'See The Unseen'이라는 슬로건 하나가 어디까지 확장될 수 있는지 보여 줄 완벽한 패키지였다. 아트디렉터들은 그 카피를 받아서 포스터를 만들기 시작했고, PT를 위한 마지막 작업에 돌입했다. 그 동안 카피라이터들은 W&Whale을 직접 녹음실로 불러서, 우리가 변형

한 가사로 녹음을 했다. 그 음악 파일은 바로 편집실로 전달이 되어 이미지편과 춤편 시안에 깔렸다. 아트디렉터들이 작업한 이미지 파일도 편집실로 전달되어 각 편의 마지막 장면에 삽입되었다.

카피라이터들과 팀장님은 모여서 향후의 SK브로드밴드의 상품 광고는 어떻게 되어야하는지 회의를 했다. 서비스의 슬로건은 '못 보던 요금제-See The Unseen', '못 보던 서비스-See The Unseen' 정도로 제시하기로 했다. 'See The Unseen'은 이제 서비스 광고로도 확장되었다.

각자 자리에서 분주하게 움직였다. 팀원들 모두 자기가 뭘 해야 하는지 알고 있었고, 왜 그 일을 해야만 하는지도 알고 있었다. 그랬기 때문에 각자의 움직임에 약간의 오차도 없었다. 하나 하나가 완성될 때마다 각자의 작업은 패키지에 완벽하게 맞아들어 갔다. PT 준비는 점점 막바지를 향해 가고 있었다.

Manifesto

못 보던 것을 보자

새로운 습을 만들자

새로운 문을 열자

보자, 경험하자, 느끼자

약간의 인터넷,

약간의 TV,

약간의 전화가 섞여

못 보던 세상이다

섞고 말고 비비자

새롭고 재미있는 세상-

See The Unseen

뛰어들자, 들어가자,

내딛자, 접속하자

See The Unseen

SK 브로드밴드

노래가사

(15초)

못 보던 세상 이제 시작이야

뭔가 보고 느끼고 경험하고 싶어

누구도 볼 수 없었던, 보여 주지 못했던

See The Unseen 브로드밴드

약간의 TV 약간의 인터넷

전화 약간 합치면 못 보던 세상

이제 내딛자 뛰어들자 들어가보자

See The Unseen

SK 브로드밴드

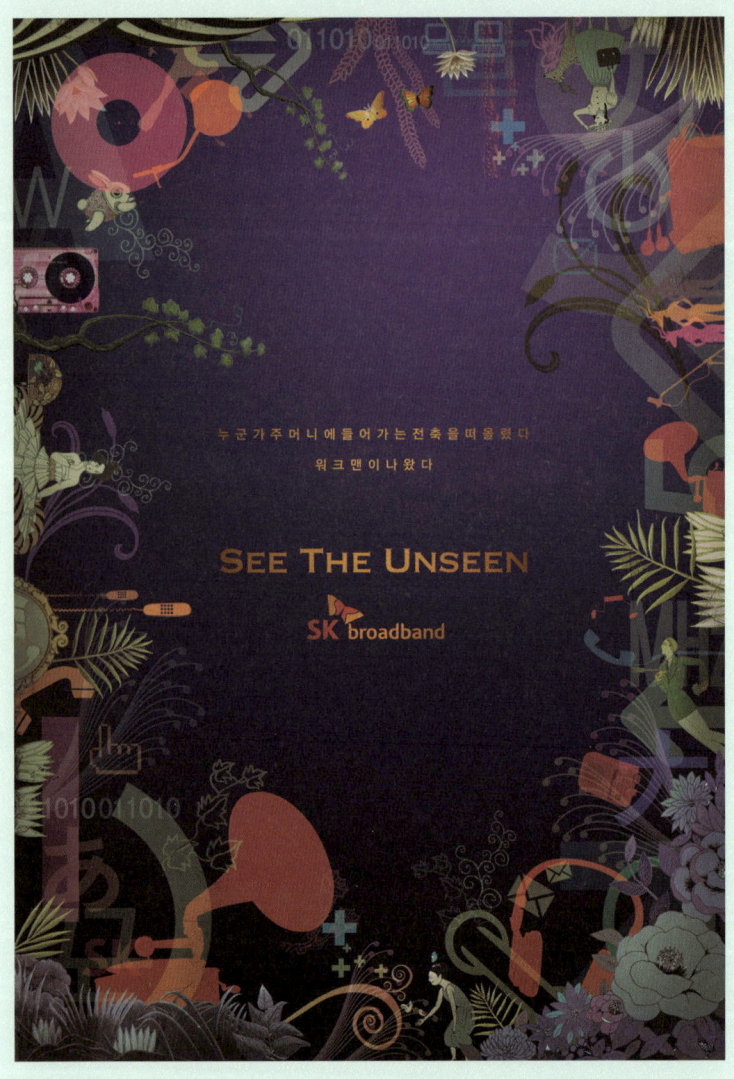

SK브로드밴드 행사용 포스터

(45초)

못 보던 세상 이제 시작이야

뭔가 보고 느끼고 경험하고 싶어

누구도 볼 수 없었던, 보여 주지 못했던

See The Unseen 브로드밴드

약간의 TV 약간의 인터넷

전화 약간 합치면 못 보던 세상

이제 내딛자 뛰어들자 들어가보자

See The Unseen 브로드밴드

익숙한 세상이 놀랍게 변해

우리들은 SK 브로드밴드

섞고 말고 비비면 못 보던 세상

자, 지금부터 시작이다

See The Unseen

SK 브로드밴드

(영화관용 CM)

못 보던 세상 이제 시작이야

팝콘 콜라 오징어 모두 준비 완료

누구도 볼 수 없었던 보여 주지 못했던

지금부터 영화 속 세상

SK브로드밴드 행사용 포스터

약간의 스릴, 약간의 로맨스,
유머 약간 합치면 또 새로운 영화
이제 불꺼진다, 집중하자, 애인 손 잡자
솔로 부대도 당당해지자

졸면 안돼 끝까지 영화에 집중
자 지금부터 시작이다
See The Unseen
SK 브로드밴드

행사용 포스터(business related)

* 누군가 0과 1에서 거대한 세상을 보았다
  디지털이 태어났다
  See The Unseen
  SK 브로드밴드

* 집 밖에서도 집 안의 일이 궁금했다
  홈 유비쿼터스가 태어났다
  See The Unseen
  SK 브로드밴드

* 누군가 TV 속에서 백화점을 보았다
  쌍방향 TV가 태어났다

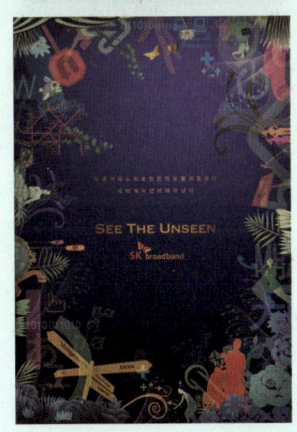

See The Unseen

SK브로드밴드

*누군가 목소리로 만든 지도를 떠올렸다

네비게이션이 태어났다

See The Unseen

SK브로드밴드

*누군가 주머니에 들어가는 전축을 떠올렸다

워크맨이 나왔다

See The Unseen

SK브로드밴드

행사용 포스터(철학을 전달할 수 있는)

*누군가 그림에서 음악을 들었다

칸딘스키가 태어났다

See The Unseen

SK브로드밴드

*안 보여도 볼 수 있는 글자를 생각했다

점자가 태어났다

See The Unseen

SK브로드밴드

* 세균 덩어리에서 세균을 이기는 방법을 보았다
페니실린이 나왔다
See The Unseen
SK브로드밴드

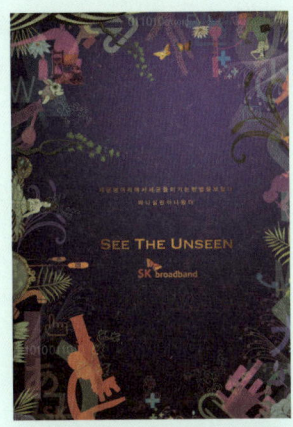

* 누군가 맞춤법이 사라진 음악을 보았다
재즈가 태어났다
See The Unseen
SK브로드밴드

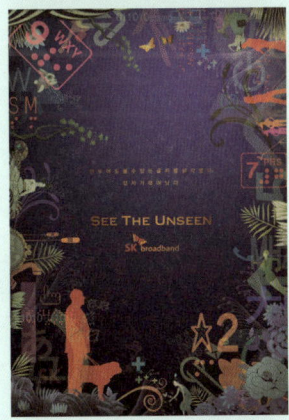

사장 연설문
See The Unseen
아무도 못 본 세계를 보라

변화는 언제나 그곳에서 시작되었고
미래의 씨앗이 그 안에 웅크리고 있다

아무도 못 본 세계를 보라

익숙한 것을 신선하게 합치고
지루한 것을 즐겁게 만들고
일상을 새로운 시선으로 보라

아무도 못 본 세계,

우리는 그 세계를 본다

See The Unseen

SK브로드밴드

내부 포스터

"See The Unseen"

이것은 고객을 향한 SK브로드밴드의 약속이다

우리는 고객 앞에 누구도 못 보던 세상을 열 것이다

"See The Unseen"

이것은 SK브로드밴드의 사고방식이다

우리는 경쟁사가 보지 못한 놀라운 가능성을 읽어낼 것이다

"See The Unseen"

이것은 우리의 존재가치이며 경영전략이며 생존방식이다

See The Unseen

SK브로드밴드

담대한 계획, 담대한 결말
2008년 8월 5일(화)~2008년 8월 6일(수)

TV 시안들은 모두 완성되었고, 필요한 카피도 모두 완성되었다. PT의 구조만 짜면 될 일이었다. 팀장님은 이제까지 모든 경쟁 PT 중에서 가장 원대한 계획을 세웠다.

PT 시작하자마자, 슬로건과 메인 비주얼을 보여 주자!

그전의 PT들은 모두, 차곡차곡 논리를 쌓아서 PT 거의 막바지에 슬로건을 오픈하는 것이 공식처럼 되어 있었다. 하지만 이번 PT에서 팀장님의 판단은 달랐다. 우리의 무기가 강하니 처음부터 내놓아도 자신이 있다는 것이었다. AE들과 사장님도 같은 판단이었다. 그렇게 키노트를 완성했다. PT를 위해 지금껏 준비한 모든 것들이 빠짐없이 키노트에 들어갔다.

그리고 수요일 아침, 팀장님과 AE들이 PT하러 SK 브로드밴드를 향해 떠났다. 언제나 그 순간이 되면 만감이 교차한다. 우리가 이제까지 이토록 공들인 이 광고들이 낯선 곳에 가서, 낯선 광고주들 앞에서도 빛을 발하기를. 광고주들이 그 빛을 봐 주기를. 그래서 결국은 세상으로 나갈 수 있게 되기를. 모두 조마조마한 마음으로 팀장님을 배웅했다. 이제 더 이상 우리가 할 수 있는 일은 없었다. 그래서 모두 저녁에 모여 술을 마셨다. 그 다음 날, 우리는 SK 브로드밴드 경쟁 PT에서 승리했다는 소식을 들었다.

에필로그

경쟁 PT에서 이기고 난 후, 메인 비주얼은 일취월장했다. 아트디렉터는 끊임없이 익숙한 세상을 섞고, 말고, 비벼서, 놀라운 세상을 탄생시켰다. 보면 볼수록 신비로운 느낌을 자아내는 보라색 세상 위에 못 보던 이미지가 하나씩 더해졌다.

평범한 남자는 구름이 떠가는 산이 되었다. 여자는 머리 위에 토끼를 썼고, 위에는 우담바라가 조용히 피어났다. 부엉이와 고양이는 일찌감치 한 몸이 되었다. 소녀는 비둘기가 되어 하늘로 날아올랐고, 숲 속 여자의 등에서는 나비 날개가 돋았다. 숲 속 저 멀리에서는 사슴 정령이 등장하고, 말은 두 발로 서서 기타를 치며 노래를 불렀다. 개구리인지 물고기인지 아직도 밝혀지지 않은 생명체는 우주복을 입고 우주로 날아오를 듯이 자세를 취했다. 라디오맨이 달려가고, TV맨이 춤을 추고 있고, 그 위로 '꿈'이라는 글자가 아스라하게 합쳐진다. 자세히 들여다보면 그 어떤 것도 처음 보는 것은 없었다. 모든 이미지들은 이미 우리가 알고 있는 익숙한 이미지. 하지만 그것들이 합쳐지고 변형되니 이야기는 달라졌다. 완전히 Unseen한 세상이 탄생한 것이다.

이미지를 통해 컨버전스의 세상을 느끼게 해 주자, 지금껏 보지 못한 세상을 보여 주자, 무엇보다 가만히 이미지를 들여다보며 모두가 그 안에서 더 풍부한 이야기를 길어 올릴 수 있도록 만들자, 계속해서 볼거리들을 주자, 그리하여 'See The Unseen, SK 브로드밴드'라는 슬로건이 이 이미지 한 장으로 완벽하게 표현되도록 하자.

우리의 처음 목표는 달성 불가능한 것처럼 보였다. 하지만 광고가 완성되던 어느 날, 우리는 우리의 불가능한 목표가 어느새 달성되어 버렸다는 것을 알아버렸다.

　'See The Unseen' 캠페인은 매우 성공적이었다. 광고주는 우리가 제시한 광고 캠페인을, 손대지 않고 거의 그대로 다 샀다. 6개월 안에 달성하겠다고 목표로 잡은 인지도는 한 달이 조금 넘어가자 바로 달성되었다. W&Whale과 손을 잡은 것도 성공적이었다. 라디

SK브로드밴드의 최종 이미지

오를 틀 때마다 W&Whale의 음악이 흘러나왔고, 음반 판매도 잘 된다는 소식이 들렸다. 메인 비주얼 일러스트를 담당한 일러스트레이터는 SK텔레콤에서 후원하는 신진 아티스트가 되었다는 소식도 들려왔다. 무엇보다도 광고에 대한 반응이 좋았다. 그래서 우리도, 좋았다.

우리가 아쉬웠던 많은 부분들은 각자의 가슴 속에 묻기로 했다. 그 아쉬움이 잊히지 않고, 다음에 더 좋은 아이디어로 태어나기를 빌 뿐이다. 다음에 우리가 만드는 광고도 부디 'See The Unseen' 하기를 바랄 뿐이다.

수상한 회의록 다시 보기

2008-07-18 SK브로드밴드 회의록

O.T.후 가이드라인
- SK브로드밴드 자체를 커뮤니케이션의 중심에 놓도록 하자!
- SK브로드밴드가 광대역이니 속도가 빠르니 어쩌고 저쩌고는 다 집어치우자!
- 단순한 CI 고지 광고가 되어서는 안된다!
   조신 사장, "하나로 텔레콤이 SK브로드밴드가 되었다고 광고할 거면, 광고 안한다."
- 사람들이 스스로 궁금해서 SK브로드밴드를 찾아볼 수 있도록!
- LG "스칼렛" 런칭 사례를 생각해 볼 것!
- SK브로드밴드=초고속 인터넷+컨버전스
   즉 "인터넷 베이스의 컨버전스 전문 기업"

2008-07-21 SK브로드밴드 회의록

아이디어
1) 그룹 "브로드밴드"의 탄생
- "브로드밴드"라는 말 자체가 주는 첫 번째 이미지인 "밴드"를 잡자!
- 밴드를 결성하는 여러 가지 방법
   ① 유명한 사람들의 프로젝트 그룹: 애니밴드를 연상시킬 수도 있다는 단점, 신선하게 느껴지기 힘들다는 단점
   ② 언더그라운드 밴드와 컨택하기: 그러나 주목을 쉽게 얻을 수 없다는 단점, 장르를 우리가 결정하기 힘들다는 단점
   ③ 밴드를 직접 결성하는 것: 신선하게 느껴질 수도 있고, 사람들의 참여를 유도할 수 있는 여지도 넓어짐. 그러나 어떻게?

- 인터넷을 통한 대대적인 밴드 모집(일렉 기타/베이스/드럼/보컬/작곡/작사)

□ 언더밴드에게도 적극 홍보, 숨은 고수들이 UCC를 올리면, 사람들이 직접 투표를 하고, 그들이 실제로 "브로드 밴드"라는 이름으로 활동을 시작한다.
□ "1억 원의 활동 지원금+서태지의 직접 지도"라는 부상을 통해 화제의 중심에 앉힌다.
□ 10월의 민트 페스티벌/자라섬 재즈 페스티벌에도 참가를 하도록 한다!
□ 서태지와의 조인 콘서트를 하는 것도 좋을 것임.
□ 그 모든 과정은 MNET과 함께 다큐멘터리로 제작, 방송
□ TV는 철저하게 인터넷과 오프라인을 서포트 도구로 사용할 것
□ 하나TV를 매체로 사용하는 방법은 없을까?
□ 문제점: 밴드와 '브로드밴드' 사이의 연결 고리를 어떻게 가져갈 것인가?
　　　　'음악'이라는 특정 장르와 '브로드밴드'의 연계성은 너무 적지 않은가?
　　　　밴드 '브로드밴드'는 언제까지 사용할 것인가?
　　　　3개월이면 3개월, 2개월이면 2개월, 우리가 원하는 이미지를 얻기 위해 밴드는 그곳에 도착하기 위한 '배'로 써야 하는 것 아닌가?
　　　　'밴드'가 아닌 '브로드'에 좀 더 초점을 둘 수 있는 방법은 없을까?

2) 모든 장르를 소화할 수 있는 "브로드"밴드의 탄생
□ 30명 정도의 클래식 악기를 연주하는 사람들과 밴드 악기를 연주하는 사람들이 혼합된, 다양한 장르의 음악을 소화할 수 있는, 그야말로 '브로드'한 '밴드'를 만들자!
□ 밴드가 교향곡을 연주하고, 국악과 협연도 하고, 그야말로 전방위한 활동을 펼친다.
□ 정명훈을 지휘자로 초빙, 조수미와의 공연 등등
□ 거리 공연 혹은 무료 공연이 펼쳐지고 TVC에서도 그것을 그대로 받아간다.
□ 무엇을 하든지 브로드밴드가 주체가 되어야 함.
□ 규모가 되건 특이한 활동이 되건 이슈의 중심에 있어야 함.

3) 지방 소도시와 결합한 브로드밴드 페스티벌의 탄생
□ 글래스톤베리 축제의 사례: 이름 없는 소도시였던 글래스톤에서 자유로운 분위

기의 음악 페스티벌이 열리고, 수십 년이 지나면서 세계적인 페스티벌로 발돋움 한 사례
- 펜타포트 페스티벌의 사례: 수십 개의 밴드들이 참여하고, 그들의 곡을 따로 CD로 발매하는 방법
- 브로드밴드가 지방 소도시와 결합해 하나의 문화적인 행사를 만들어 내는 것은 어떨까?

4) 브로드밴드 MAKEOVER
- 하나로 텔레콤이 SK 브로드밴드가 되는 '변화'에 집중을 하자.
- 주변의 긍정적인 변화를 이끌어내는데 도움이 되는 브로드밴드
  즉 변화하고 싶다는 사람들의 소원을 직접 들어 주는 브로드밴드
- 무명밴드는 유명한 밴드가 될 수 있도록 MAKEOVER
  가부장적인 아버지는 자상한 아버지가 될 수 있도록 MAKEOVER
  인기와는 담 쌓은 남자아이에게 비트박스를 가르쳐서 인기남이 되도록 MAKEOVER
- 결국에는 하나로 텔레콤이 SK 브로드밴드로 멋있게 MAKEOVER되었다는 메시지

아이디어 정리

- 브로드밴드와 SK 브로드밴드의 연결고리를 '노래'로 갈 수 있지 않을까?
- e편한세상이 비보이와 캐논을 아무리 사용해도 '집'이라는 카테고리와 연결고리를 가져가기 힘들었다는 것을 생각해볼 때, 연결고리의 문제는 상당히 중요
- '밴드'에 초점을 맞추지 말고 '노래의 메시지'에 초점을 맞추자!
  즉 메시지에 포커스를 맞추고 그 메시지를 전달하는 방법으로 '노래'를 선택
- 9월 23일 CI 런칭 이전, 인터넷을 통한 대대적인 홍보
  '우리가 전하고 싶은 메시지는 이렇습니다. 연주하실 분, 곡을 만드실 분을 모집합니다. 우리와 함께 프로젝트 밴드에 참여하고 싶은 분들은 다들 모이세요!'
- 밴드의 노래가 TV 광고로도 쓰임. 하지만 애니밴드나 애니모션과는 다른 길이어야 함.

□ 민트 페스티벌에도 참여하고, 디지털 싱글도 내는 등 브로드밴드의 다양한 활동이 한 달가량 펼쳐짐.
□ 11월쯤에는 유명한 뮤직 비디오 감독, 유명한 DJ, 영화감독, 혹은 서태지까지 영향력이 있는 사람들에게 브로드밴드의 노래를 주고, 영화든 노래든 믹싱이든 마음껏 작업을 해보라고 던져 줌. 그것이 다시 TVC가 되고 인터넷을 통해 사람들에게 전파가 되도록 하자!
□ '밴드'로 가자! 라는 아이디어가 아무리 좋아도, 중간에 복병이 많이 숨어 있으므로, 단단하게 잘 짚어 보면서, 현실성을 타진해 보면서, 그것이 브로드밴드와 시너지 효과를 일으킬 수 있도록 구조 자체를 탄탄하게! 짤 것

2008-07-22 SK브로드밴드 회의록

가이드라인

□ '브로드밴드'라는 이름은 광고주의 입장에서는 정확한 개념어를 잡아 놓은 것인데, 그것을 '밴드'로 해석해 버린다는 것에 대해 부담감이 있을 것 같음.
□ 하나로 텔레콤이 브로드밴드가 된다는 상황에 주목을 할 경우 '변화'라는 가치를 잡아 가는 것이 더 현명한 방법일 수도 있음.
□ '변화'를 이야기하는 방법에 있어서는 어떤 기업이라도 말할 수 있는 뻔한 '변화'보다는 닛산의 SHIFT_캠페인처럼, 업태에 딱 붙은 '변화'의 화법을 구사해야 함.
□ 현재까지 가능하다고 생각되는 방향
  ① '브로드밴드'를 '밴드'로 해석해 내는 방법
  ② 업의 본질, 이를테면 '유선을 통한 새로운 세계로의 확장'을 말하는 방법
  ③ '변화, 새로움의 기대'를 말하는 방법

두 번째 아이디어 회의

□ 'Life is simple'
  : 세상이 복잡해지는 만큼 컨버전스로 인해 세상은 단순해지는 측면이 있음.
□ 휴대폰이 1:1 커뮤니케이션이라면, 인터넷과 TV는 1:多의 구도인 것 같다. 그런 의미에서 우리가 모르는 커다란 미지의 세계로의 'ENTER' 개념은 어떨까?

- enter/link/swimming/jump in/touch/open the door/surfing
- 이상한 나라의 앨리스/나니아 연대기에서의 벽장문/몬스터 주식회사의 문
- 서랍문을 열고, 문을 열고, 차문을 열고 등등 계속해서 무언가를 여는 장면, 그 위에 'enter'라는 슬로건
- 손잡이를 엉뚱한 곳에 붙여놓기, 손잡이를 나누어 주기
- 문을 열고, 새로운 세상이 펼쳐지고, 환상과 현실의 벽이 허물어지고 등의 이미지는 여기저기에서 너무 많이 차용이 된 이미지가 아닌가? 그런 측면에서 「매트릭스」에서 울리는 공중 전화를 받는 것과 동시에 다른 세계로 넘어가는 장면과 같이, enter의 이미지도 다른 식으로 표현할 수 있지 않을까?
- 각자 enter 혹은 브로드밴드에 어울릴 법한 이미지와 슬로건을 생각해 볼 것

2008-07-23 SK브로드밴드 회의록

ENTER 방향

- Take a ticket
- Unreal is real: 너무 가상 현실 게임의 느낌이 있음.
- 하나로 TV 켜는 것을 나니아 연대기의 벽장으로 해석
  인터넷 전화 받는 것을 매트릭스의 전화로 해석
- 특정 서비스를 연결할 필요는 없지만, 미지의 세계로 초대를 받는 듯한 느낌
  새로운 세계가 펼쳐지는 느낌. 뜬금없는 곳에 문이 생기고 그 안으로 들어가는 느낌
    : 컴퓨터 자판의 enter기호/전화기/문의 손잡이/자물쇠 이미지
- 런칭 : TTL 런칭과 같이 모호한 이미지여도 요즘은 다시 신선하게 느껴질 듯
  약간의 매트릭스, 약간의 앨리스, 약간의 TTL

서부 느낌이 나는 주유소, 인기척이 없는 곳, 울리는 전화기, 그 전화를 받자마자 사라지는 사람
70년대 미국 느낌의 낡은 모텔 방 2층, 앤틱 TV, 무료하게 앉아 있는 사람, TV를 켜는 것과 동시에 사라지는 사람

□ 브로드밴드의 manifesto

꿈과 현실 사이
거짓과 진실 사이
이곳과 저곳 사이
너와 나 사이
여기는 브로드밴드
접속해
뛰어들어
한 발만 내딛어
새로운 세계로 들어와
ENTER

□ 브로드밴드를 색깔로 표현한다면 보라색 정도가 아닐까?
□ 맨홀 뚜껑, 손잡이 아래, 창문에 뜬금없이, enter의 스티커 붙이기의 미디어 아트도 가능할 듯
□ MAIN visual(enter 이미지)
- • 뭔가 미지의 세계가 열릴 것 같은 느낌
- • 새로운 세계로 초대를 받는 듯한 느낌

BROAD의 방향
□ 브로드밴드는 1:1의 관계가 아니라 1:多의 관계다.
□ 여기서 多=Broad의 의미를 가지고 있음.
□ 그렇다면 Broad에도 금맥이 있지 않을까?
□ **Think Broad** (Think Different를 우선은 고려하지 않는다면)
- • 똑같은 상황이라도 넓게 보는 시선
  진실은 실제로 좀 더 넓은 세상에서 보일 때가 많다
  같은 상황을 좁게 해석하는 것과 넓게 보고 해석하는 것의 차이
□ **Broad way of life**

- Discover
- Realize

2008-07-25 SK브로드밴드 회의록

TV/인터넷/전화

- 컨버전스에 비해 훨씬 더 명확하고 단순한 개념
- 'enter'에 비해 훨씬 더 땅에 단단하게 내려와 있는 개념
- TV/인터넷/전화를 얼마나 새롭게 보여 줄 수 있을 것인가.
  결과치를 보여 주자는 것이 아니라 새로운 '시선'을 보여 주자.
- "TV/인터넷/전화가 합쳐져서 새로운 세상이 열린다"
  "상상의 신대륙으로 가는 길"
  "(TV/인터넷/전화가 여는) 새롭고 재미있는 세상"
- Doctor BB/BB Brothers
  미스터 인터넷 미스 전화 미세스 티비
  그들이 모여서 밴드 연주를 할 수도 있고
  아리아, 랩, 비트,를 할 수도 있고
  퍼포먼스, 헬리콥터, YMCA, 야마카시, 피겨스케이팅, 체조를 할 수도 있고
  그들 사이에 드라마가 펼쳐지고 ("바람"이 주인공이었던 CF)
  런칭 2~3편으로 "새롭고 재미있는 세상"을 보여 줄 수 있을 듯

2008-07-28 SK브로드밴드 회의록

다시, 정리

- 브로드"밴드"로 집중하는 것은 어떤가? 이미 무기는 우리 손 안에 있다. 적절한 수준으로 섞고, 말고, 비비면 괜찮은 그림이 나올 것 같다.
- "밴드"로 갔을 때 너무 out of box라서 광고주가 받아먹기 힘들 것 같은 우려가 없다면,
- "enter"로 갔을 때의 TTL의 분위기는 너무 업의 본질에서 떠 있다는 우려가 없

다면,
- "TV/인터넷/전화"로 갔을 때는 또 너무 업의 본질에 딱 붙어 있다는 우려가 없다면, 이 모든 것을 섞고, 말고, 비비는 건 어떨까?
- 우리가 공유하고 있는 정확한 방향과 메시지는 이 정도가 아닐까?

인터넷은 빠르고
TV는 재미있고
전화는 반갑다

약간의 인터넷
약간의 TV
약간의 전화

합치자, 합치자, 합치자.
섞고, 말고, 비비자.
통합하고,
결합하고,
조합하자.

새롭고 재미있는 세상
뛰어들자,
내딛자,
접속하자.

Enter

SK브로드밴드

다시, 밴드

- 이 메시지를 잘 전달하기 위해, 효과적으로 전달하기 위한 수단으로서 '밴드'를

택하자!
□ 그렇다면, 밴드를 어떻게 구체화시킬 것인가?

1) 음악의 장르를 다양화해서 가는 방법
: 메시지를 노래로 만든다면, 그 노래의 장르는 어떤 식이 되어야 하는가?
  노래를 하는, 혹은 연주하는 밴드의 모습은 어때야 하는가?
  노래를 계속해서 다른 장르로 편곡 또는 믹싱을 하는 걸로 족한가?
  그렇다면, 노래에 너무 많은 중심이 가는 것이 아닌가?
  BTL 쪽은 어떻게 풀어나가야 할 것인가?

2) 캐릭터를 하나 잡아서 밴드를 비롯한 다양한 퍼포먼스로 확장하는 방법
: 3원색/파렛트/칵테일쇼/흡의 합체/마술/YMCA/헬리콥터 등 다양한 방식이 가능함.
  한 캐릭터가 여러 가지 퍼포먼스를 통해 강하게 잡힐 때의 부담감은 없나?
  나중에 상품 광고까지 캐릭터를 가져가기에는 부담스럽지 않나?
  Enter라는 슬로건을 이용해서 엔딩 폴리시를 잘 잡아서 준다면 캐릭터는 버리고 엔딩 폴리시만 계속해서 가져갈 수 있지 않을까?
  캐릭터는 어떤 모습을 띄고 있어야 하는가?
  양복 입고 얼굴만 TV/인터넷/전화인 모습/'상자'를 적극적으로 활용하는 방법/etc

□ 기대감을 불어넣어 줘야 한다는 사실
    TV/인터넷/전화에서 너무 멀어져서는 안 된다는 사실
    단단하게 캠페인 전체를 묶어가야 한다는 사실
    두세 달 후에 따라올 상품 광고와는 어느 정도 분리되어야 한다는 사실

□ 무기는 이미 손 안에 가지고 있으니, 잘만 섞고, 말고, 비벼 보아요.
    필요하다면, 볶고, 튀기고, 데치셔도 좋습니다.

2008-07-29 SK브로드밴드

우리가 풀어야 하는, 브로드밴드의 이미지
- 새로운 것을 계속 창출하는
- 창의적인
- Trendsetter
- Innovative
- Out of box
- 혁신적 CV
- 기대감, 상상력
- 컨버전스→조합→화학→새로움→기대감

슬로건: See the Unseen, SK브로드밴드
못 보던 세상, SK브로드밴드

한 장의 詩畵로 프리젠테이션을 하자!
(너무 디지털적이지 않은, 아날로그와 디지털이 함께 있는, 기대감 자극하는 이미지)
- 브로드밴드를 런칭하는 날, 기자회견 단상 뒤에 그 이미지가 붙어 있을 것임.
- 이미지+manifesto→인쇄 광고가 되고
- 그 이미지를 동영상으로 표현하면 TVCM이 되고

manifesto
(전체 버전)
못 보던 것을 보자
새로운 숨을 만들자
새로운 문을 열자
보자, 경험하자, 느끼자
약간의 인터넷,
약간의 TV,

약간의 전화가 섞여
못 보던 세상이다
섞고 말고 비비자
새롭고 재미있는 세상-
See The Unseen
뛰어들자, 들어가자,
내딛자, 접속하자
See The Unseen
SK브로드밴드

(15초 버전)
약간의 인터넷,
약간의 TV,
약간의 전화
새로운 숨을 만들자
못 보던 세상이다
뛰어들자
내딛자
접속하자
See The Unseen
SK브로드밴드

- "See the Unseen" manifesto를 음악으로 만들어서 TVCM을 비롯한 여러 가지에 활용하자!
  (노래에 너무 중심을 두지 말 것, 노래도 캠페인의 한 요소로 들어가는 것임.)
  See the Unseen, sung by 브로드밴드
- "See the Unseen" 이라는 중심을 강하게 만들어 주는 것이라면,
- "브로드밴드"를 매력적으로 만들어 주는 요소라면 어떤 것이든지 이 캠페인과 합쳐질 수 있을 것임!

대림 e편한세상 PT

진심이 짓는다

CD · 박웅현
Copywriter · 유병욱, 김민철, 박솔미
Art Director · 장길녕, 이주환, 김세윤, 장준호, 한보현
PD · 천성재

4

모두가 그토록 기다리던 프로젝트

상기된 얼굴이었다. 도처에 적들이 포진해 있다는 것을, 결코 쉽지 않은 길을 가야 한다는 것을 처음 확인하고 나오는 길이었다. 그런데 사람들 표정이 이상했다. 마치 다섯 살짜리 꼬마 아이가 그토록 가지고 싶어했던 바로 그 장난감을 손에 넣은 듯한 표정이었다. 아직 어떻게 다뤄야 할지 감도 안 잡히는 장난감 앞에 바짝 긴장하면서도, 손 안에 들어왔다는 사실에 무한한 희열을 느끼는 것과 동시에 이 장난감이 앞으로 손 안에서 어떻게 변해 갈지 궁금해 죽을 것만 같은 표정. 가장 놀라운 건, 바로 그 미묘한 표정을 광고주에게 첫 OT를 받고 나오는 길에 보았다는 것이다. 이 사람들, 제정신이야?

팀장님의 입이 가장 먼저 떨어졌다. "내가 늘 말한 게 이런 거였어." 기다렸다는 듯이 다른 카피라이터의 입도 떨어진다. "저도 OT 받으면서 딱 그 생각이 났어요. 팀장님이 늘 말씀하시던 게 이거였구나······." 질세라 또 다른 카피라이터도 말한다. "나도 그 생각했는데······." 그리고 다시 침묵. 각자의 설렘 속으로 빠져들어가느라 우리 모두는 말을 아꼈다.

그러니까, 우리 모두가 그토록 기다렸던 프로젝트가 시작된 것이었다. 팀장님이 늘 입버릇처럼 말하던 바로 그 프로젝트, 늘 이야기를 들으면서도 단 한 번도 가능할 것이라고 상상조차 해보지 못했던 바로 그 프로젝트. 광고주가 '갑' 행세를 하며 광고 회사를 '을'로 강등시켜 버리지 않는, 광고주 한 사람 한 사람의 개인 취향에 따라 캠페인 전체의 생명이 오락가락하지 않는, 1년짜리 기업 캠페인을 만들어 오라면서 달랑 2주를 주는 그런 몰상식한 프로젝트가 아닌, 광고주의 욕심에 비해 예산은 쥐꼬리만 한 기형 프로젝트도 아닌, 광고 회사로서의 본 기능을 다 할 수 있는 프로젝트. 광고주가 솔직하게 자신의 아픈 부위를 보여 주며 의사 처방을 기다리듯, 광고 전문가로서의 광고 회사의 진단과 처방을 구하는 프로젝트. '갑'과 '을'이라는 밑도 끝도 없고 이해할 수도 없고 이해하고 싶지도 않은 관계를 끝내고, 마침내 파트너로서 광고주와 광고 회사가 만나는 프로젝트. 바로 그런 이상적인 프로젝트가 시작된 것이었다.

괜히 어깨에 힘이 들어갔다. 만날 일하기 싫다고 징징거리던 내가 오늘만은 입을 다물었다. 잘해 보고 싶었다. 우리라면 잘 할 수 있을 것 같았다. 기분 같아서는, 오늘 밤을 새서라도 아이디어 100만 개를 낼 수 있을 것 같았다. 하지만 내가 아이디어 100만 개를 내고 나면 다른 사람들이 할 일이 없을 것 같았다. 그래서 참기로 했다.

설레는 OT 끝에 내가 할 수 있는 유일한 일은, 6시 칼퇴근이었다.

아파트 광고라면 사양입니다만
2009년 3월 17일(화)

그 날 우리가 OT를 받은 품목은 무려, 아파트 광고였다. 처음 '아파트 광고'라는 이야기를 듣는 순간, 우리 모두는 "네?"라고 합창했다. 우리는 시작도 하기 전에 이미 '아파트 광고'라는 카테고리 자체에 지쳐 있었던 것이다. 유명 연예인은 기본이고 드레스는 필수, 파티는 옵션, 여자친구가 사는 아파트 이름을 듣는 순간 남자친구의 눈빛은 변하고, 아파트에 입주하는 순간 남편은 세상에 둘도 없는 로맨티스트로 변하고, 그 와중에 아내는 새 아파트에서 첫사랑을 만나 한눈을 팔며 그때마다 차이코프스키 피아노 협주곡이 뜬금없이 흘러나오고, 아이들은 어른들 속내도 모르고 궁전 안을 뛰어다니며 숨바꼭질을 하고, 속절없는 대리석 분수는 24시간 공중으로 치솟는, 말도 안 되는 그림이 대한민국 아파트 광고에서는 버젓이 일상이 되고 있었다. 그러니 아파트 광고라는 말만 들어도 우리가 두드러기 반응을 보이는 건 당연했다.

하지만 이번에는 이야기가 달랐다. 광고주가 먼저 그런 아파트 광고 말고 다른 아파트 광고를 만들어 달라고 말했다. 광고주가 먼저 자신들의 이야기를 들어 달라고, 우리 조언을 듣고 싶다고 연락해 왔다. 경쟁 PT는 하지 않겠다고 했다. 일정도 우리가 원하는 대로 조정하라고 했다. 두 달이 필요하다면 두 달, 다섯 달이 필요하다면 다섯 달이라도 줄 기세였다. 대신 좋은 광고를 만들어 달라고 했다. 광고 회사가 이런 전화를 받을 확률은 약 0.00003퍼센트. 확률이 적은 정도가 아니라 아예 없다고 보면 된다. 20년 넘게 광고 생활을 한 팀장님도 처음 받아보는 제안이었으니까. 그리하여 2009년 3월 19일, AE팀장과 차장, CD와 카피라이터 두 명, 총 다섯 명이 광화문의 대림 e편한세상 본사로 찾아가 첫 미팅을 하게 된 것이었다.

광고주의 이야기도 보통 아파트와는 달랐다. 프리미엄, 럭셔리, 고급스러운 브랜드 가치 등에 대해 들을 준비를 하고 있는 우리에게 대뜸 광고주는 "입주해서 문짝 바꿔본 적 있으세요?"라고 물었다. 문짝이라니. 문짝이라니요. 브랜드의 고급감을 논하려는 이 자리에서 지금 문짝 이야기를 하는 겁니까.

물론 아직 문짝을 바꿔본 적이 없었다. 주인이 바뀌고 냉장고가 바뀌고 가스레인지가 바뀌고 벽지가 바뀌어도 문짝은 안 바꾸는 거니까. 문짝은 언제나 그 자리에 있는 거니까. 문짝은 어떻게 생겼는지 기억조차 나지 않는 거니까. "아니오."라고 대답하기가 무섭게 "그럼 다른 것보다 문짝에 더 신경을 써야겠지요."라고 그들이 말했다. 보기 좋게 한 방 맞은 기분이었다. 그게 e편한세상 사람들이 아파트를 대하는 방식이었다. 럭셔리, 고급, 프리미엄 등의 단어 대신 "품질과 실용성"이라는 말을 브랜드 콘셉트로 생각하는 사람들. 그들은 팔기 위한 집이 아니라, 살기 위한 집을 먼저 생각하고 있었다. 살기 위한 곳이니 아파트는 당연히 최고의 쉼을 제공하는 곳이 되어야 된다고 믿고 있었다.

그 고집이 그대로 드러난 캠페인이 바로 '집은 쉼이다'라는 e편한세상의 이전 캠페인이었다. 하지만 수십, 수백 개의 건설사가 서로 제 잘났다고 떠드는 와중에 '집은 쉼이다'라는 광고는 느긋해도 너무 느긋했다. e편한세상의 USP를 광고해야만 했는데, 그들은 '집'이라는 카테고리 전체를 광고한 것이었다. 덕분에 광고주가 우리에게 보여 준 자료에 따르면, e편한세상의 브랜드 가치는 하염없이 떨어지고 있었다. 2001년에 3위에서 2005년에 5위, 2008년에 6위까지. 그리고 광고까지 쉰 2009년에는 예상하건데 그보다 더 떨어져 있음이 불 보듯 뻔했다. 문제는 브랜드 가치의 하락이 재건축 개발권을 따내는 현장이나 분양률 등 다른 곳에도 영향을 주고 있다는 사실이었다.

우리나라 최초로 e편한세상이라는 아파트 브랜드를 런칭하며 2000년대 초반까지 앞서가던 e편한세상에게 현재 상황은 명백히 위기였다. 그들은 지금의 위기를 통해 다시 일어서고자 했다. 다시 시장의 헤게모니를 잡고 싶어 했다. 하지만 유명 모델은 쓰고 싶지 않다고 말했다. 다른 아파트들처럼 광고하고 싶지는 않다고, 다른 방법을 찾아 달라고 했다. 그들은 간절했다.

우리의 간절함도 더하면 더했지 덜하진 않았다. 보통의 아파트 광고에서 사람들이 기대하는 것들(욕하면서도 귀 기울이게 되는 메시지들, 현실과 동떨어졌다는 것을 알면서도 눈길을 끄는 화면들, 막연하게 부유한 광고들, 허황된 욕망의 증거들, 그리고 모든 것에 방점을 찍는 유명 모델들)을 사용하지 않고서도 좋은 광고를 만들고 싶었다. 경기의 룰을 바꾸고 싶었다. 경기의 룰을 바꿔야만 했다. 우리의 광고를 중심으로 경기의 룰을 재편성하고 싶었다. '더 낫게'가 아니라 '다르게'가 우리의 목표였다. 다르지 않고서는 앞서갈 수 없었다.

그날 밤, 회사에 돌아와 AE들이 가장 먼저 한 일은 600편도 넘는 아파트 광고를 모두 수집해서 제작팀에 넘기는 일이었다. 아직도 또렷이 기억난다. 600편의 광고가 들어 있는 DVD를 건넬 때 AE가 한 말을. "이걸 보면, 광고가 이 사회에 얼마나 몹쓸 짓을 했는지 알 수 있을 거야."

그러니 우리는 그 600편의 광고와 다르게만 만들어도, 이미 성공이었다.

난 이미 반해 있었다
2009년 3월 18일(수)

　지금은 말할 때가 아니다. 지금은 입을 열 때가 아니다. 아직은 아니다. 아직은 들을 것이 많았다. 우리는 e편한세상에 대해 아무것도 몰랐다. 이튿날 우리는 다시 광고주를 만나러 갔다.
　맨 먼저 우리가 만난 사람은 e편한세상의 오렌지 서비스 담당자였다. 길고도 상세한 설명이 끝난 후에 AE팀장님이 말했다.
　"그럼, 저희가 실제로 오렌지 서비스를 해주시는 분을 만나볼 수 있을까요?"
　"아, 그것도 좋겠네요. 한 분을 섭외해서 시간을 알려 드릴게요."
　이 정도면 충분히 들었다 싶었는데 윗분들의 생각은 달랐나 보다. 그들은 사업 부서의 이야기보다, 생생한 현장 이야기를 듣고 싶어 하는 것 같았다. '직접 만난다고 뭐가 다를까……첫날이라서 의욕이 넘치시는 건가?' 대리 나부랭이가 윗분들의 큰 뜻을 알 턱이 없다. 그냥 다음 인터뷰에 계속 집중할 수밖에.
　두 번째 우리가 만난 사람은 상품 개발팀 담당자였다. 상품 개발팀은 우리가 당연하게 생각하는 것에 끊임없이 의문을 던지는 사람들이었다. 이를테면, '왜 다들 불편해하면서도 주차 공간을 좁게 만들까?' '왜 아파트 단지들은 사람이 아닌, 자동차를 중심으로 설계되어 있을까?' 등등. 그리고 그들은 그 의문에 대한 답으로 상품을 개발하고 그걸 바로 바로 아파트들에 적용시키고 있었다. 기존 주차 공간에 비해 10cm 넓은 주차 공간을 만든다거나, 아파트 내외부 전체의 장애물들을 다 없애서 고령자와 보행자 위주의 무장애 공간을 설계하는 방식으로 말이다.

다음에 만난 사람은 인테리어 담당자. 그도 시작부터 우리의 상식에 의문을 던졌다.

"서울 에쿠스랑 대구 에쿠스랑 다르면 안 되잖아요. 아파트도 마찬가지 아니에요? 서울 e편한세상이랑 해남 e편한세상이랑 다르면 사람들 기분이 어떻겠어요? 그래서 우리는 전국을 표준화했어요. 다른 아파트 회사도 다 그렇게 하지 않냐고요? 다른 곳은 안 그래요. 그래서 분명 같은 아파트 브랜드인데 소비자들은 전혀 다른 느낌을 받게 되는 거죠. 적어도 e편한세상은 안 그래요."

생각해 보면 당연한 일이었다. 서울 e편한세상과 해남 e편한세상이 같아야 한다는 것. 하지만 현실적으로는 전혀 당연한 일이 아니었다. 땅값이 다르고 눈높이가 다르고 프리미엄의 단가가 달랐다. 속이려고 들면 충분히 속일 수 있는 일이었다. 하지만 담당자가 말했다. 당장은 속여서 이윤을 남길 수 있을지 몰라도 장기적으로 보면 그건 엄청난 손해라고. 단기적인 이익이 아니라 장기적인 이익을 생각하는 회사라니. 뭐 이런 회사가 다 있나 당혹스러웠다. 그 당혹감은 마지막 친환경 저에너지 분야의 담당자를 인터뷰를 진행하며 극대화되었다.

"에코 3리터 하우스라는 것을 저희가 만들고 있거든요. 처음 들어 보시죠?"

"이쪽으로는 저희가 아무 것도 몰라요. 그냥, 바보라고 보시고 다 설명해 주시면 감사하겠습니다."

"일반 가정집에서 한 달에 쓰는 에너지량이 평균 24리터 정도거든요. 그런데 저희가 3리터의 에너지로 한 달을 살 수 있는 집을 만들었어요. 현재 용인과 대덕 연구 단지에 있어요. 실제로 저희 연구원들이 살고 있어요. 2005년부터 계속."

"사람이 진짜 살고 있다고요? 그냥 모델 하우스처럼 만들어 놓은 게 아니고요?"

"네. 기술 개발과 상용화 기술은 다르거든요. 실제로 사람이 3리터 하우스에 살면서 불편한 점은 없나, 실제 집에 적용되었을 때 문제점은 없나, 일일이 체크해 가면서 지금 살고 있어요. 그렇게 상용화 된 기술이 하나씩 실제 e편한세상에 적용되고 있죠. 이미 e편한세상은 다른 아파트 대비 30퍼센트의 에너지를 절약하고 있어요."

30퍼센트나 절약하는 것도 어마어마한데, 내년이면 40퍼센트를 절약하는 아파트를 분양하고, 이듬해에는 50퍼센트를 줄인 아파트, 그렇게 점점 에너지를 줄여가겠다는 이야기였다. '진짜, 뭐 이런 회사가 다 있지?'라는 생각이 채 끝나기 전에 담당자는 나에게 강편치를 한 방 날렸다.

"집의 기본은 따뜻하고 춥지 않은 거라 생각해요. 그래서 외벽과 단열재를 강화하고, 공기 순환 시스템을 변형시키고, 불필요한 인테리어와 시설을 줄이고, 에너지는 적게 들도록 계속 기술을 개발하고 있어요. 이렇게 기본에 충실하다 보면, 궁극적으로는 다른 개념의 아파트가 탄생할 거라 믿고 있어요."

광고주에게 반하는 데는 오랜 시간이 필요하지 않았다. 두 시간의 인터뷰를 마치고 자리에서 일어나는 순간, 나는 이미 광고주에게 완전히 반해 있었다. 밖으로 나오자마자 팀장님에게 말했다.

"뭐 이런 회사가 다 있어요? 완전 감동 받았잖아요. 기본에 충실하다 보면 궁극적으로는 다른 개념의 아파트가 탄생할 거라니. 이런 생각을 하는 회사가 도대체 어디 있겠어요?"

"나도 진짜 이 정도일 줄은 몰랐어. 지난 번 e편한세상 광고 '자연이 에너지가 되는 세상'을 보면서 지금 왜 저런 이야기를 하고 있는가 했더니, 마지막 인터뷰에서 의문이 풀리더라고."

"그러니까요. 그 광고가 e편한세상의 의지치가 아니라 현재진행형이라는 데 얼마나 깜짝 놀랐다고요. 갑자기 지금까지 e편한세상이 인정받지 못한 게 억울하고, 말도 안 되는 회사들이 상위권에 올라가 있다는 사실이 어찌나 원통하던지. 심지어 이번 일은 열심히 해야겠다는 생각을 했다니까요."

"오, 너 오늘 데려오길 잘했네. 그리고 또 놀라운 게, 오늘 만난 사람들 태도 봤지? 다 똑같았잖아. 모두 회사에 대한 자부심이 대단하더라고. 허투루 볼 회사가 아니야, 진짜 단단한 회사야."

"이런 회사는 또 처음 보네요"

이것도 또 처음 하는 경험이었다. 광고주 OT 내용이 이토록 감동적일 수 있다니! 나, 원 참!

제발, 좋은 광고 만들어 주세요
2009년 3월 24일(화)~4월 1일(수)

광고주 인터뷰는 계속 이어졌다. 어떤 날은 모두 소풍 가는 기분으로 대전까지 다녀왔다. 대덕 연구 단지 안에 대림 산업 건축 환경 연구 센터가 있었기 때문이다. 일반 건물에 비해 에너지를 80퍼센트 절약하고도 유지되는 건물 곳곳에 숨어 있는 대림의 기술을 마주할 때마다 우리는 탄복했다. 어떤 날은 직접 고객들과 만나며 오렌지 서비스를 해주시는 오렌지 매니저를 만났고, 어떤 날은 재개발 현장에서 조합원을 설득하시는 개발 사업팀 사람을 만났다. 회사 사장님은 대림 산업의 부회장님을 만나 이야기를 나눴고, 우리는 주부들을 상대로 e편한세상에 대한 이미지 조사를 하고, 용인에 있다는 에코 3리터 하우스까지 방문했다. 그러니까 우리는 e편한세상에 대해 조금이라도 알 수 있는 모든 사람을 만나려 했고, e편한세상과 조금이라도 관련이 있는 모든 곳에 가려고 했다. 광고주가 우리를 믿는 만큼, 우리도 더 열의를 불태우려 했다.

그런데 신기한 일이었다. 그 모든 사람들에게서 우리는 동일한 자부심을 느꼈다. 우리가 지금껏 봐 온 국내 어떤 유수의 기업에서도 이런 자부심은 느껴본 적 없었다. 자부심은 강제로 생기는 게 아니다. 깊은 곳에서 우러나오는 것이지. 그들 모두가 마치 짠 것처럼 e편한세상에 대해 같은 말을 했다. 진정성을 가득 담아서. 진심으로 자랑스러워하며. 동시에 이렇게나 좋은 회사가 이렇게나 안 알려져 있다는 사실에 대해 진심으로 안타까워하며. 그리고 그들 모두는 우리에게 같은 당부를 했다. e편한세상본사의 상무님부터 홍보 담당자는 말할 것도 없고 어제 만난 연구소의 박사님은 물론 최전방인 재건축 현장에서 일하는 분까지 모두. 마치 모두가 짠 것처럼.

"제발, 좋은 광고 만들어 주세요."

몇 주간의 인터뷰를 마지막으로, 바통은 이제 우리에게 넘어왔다. 우리가 잘하는 일만 남았다. 어떻게 하는 게 잘하는 건지는 몰랐다. 그냥 잘하고 싶다는 마음만 굴뚝같았다. 그러니 어찌 잘 될 것이라고 믿는 수밖에 없었다.

광고할 돈 있으면 좋은 아파트를 짓지
2009년 4월 2일(목)

드디어 수업 시간이 끝났다. 선생님은 더 이상 없었다. 학생들끼리 모여 지금까지 배운 내용을 총정리했다. 지금까지 배운 것을 꼭꼭 씹어서 소화해야 했다. 그래야 좋은 광고를 만들 수 있으니까. 광고할 돈 있으면 좋은 아파트를 지으라는 말을 수시로 하는 사장단을 설득하려면, 완벽한 광고를 설계해서 제시해야만 했다. 자, e편한 세상을 꼭꼭 씹어 먹어 볼까?

지금까지의 인터뷰들을 통해 우리가 깨달은 것은 e편한세상의 가장 강력한 무기는 모델도 고급감도 아니고, 강력한 팩트들이란 것이었다. 10cm 더 넓은 주차장, 3중 슈퍼 창호, 3리터 하우스 등 소비자들이 알아주기만 한다면 이만한 무기는 없었다. 하지만 무턱대고 팩트 광고를 하기에는 두 가지 문제점이 있었다. 하나는 이미 e편한세상이 팩트를 바탕으로 광고를 만들었다가 실패한 경험이 있다는 것이었다. 2002년에 채시라가 나온 오렌지 체크리스트 광고가 바로 그것이었다.

"팩트 광고라고 해서 꼭 오렌지 체크리스트 같은 광고만 있는 건 아니잖아요. 그것보다 잘 만들면 되잖아요. 이를테면 현대카드처럼. 현대카드도 이미지 광고는 절대 안하고 팩트만 가지고 광고를 하잖아요. 옆면에 컬러를 넣었다는, 누가 봐도 아무것도 아닌 팩트 하나로 그런 광고를 만들어 내는데 우리라고 못할 게 뭐 있어요?"

여기에 또 하나의 문제점이 있었다. 이게 카드 광고가 아니라 아파트 광고라는 점이었다. 물론 팩트를 바탕으로 현대카드처럼 좋은 광고를 만들 수도 있다. 하지만 현대카드와 e편한세상은 달랐다. 우선 가격부터 차원이 달랐다. 현대카드는 제 아무리 비싼 블랙카드라 해도 연회비 100만원이면 될 일이다. 하지만 e편한세상은 아무리 작은 평수라도 억 단위였다. 억 단위의 물건을 구매할 때는 사람들의 태도도 달라진다. 이제껏 보지 못한 신중함을 기할 것이다. 다시 말하면 작은 팩트들로 그 사람들을 설득하는 건 어려울 수 있다는 이야기였다.

"아, 진짜, 우리도 모델을 고려해 봐야 하는 건 아닐까요? 재개발 현장에서 일하시는 분이 말했잖아요. 유명 모델이 사람들에게는 효과가 있다고. 아무리 우리가 팩트를 잘 이야기해도 안 먹힐 가능성이 너무 높아요. 사람들은 결국 진실 대신 이미지를 택하고 있잖아요. 자기 인생에서 가장 큰 쇼핑을 하면서 이미지를 먼저 본다는 게 이해가 안 되지만."

"모델을 쓰자는 주장엔 광고주를 설득할 논리가 없어. 모두가 모델에 혈안이 되어 있을 때도 고집스럽게 모델만은 안 썼던 회사야. 그런 사람들에게 모델을 설득하려면, 우리가 완벽한 논리로 무장이 되어 있어야만 될 거야. 그런데 우리 자신도 모델을 쓴다는 건 용

납이 안 되잖아. 그리고 이미지만으로 사람들이 아파트를 선택한다는 것도 틀린 말이야. 실은 입지라든가 교육 환경, 대중 교통같이 광고로는 해결이 안 되는 무수한 변수들이 아파트에는 작용하고 있거든. 당장 나만 해도 집을 구해야 된다면 부동산에 가서 "무조건 e편한세상으로 보여 주세요."라고 하진 않을 거야. 아무리 e편한세상이 좋다는 것을 누구보다 잘 알고 있지만 말야. 아파트에는 진짜 다양한 변수가 작용하고 있어. 광고를 할 필요가 있나 싶을 정도로."

기획팀에서 자료를 내밀며 반론을 제기했다. 계속 광고를 쉬다가 최근에 적극적으로 광고를 집행한 한 아파트 브랜드에 관한 분석이었다. 광고 전에 비해 전반적으로 호감도나 브랜드 파워 수치가 많이 올라 있었다. "이 자료를 보면 아시겠지만 또 광고 탄력도가 아주 없다고는 말 못해요. 여기에 우리의 딜레마가 있는 것 같아요." "그러게요. 도대체 뭘로 광고를 해야 할까요?" 그때였다.

"'Truth' 캠페인을 생각해 봤는데요. e편한세상이 아파트에 대한 진실을 알려 주는 건 어떨까요? 지금껏 우리가 몰랐던. 그리고 지금껏 우리가 가지고 있던 아파트에 대한 허상을 깨주는 거죠."

"그거 괜찮네. 예전에 미국 금연 캠페인 슬로건이 'Truth'였는데, 그걸 참고해 보는 것도 좋을 것 같네."

AE도 이 의견에 힘을 실어 주었다.

"그거 괜찮은 것 같아요. 'Truth'로 초반에 정체된 아파트 시장에 돌을 하나 던지는 거죠. 그리고 이번에 PT를 할 때 장기적인 그림을 그려 줘야 할 텐데, 1단계를 지금 말한 것처럼 '아파트의 진실'에서 시작한다면 아마도 2단계는 'e편한세상은 이렇다'라는 광고를 하고, 그렇게 긍정적인 이미지를 만들어서 내년 뚝섬e편한세상 분양에 힘을 실어 주는 거죠. 뚝섬 e편한세상이 3단계가 되는 거고요."

그렇게 한 시간 정도 제작과 기획팀이 모여 첫 킥오프미팅을 가졌다. 그리고 그 회의가 끝날 무렵 이런 결론을 내렸다. 모델로 안이하게 문제를 풀지 말자. e편한세상은 '생각들이 모인 집'이다. 기술의 프리미엄은 물론 생각의 프리미엄도 확보한 집이다. 어쩌면 e편한세상이 지금까지의 아파트에 대한 허상을 깨트려 줄 수도 있다. 장기적인 관점에서 광고 전략을 짤 필요가 있다.

그리고 마지막으로 우리가 내린 결론은, 2주간 우리가 광고주에게서 받은 감동을 고스란히 광고로 옮길 수만 있다면 아마도 그게 가장 훌륭한 광고가 될 것이라는 사실이었다.

비슷하게 갈 바에야 아예 안 가는 게
2009년 4월 7일(화)

"문제는 래미안인 것 같아요."

아이디어를 내려고 자료를 꼼꼼히 훑어보고, 인터넷을 열심히 뒤져본 결과 문제는 래미안이었다. 2002년까지 TOM(Top Of Mind, 즉 '아파트 브랜드'를 물었을 때 사람들이 가장 먼저 대답하는 브랜드로서 사람들의 마음속에 1위를 차지하고 있는 브랜드쯤 되겠다.) 2위였던 브랜드가 2003년 1위로 치고 올라오더니 좀처럼 1위의 자리에서 내려가지 않고 있었다. 내려가기는커녕, 5퍼센트던 2위와의 격차가 이젠 20퍼센트 이상까지 벌어진 상태였다. 2008년 TOM스코어를 보면 1위인 래미안은 30.8퍼센트, 2위인 자이는 9.6퍼센트. 물론 이 경쟁에서 e편한세상은 저 멀리 있었다. 6.4퍼센트로 6위. 초라한 성적표였다. 모두가 프리미엄을 외칠 때 프리미엄 이야기를 안 한 결과였다.

1위가 1위의 자리를 더 공고하게 지켜내는 것. 그게 뭐가 문제냐고 반문할 수도 있다. 하지만 자세히 살펴보면 이 경우에는 1위가 만들어 놓은 싸움의 판 위에서 2, 3, 4, 5위 모두 싸우고 있는 게 문제였다. 모두가 1위가 만들어 놓은 '프리미엄'이라는 싸움의 판에서 싸우고 있었으니. 다른 회사가 아무리 광고를 해도 결과적으로는 1위의 프리미엄을 높여 주는 기능을 하게 되는 것이었다. 그렇다면 우리는 냉정하게 판단을 내려야만 했다. 아무리 프리미엄을 잘 이야기해도 1위를 이길 수는 없었다. 그게 현실이었다. 이 판에서 이기겠다는 건 비현실적인 목표였다. 그 때 말없이 조용히 앉아 있던 카피라이터가 동그라미와 선 하나를 그렸다. 그러더니 선 반대쪽에 점을 하나 찍었다. 그림을 내밀며 카피라이터가 말했다.

"그러니까 이렇게 되면 되는 거잖아요. 래미안과 아이들이 왼쪽에 모여 있다면 우리는 선을 긋고 반대쪽에 있으면 되는 거잖아요."

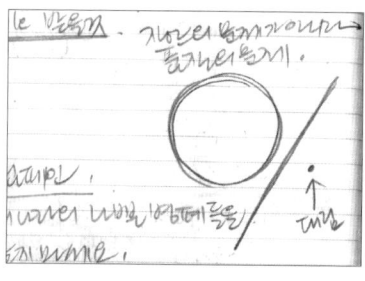

그렇다. 비슷하게 갈 바에야 아예 안 가는 게 나았다. 이왕 갈 거라면 다르게! 그렇게 우리는 우리만의 땅을 구축해 나가면 되는 일이었다. 분명 한 번에 이루어질 일은 아니었다. 하지만 아예 불가능한 일은 아니었다.

그렇다면 질문은 다시 원점으로 돌아온다. 도대체 e편한세상은 무엇에 대해 이야기를 해야 하는가? 결국은 품질이었다. 우리가 지난 2주 동안 가장 감동을 받았던. 하지만 2주의 교육을 받은 우리 머릿속에 있는 e편한세상의 이미지와 소비자의 머릿속에 있는 e편한세상의 간극은 너무 컸다. 그 간극을 메우려면 품질을 말하더라도 다른 방법을 써야만 했다. 어떤 방법?

누군가가 말했다. "e편한세상의 이야기를 듣고 처음 생각난 기업은 혼다였어요. 혼다도 일본 안에서는 1위 자동차 기업이 아니거든요. 그런데 혼다는 왠지 본질을 잡고 있는 것 같은 느낌이 있어요. 'Power of Dream'이라는 슬로건을 보면, 그게 명확히 드러나죠. 'Dream'이라는 축을 가운데 놓고, 자동차는 물론 로봇도 만들고."

"아시모요?"

"네. 아시모. 특히 혼다에서 만든 「Dream the Impossible」 홍보 영상 보셨어요? 그거 보면 단순히 자동차를 파는 기업이 아니라는 게 명확히 드러나요. 한 번 보세요."

"혼다라…… 분명 e편한세상에 시사하는 바가 있는 것 같아요. 단순히 폼을 잡기보다, 본질을 잡는 거잖아요. 실은 e편한세상에 지금 필요한 것도 본질을 잡는 거거든요."

그 다음엔 본질을 어떻게 잡을 것인가에 대한 논의가 이어졌다. 사람들이 아파트의 본질은 보지 않고 투자 가치만 논하고 있는 지금, 아파트 자체의 목소리를 빌어 아파트의 본질에 대해 이야기 해 주는 게 어떻겠냐는 이야기가 나왔다. 또 다른 누구는 우리가 e편한세상을 알게 되면서 서서히 아파트에 대한 생각이 바뀐 것처럼, '최기자'라는 가상의 인물을 내세워서 대립을 알고 변해 가는 모습을 보여 주는 게 어떻겠냐는 이야기를 했다. 또 다른 누구는 지금까지 몰랐던 아파트의 진실에 대해 이야기하는 'Do you know?' 캠페인은 어떻겠느냐 제안했다.

본질, 진실과 같은 단어들이 난무하는 진지한 회의실 책상에 누가 다시 찬물을 끼얹었다.

"그런데요……우리가 이렇게 사람들의 속물 근성을 무시해도 될까요? 우리가 아무리 본질을 말해도 사람들은 결국 자기들이 듣고 싶은 샤방샤방한 이야기를 하는 아파트를 선택하지 않을까요? 지금 우리가 가려는 길은 위험한 것 같아요."

"속물 근성 중요하죠. 사람이 어떻게 속물 근성을 단번에 버리겠어요? 저도 그런 건 기대 안 해요. 그러니까 단기 광고로 그 모든 것을 변화시키겠다는 마음 자체를 버려야 하는 게 아닐까요?"

팀장님의 그 말에 AE팀장님도 적극 거들었다.

"그래서 장기적인 시각에서 캠페인의 판을 짤 필요가 있어요. 하지만 1단계의 선언 혹은 문제 제기가 노이즈를 일으키지 않으면 다음 이어질 e편한세상 광고 전체가 말발이 안 먹힐 위험이 있어요."

팀장님이 다시 말을 이었다.

"맞아요. 그래서 제가 지금 생각하는 건 'Dream'만큼이나 큰 뭔가예요. 혼다가 테크놀로지에서 출발했지만 'Dream'이라는 큰 콘셉트, 본질을 뽑아낸 것처럼…… e편한세상이 '쉼'이라는 단어로 광고를 한 것을 보면 그들도 본질을 잡고 싶어 하는 욕구가 있을 거예요. 하지만 '쉼'같은 단어에서는 답이 안 나올 것 같아요. 적어도 유나이티드 테크놀로지가 그랬던 것처럼 인생에도 유효한 철학을 던져야 할 것 같아요."

카피라이터가 고개를 갸웃하며 물었다.

"『카피, 카피, 카피』에 나온 광고들처럼요?"

"응. 언뜻 보면 아파트 본질을 이야기하는 카피지만, 자세히 뜯어 보면 인생의 가치에 대한 화두인 거지. 단순한 팩트 광고를 넘어서서 화두를 던져야 할 것 같아."

'본질'을 이야기하면서 아파트 광고의 새로운 '기준점'을 제시하면서, 자연스럽게 '붐업'도 되고 그래서 사람들의 입을 타고 '노이즈'를 일으키며, 그리하여 새로운 '영역'을 개척하는 광고. 뭔 놈의 그런 광고가 다 있어? 버럭 소리를 지르고 싶었다. 이틀 동안 AE들과 제작팀이 모여 회의를 한 결과가 이거였다. 그러나 어쩌겠는가. 이미 사람들은 이렇게나 높은 기준을 세워 놓고 이게 당연하다고 생각하고 있는걸. 지금부터 2~3일 정도는 각 팀이 나눠져서 따로 회의를 진행하기로 했다. 그렇게 헤어져서 아이디어를 발전시킨 후에 다시 만나면, 또 다른 시너지 효과가 일어날 것이다. (일어나겠지?) 서로를 믿기로 하고, 오늘 회의는 끝.

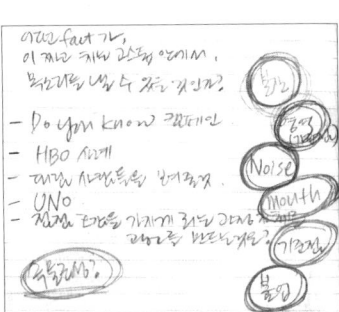

노트에, 그 날 회의의 요점이 되는 단어들을 적어 보았다. 답답했다. 좋다는 단어는 다 갖다 놓은 것 같았다. 그런데 이 중에서 버릴 수 있는 단어는 또 하나도 없었다. 어려운 문제가 주어졌다. 답답했다.

아이디어, 봇물처럼 터져나오다

2009년 4월 9일(목)

오늘은 제작팀끼리 회의를 하는 날. 두 번의 회의를 거치면서 우리의 아이디어가 시작할 곳은 명확해졌다. 바로 '진실 혹은 진심'. 아무도 말하지 않았지만 모두의 아이디어는 그 지점에서 출발하고 있었다. 회의 단 두 번 만에 이미 큰 줄기가 잡힌 것이다. 그래서 회의는 늘 놀랍다.

"아파트가 웃기는 게, 위층에서 애들이 뛰면 아래층 조명까지 흔들리는데 집값 떨어질까봐 말 못하잖아요."

듣자마자 우리 집 생각이 났다. 시끄러워서가 아니라 진짜 조명이 떨어질까 무서워서 한밤중에 인터폰으로 윗집에 연락한 일, 일요일 아침이면 늘 윗집 아이들의 뛰는 소리에 잠을 깼던 일 등등. 찾아보면 아파트의 진실에 대해 이야기 할 건 많을 것 같았다.

"'tell the truth'라는 사이트를 만드는 건 어떨까요? 자기 아파트의 진실에 대해 말하는 사이트인 거죠. 이를테면 '윗집에 손님이 왔는지 안 왔는지 내가 알 필요가 있나요? 아랫집이 부부싸움을 하는지 안 하는지 내가 알아야 할 필요가 있나요? 더 큰 문제는 이런 사실에 대해 당신이 숨기고 있는 것. www.tellthetruth.com'"

"tellthetruth.com 사이트 만드는 거 재미있네."

"아파트에 대해, 마이클 무어 같은 다큐멘터리를 제작하는 것도 좋을 것 같아요. 아파트의 진실에 대해 고발하는 거죠."

"그 이야기 들으니까 생각나는 게, 리콜/하자 보수/AS와 같이 아파트와 절대로 관계가 있으면 안 되는 단어들로 말하는 건 어떨까?"

아이디어는 계속 쏟아져 나왔다. 구제불능 남편들을 모아 놓고 훈련을 시키는 리얼리티 프로그램처럼 아줌마들을 모아 놓고 진짜 아파트에 대해 교육을 시키자. 주부 커뮤니티를 공략하자. 그러면서 '아파트는 여자가 평생 할 수 있는 가장 큰 쇼핑'이라는 명언도 덧붙였다. 아이디어는 봇물처럼 쏟아져 나왔다. 지금까지 아파트 광고에 대한 불만과, 이번 기회에 바로잡아 보자는 책임감(?)이 더해진 걸까. 아니면 어쩌다 보니 오늘이 아이디어가 많이 나온 날인 걸까. 어쨌든 아이디어는 계속 쏟아졌다.

"사람들이 진짜 웃긴 게, 집에서 드레스 입을 것도 아니고 매일 파티 열 것도 아니면서 왜 그런 광고를 보고 반하는 걸까요?"

"그러니까 말이야. 결국 아파트의 진실에 대해 가장 잘 아는 사람들은 경비 아저씨와 중개업자 같은 사람들이 아닐까 싶은 생각까지 들더라고. 아파트에 직접 사는 사람들은 집값이 떨어질까 봐 못하는 이야기도 그 사람들은 딱 깨놓고 다 말할 수 있으니까. 그 사람들을 인터뷰하는 건 어떨까?"

"어떤 사람을 찾아서 어떤 이야기를 하게 할 것인가가 관건인 것 같아요. 인터뷰라는 형식은 기본적으로 좋을 것 같고요. 저도 비슷한 생각을 했던 게, 여러 차례 인터뷰를 진행하면서 우리가 받은 감동을, 그들의 진심을 광고로 전달할 수만 있다면 그게 가장 성공적인 광고가 될 거 같더라고요. 그 말 기억나세요? 대전 연구소 갔을 때 박사님이 했던 말. '결국 누군가는 해야 하는 일이니까요. 우리가 먼저 하면 다른 곳에서도 다 따라와요. 그럼 종국적으로는 다 같이 에너지를 절감하는 일이니까, 좋은 일이죠.' 처음 들었어요. 그런 말."

"맞어. 그 말 진짜 인상 깊었어. 우리 인터뷰하면서 좋았던 말들, 우선 모아 보자. 테스티모니얼(유명한 인물 혹은 신뢰할 수 있는 인물이 직접 출연해 상품의 효능에 대해 말하는 광고)을 하는 것도 방법일 것 같아."

다른 사람이 금세 반기를 들었다.

"테스티모니얼이요? 아파트 광고를요? 아무리 잘 세팅해 놓고 찍어도 다 짜고 치는 고스톱 같은 느낌 나는 거 아시잖아요. 고급감은 또 어떡해요. 다른 아파트 광고에서는 성이 나오는데, 우리는 모델도 아니고 일반 사람들을 써서 테스티모니얼을 한다고요?"

"문제는 문제지. 그런데 테스티모니얼이 매우 잘 나온다면 그만한 광고가 없을 것 같은데?"

한 번 반론에 또 금세 꼬리를 내렸다.

큰 물줄기가 잡혔지만 그 물줄기를 어디로 흘려보낼 것인가의 문제는 풀리지 않은 상태로 남아 있었다. 테스티모니얼 방향? 'Truth' 캠페인 방향? 알 수 없다. 동서남북 어디로든 다 흐를 수 있는 그 물줄기, 아직은 좀 더 가둬 놓기로 했다. 어느 시점이 되면 물줄기가 방향을 잡고 알아서 흐르기 시작할 것이다. 자연스럽게. 신선하게. 그러니 조금 더 두고 보기로 하자. 이제 우린 겨우 첫 아이디어 회의를 끝낸 셈이니까.

대림
e편한세상
PT

팀장님의 직감을 믿어야 할까?
2009년 4월 13일(월)

지난 금요일의 일이다. 팀장님이 아침에 또 큰 소리로 "민철아!" 부르셔서 얼른 뛰어갔다.

"생각해 봤는데, 테스티모니얼이 답일 것 같아."

"……e편한세상이요?"

"응. 음……사람들이 많이 반대하겠지? 지금까지 테스티모니얼 광고를 보면, 사람들의 반대가 무리도 아니지. 그런데 테스티모니얼인 것 같아. 왠지 그런 확신이 들어."

마음속에서는 나의 반대도 이미 시작되었다. 하지만 나는 착한 팀원이니까(여기까지 쓰는 순간 "니가?"라며 화들짝 놀라는 사람, 팀장님 포함 102명쯤이 생각난다. 하지만 이건 내 책. 무시하도록 하자.) 잠자코 그 다음 말을 기다렸다.

"그런데 이걸 답으로 만들려면 방법을 좀 찾아봐야 할 것 같아."

"네……."

"하영희 씨 어때?"

"지난번에 우리 회사에 오신 개발 사업팀 분이요?"

"응. 그 분 이야기 중에 건질 게 많았던 것 같아."

"다음 주 월요일에 그분이랑 e편한세상 아파트 단지 둘러보기로 했는데요?"

"아, 맞다! 그럼 그 때, 촬영하자. PD한테 연락 좀 해봐."

"촬영이요? 카메라 들이대면 너무 얼어붙지 않을까요? 우리가 그 때 본 자연스러운 모습은 안 나올 것 같은데요."

"아 그렇겠다. 그냥 6mm 카메라로 촬영하면 안 될까? 광고에 쓰려고 한다는 말 빼고, 그냥 기록하는 거라고 말하고."

"PD에게 한 번 연락해 볼게요."

"그리고 팀 사람들한테 테스티모니얼 방법 좀 찾아보라고 말해 줘."

"네."

여기까지가 지난 금요일의 일. 월요일인 오늘 오후, 카메라까지 대동한 e편한세상 아파트 단지 취재가 있을 예정이었다. 그러니 우리는 오전 일찍, e편한세상 아이디어 회의를 시작했다.

이미 테스티모니얼에 대한 지시를 모두 전달받은 상황이라, 첫 아이디어도 테스티모니얼에 관한 거였다. 누가 상기된 얼굴로 이야기를 시작했다.

"생각해 보니, 제가 작년에 제일 좋아했던 광고도 테스티모니얼이더라고요. 인도네시아 'color blind' 광고. 이 광고를 다시 보다가 느낀 건데, 테스티모니얼을 하려면 아이들을 잘 써야 할 것 같아요. 이를테면 아이들을 상대로 집에 관한 생각을 물어 보는 거죠. 그 대답은 왠지 자연스럽게 집에 대한 본질과 연결될 것 같아요."

다들 비슷한 생각이었다. 테스티모니얼을 자연스럽게 하는 방법을 생각하다 보니 대부분의 사람들은 '아이'라는 결론에 도달했다. 아이들의 도시를 실제로 만들고 그 안에서 아이들이 자연스럽게 행동하는 모습을 찍어 보자. 이를테면 아이들에게 깜깜한 지하 주차장을 보여 주면, 아이들은 "밖에 해는 쨍쨍하니까 해를 들고 들어오면 안돼요?"(이건 물론 우리의 머릿속에서 나온 아이들의 대답이니, 아이들은 이보다 훨씬 더 기발한 생각을 할 것이라 믿고서!)라고 말할 거라는 게 아이디어의 요지였다. 그렇게 아이들의 기발한 대답 뒤에 슬로건을 '아이의 생각으로 집을 짓습니다'라고 붙이면 완성!

아트디렉터는 아트디렉터답게, 테스티모니얼의 그림에 대한 아이디어를 가지고 왔다. 테스티모니얼이라고 늘 정직한 그림만 보여 주는데, 그러다 보니 테스티모니얼 자체가 진부해졌다는 이야기였다. 그러면서 그가 내민 자료를 보니, 세련된 테스티모니얼도 가능하겠다 싶었다.

팀장님은 여기에 또 하나의 아이디어를 보탰다.

"어린아이가 되었든, 하영희 씨가 되었든, 대전 박사님이 되었든, 인터뷰 하는 과정 자체가 화제가 되었으면 좋겠어."

테스티모니얼이 진부하다는 한계를 안고 있다면, 테스티모니얼 광고를 만드는 과정 자체를 진부하지 않게 하면 되지 않겠냐는 의견이었다. 그 말에도 일리가 있었다.

한 카피라이터는 '아파트의 진실'로 방송국 다큐멘터리 3부작을 만들어 보자고 했다. 상업적 메시지가 없더라도, 사람들에게 아파트에 대해서 다시 한 번 생각할 수 있는 기회를 줄 수 있다면 그것만으로도 훌륭한 광고가 될 것이라는 판단에서였다. 한 아트디렉터는 'test living'을 제안했다. 테스트 드라이빙처럼 사람들에게 e편한세상에 단 며칠만이라도 살 기회를 준다면 그 자체만으로도 화제성을 충분히 담보할 수 있을 거라는 이야기였다. e편한세상은 아파트 품질에 자신이 있으니까.

2009년 4월 13일(월)
역삼 e편한세상/신도림 e편한세상 현장답사 with 개발 사업팀 하영희 씨

"도급율 1~5위까지는 솔직히 다 똑같아요. 이제 얼마나 미래를 내다보느냐지. 우리는 고효율 저에너지라고 생각해요."

"상가 분양을 하면서 남은 이익금을 모두 조경에 투자했잖아요. 그래서 이 나무들 봐요. 대통령상까지 받았어요. 하여튼 대림은 알아 줘야 해요. 그런 면에선. 아끼고 잔머리 굴리고 그런 거 하나도 없어요."

"우리가 하고 나니까 다 따라 하더라고요. 그래서 이젠 안 되겠다 싶어서 다 특허 등록해요! 겉에 칠한 색깔까지!"

"TV에 유명한 여배우들이 나와서 말해 주면 우리는 일하기 쉬워요. 그래도 살아본 사람들은 지금 광고도 좋대요. 살아보니까 광고에서 하는 말이 의미가 있는 거죠."

"대림은 뭐든지 최초예요. 재건축도 최초, 재개발도 최초, 리모델링도 최초, 브랜드도 최초."

진짜 e편한세상을 경험할 기회를 주자는 아이디어와 반대로 생활 곳곳에서 e편한세상을 만나게 해보자는 아이디어도 나왔다. 일반 건물 주차장에 '주차 공간이 좁아서 답답하시죠? e편한세상의 주차 공간은 10cm 더 넓습니다.'라는 광고를 붙여 놓고 지하철 통로에는 '낮인데 이렇게 인공 조명을 켜 두는 건, 낭비 아닐까요? e편한세상은 태양광으로 지하 주차장을 밝힙니다.'라는 광고를 붙여 놓는 것이다.

오늘 회의에 나온 아이디어들도 전부 꼼꼼히 기록해 놓았다. 언뜻 보면 제각각인 아이디어들이었지만, 그 모든 아이디어들이 합쳐져서 생각하지도 못한 큰 줄기로 합쳐질 수도 있는 일이니까. 어쨌거나 실제 광고가 나가는 그 날까지 희망의 끈을 버려서는 안 될 일이다.

진실 혹은 진심
2009년 4월 14일 (화)

소화 불량에 걸리기 일보직전이었다. 너무 많은 정보가 우리 머릿속에 붕붕 떠다니고 있었다. 어제 현장 답사까지 하고 나니 이 증상은 더 심해졌다. 테스티모니얼에 기대를 하고 촬영까지 해보았으나, 15초로 잘라 놓고 보니, 여느 테스티모니얼 광고와 별반 다를 게 없었던 것이다. 테스티모니얼에만 기댈 수 없다는 결론은 금세 내려졌다. 다른 방법이 필요했다. 얼른 우리가 지금껏 섭취한 정보들을 토해놓을 곳을 마련해야 했다.

팀장님이 소화제를 처방하기 시작했다. 테마 음악은 하나 있어야 겠다고. 음악? 그래, 음악이라도 먼저 정해 놓는 게 방법일 수도 있지. 다음엔 카피라이터들을 보고 매니페스토를 써 보자고 말했다. 다큐멘터리 시놉도 한 번 써 보라고 덧붙였다. 지금껏 우리가 취재한 개별적인 팩트들, 그 저변에 깔려 있는 e편한세상의 정신을 카피로 써 보자는 의미였다. 그렇게 기댈 언덕을 마련해 두면 지금까지 나온 아이디어와 앞으로 나올 아이디어를 판단하기 더 쉬워질 터였다. 막연하게 아이디어를 계속 내는 것보다는 이편이 나았다. 어차피 처음부터 예상은 했다. 기발한 아이디어 하나로 끝날 캠페인은 아니다. 팀장님의 제안도 거기서 끝나지 않았다. 또 하나를 덧붙였다. 15초 광고는 버리자, 30초로만 광고를 하자는 제안을. AE들도 30초 광고에는 동의했다. 시간에 쫓겨 할 말을 못하느니 시간을 충분히 가지고 한 번을 봐도 임팩트가 있는 광고를 만드는 편이 낫다는 건 AE들도 계속 생각해 오고 있던 바였던 것이다.

AE들은 또 다른 소화제도 처방해 주었다.

"각 팀에서 회의한 결과를 보면 아시겠지만 'Truth'를 해석하다 보니 '진실'이라는 말과 '진심'이라는 말이 뒤섞여서 사용되고 있어요. 그런데 잘 생각해 보면 '진실'보다는 '진심'이죠. 우리가 지금까지 느낀 e편한세상에도 '진심'이라는 키워드가 맞고, '진실'이라는 키워드로 가게 되면 싸움밖에 안돼요. 그런데 '진심'에는 사람들의 마음을 움직일 수 있는 힘도 있잖아요. 워낙 진심이 부족한 세상이기도 하고. 화장 지우고, 장식 다 들어내고 그리고 다시 보자고 말하는 거죠."

모두 고개를 끄덕였다. 지금까지 우리가 본 e편한세상이라면 '진실'보다는 '진심'이 어울렸다. 그렇다면 어떤 진심이어야 하는가? AE들이 다시 한 번 처방전을 손에 쥐어 주었다.

"아마 우리가 생각하는 진심의 수위와 사람들이 생각하는 진심의 수위는 다를 거예요. 광고 때문에 아파트 브랜드 선호도가 즉각적으로 올라가는 것을 보면, 부인하고 싶겠지만 프리미엄이라는 메시지도 시장에서는 통한다는 이야기거든요. 이런 상황에서 e편한세상의 진심이 빛을 발하려면 팩트가 뒷받침되어야만 할 거예요. 팩트가 뒷받침해 주지 않으면 껍질뿐인 프리미엄에 밀려 버릴 수도 있어요."

숙제는 점점 더 명확해지고 있었다. 그럴수록 우리의 마음도 점점 더 편해지고 있었다. 우선 '진실'이든 '진심'이든 우리는 e편한세상이 잊혀져 가는 브랜드라는 사실을 명심해야만 했다. 아디다스가 나이키에 계속해서 밀리다 'Impossible is nothing' 캠페인을 시작하면서 사람들의 인식 속에서 선두를 차지했듯, e편한세상의 광고도 사람들의 주의 환기를 시킬 수 있어야만 했다. 그게 테스티모니얼로 될 일이라면, 테스티모니얼 광고를 만드는 과정 자체가 사람들의 화제에 오르도록 해야 했고, 또 다른 방법이 채택되어도 역시 사람들의 입에 오르내려야만 했다. 그 과정에서 필요하다면, e편한세상의 철학을 전달하는 광고와 팩트를 전달하는 광고를 이원화시킬 수도 있겠다고 합의를 봤다.

제작팀은 카피를 쓰고, 아이디어를 더 내고, 음악을 찾기로 했다. AE들은 지금까지 나온 아이디어들을 바탕으로 대략의 캠페인 로드맵을 짜 보기로 했다. 다큐멘터리를 만든다면 그게 언제 온에어가 되어야 할지, 그 후에 얼마간의 기간을 두고 우리의 광고가 온에어 되어야 할지 모든 계획을 짜 놓고 보면 캠페인의 윤곽은 더 명확해질 테니. 여기까지 결론을 내리고 회의는 끝났다. 소화제 반 병 정도 먹은 느낌이었다. 매니페스토까지 완성하면 (그걸 쓰는 과정에서 또 소화 불량에 걸릴 가능성이 더 높지만) 그땐 나머지 반 병을 마신 느낌이겠지. 그나저나, 매니페스토, 어떻게 쓰나?

다시 짐은 카피라이터들에게로
2009년 4월 17일(금)

우리는 모두 빈손이었다. 사흘 만에 재개된 회의였는데도 모두 빈손이었다. 도대체 그런 팀원들을 데리고 어떻게 일하냐고 팀장님에게 불쌍한 눈길을 보내는 건 금물! 지난 사흘 동안 우리는 다른 프로젝트 때문에 몹시 바빴다! 발등에 떨어진 불부터 끄고 나니 e편한세상도 급한 불이라는 것을 깨달았다. 그래, e편한세상……우리 어디까지 이야기했더라?

래미안 이하 60개 브랜드와 e편한세상을 구분 지을 수 있는 광고를 만들 것! 화두는 '진심'. 그걸 잘 전달하는 방법은 단단한 매니페스토가 될 수도, 다큐멘터리가 될 수도 있음. 문제는 잘 전달하는 것. 15초 광고를 포기할 수도 있음. 30초 광고가 필요하면 30초 광고를 만들면 됨. 하지만 우리 하고 싶은 이야기만 해서는 30초를 끌고 나갈 수 없음. 30초 내내 시선을 잡을 수 있는 요소가 반드시 필요함. 여기까지.

"지난번에도 말했지만, 이상하게 자꾸 아이들이 떠올라요."

"아마 진심이라는 화두 때문에 그럴 거야."

"그런데 자꾸 아이들이 떠오르는 걸 보면 거기 답이 있을 것 같지 않으세요?"

"응. 그럴지도. 음……매니페스토를 아이들 목소리로 써 볼까?"

"어떻게요?"

"단순한 문장으로 3단 논법을 구성해 보는 거지. '해는 밝다. 지하는 어둡다. 밝은 것은 어둠을 밝힌다.' 이런 식으로 e편한세상 지하 주차장을 이야기하는 거지. 개별 팩트들을 이런 식으로 써볼 수도 있을 것 같고, 아님 이런 단순한 문장이 모여서 매니페스토가 될 수도 있겠네. 한 번 써 보자."

역시, 문제는 다시 카피라이터가 매니페스토를 쓰는 걸로 귀결이 되었다. 다음엔 한 아트디렉터가 아이디어를 내놓았다.

"애들은 너무 당연한 것을 질문하잖아요. 애들처럼, e편한세상이 올바르면서 너무나 당연한 질문을 던지는 건요?"

"어떻게?"

"이를테면 햇살이 잘 드는 곳에 '이 햇살이 지하로 들어갈 순 없을까?'와 같은 질문을 던지는 거죠. 매우 상식적이고, 매우 당연한 것을 통해서 주의를 환기하는 거죠."

"지난 회의 때 나왔던 이야기네. 그런데 그런 질문들을 모아서 매니페스토를 만들 수도 있을 것 같아. 카피라이터들 들었지?"

다시 짐은 카피라이터들에게 넘어왔다.

나비효과 아이디어도 나왔다. 윗집 물 내리는 소리 때문에 싸우다가 한 부부가 이혼을 하고, 화가 난 상태에서 차를 몰다가 큰 사고가 나고, 이 때문에 열 받은 사람들이 또 다른 곳에 가서 화풀이를 하고, 그렇게 눈덩이처럼 일이 커져서 결국 지구가 멸망한다는 스토리였다. 사람들의 반응은 뜨거웠다. 그래서 카피라이터 한 명도 이야기를 더했다. e편한세상의 심플한 신발장 덕분에 아침에 출근 시간이 빨라지고, 결국 승진까지 이어진다는 이야기. 가만히 이야기를 듣던 아트디렉터가 "「벤자민 버튼」의 그 장면처럼."이라고 말했다. 그러니 모두 "나도 그 생각했어.", "그래, 그 장면."이라면서 고개를 끄덕였다. 영화를 안 본 나로서는 도무지 짐작할 수 없는 장면이었지만 계속 대화를 경청했다.

팀장님이 아이디어를 더했다.

"SK에너지 작업 같이 했던 감독을 불러 보자. 그래서 방금 우리가 생각한 이 시나리오를 던져 주는 거지. 엄청난 사건을 리와인드 해 보면 원인은 결국 부부 싸움 소리였다는 대강의 시나리오만 일단 들려주면 그쪽에서 재미있게 풀어낼 것 같아. 아파트 층간 소음이라는 무거운 주제를 재치 있게 풀어내는 거지. 한 1분짜리로 만들어서 극장 광고로 틀자. 카피라이터들은 이 시놉 간단하게 써 보고."

그러면 그렇지. 카피라이터 일이 줄어들 리가 있나. 어쨌든 오늘 회의 끝.

양약 처방이 아니라 한약 처방
2009년 4월 20일(월)

　미리 변명을 해 두자면, 정답이라 생각하고 카피를 써 간 건 아니었다. 어떤 카피가 맞는지 어떤 카피가 아닌지 기준점조차 없었기 때문에, 순전히 기준점을 만들기 위해(!) 카피를 써 갔다. 누군가는 고귀한 희생을 해야 하지 않겠는가? 월요일 아침 회의 시간, 카피를 내밀었다. 팀장님은 "웅."이라고 한 마디만 했다. 우린 안다 이미. 팀장님의 저 반응은 '아니다.'라는 말을 대신하고 있다는 걸. 좋으면 "좋은데?"라고 하실 분이었다.

카피 예시 1)

밖이 춥다. 보일러를 틀자.

대신

밖이 춥다. 빠져나가는 열을 줄이자. 창을 3중으로 만들자.

e-편한세상의 생각

카피 예시 2)

지하 주차장은 어둡다. 24시간 불을 켜자.

대신

지하 주차장은 어둡다. 밖은 밝으니 그 빛을 가져오자.

e-편한세상의 생각

"그때 단순한 문장으로만 구성된 카피 이야기했잖아요. 그래서 써 봤어요."

"이렇게 너무 팩트로만 이야기하면, 사람들이 아무도 관심을 안 가질 거야. 우리는 인정하고 싶지 않지만 성이 나오는 광고도 시장에서는 먹힌다는 것을 생각해야 해. 광고에서 사람들의 이기심을 채워 주지 않으면 아마 엄청난 방어벽에 부딪히게 될 거야."

"저도 지금 제가 써 온 카피가 아닌 건 알겠어요. 그런데 그래서 무슨 이야기를 해야 할지 모르겠어요."

"진심에 대한 철학을 던져야 할 것 같아. 뭔가 거대담론. 아파트에 관한 카피 같지만 언뜻 보기에는 인생의 지침서 같은 느낌을 줄 수 있도록. 그래서 학생들은 자기 책상 앞에 붙여 놓을 수 있고, 아빠는 아침에 신문을 넘기다가 스크랩할 수 있는. 유나이티드 테크놀로지 광고처럼. 카피라이터들은 '진심/진실'을 헤드라인이라고 생각하고 거기에 맞는 바디카피를 써 봤으면 좋겠어."

"다시 'Impossible is nothing'이나 'Think different' 쪽으로 가네요."

"말하자면 그런 거지. 물론 이쪽은 양약 처방이 아니라 한약 처방이야. 즉각적으로 시장의 반응은 이끌어 낼 수 없을지라도, 장기적으로 사람들 마음을 움직이는 데 효과적일 것 같다는 거지."

그러면서 팀장님은 즉각적으로 카피를 읊었다. 그동안 인생은 역시나 불공평하다는 생각과(왜 저 분에게만 저런 능력을 주셨지?) 역시 인생엔 공짜가 없다는 생각과(20년 광고했는데 저 정도도 안 되면 불공평하긴 하지.) 딴 생각 말고 얼른 받아 적자는 본능이 합쳐진 우리는 팀장님 입에서 흘러나오는 주옥 같은 카피를 놀라운 속도로 받아 적었다. "예를 들면 이렇다는 거야."라고 덧붙였지만, 20년차 내공의 애드립 카피는 잘 받아 적은 후에 잘 다듬기만 해도 훌륭해진다는 것을 우리는 이미 경험으로 알고 있었다.

manifesto 예시 by 팀장님 (질문을 계속 던지는 방식)

바른가?
우리가 사는 집은 바른가?
우리가 사는 집은 우리 몸에 바른가?
우리가 사는 집은 우리 가족에게 바른가?
우리가 사는 집은 북극곰에 바른가?

manifesto 예시 by 팀장님 (거대담론으로 이끌어가는 방식)

우리 모두의 마음속엔 이미 이것이 살고 있죠.
모를 땐 아무렇지도 않게 살 수 있지만
한 번 알고 나면 결코 거부할 수 없는 것.
이것을 듣는 순간 마음이 먼저 '아!'라고 반응합니다.
이것은 진실.
한 번 알게 되면 결코 무시할 수 없는 힘.
진실은 아름답습니다. 진실은 옳습니다.
옳은 것은 숨길 수 없습니다.
옳은 것은 편합니다.
e-편한세상

슬로건도 여러 개 튀어나왔다. 'This is true', 'Do the right thing' 등. 하지만 슬로건에 대해서도 이미 경험으로 알고 있었다. 억지로 쓴다고 좋은 슬로건이 나오는 것도 아니고, 그렇게 억지로 쓴 슬로건이 핵심을 잡고 있을 가능성도 매우 낮다는 걸. 슬로건은 회의를 계속 진행하다 보면 자연스럽게 나온다는 걸. 그렇다고 해서 이미 나온 슬로건을 버릴 필요는 없었다. 오늘 나온 슬로건들은 모두 다 회의록에 고스란히 기록했다. 그리고 모두 함께 소풍 가는 기분으로, e편한세상 주택 문화관에 견학 갔다. 그렇다! 아직도 우리에겐 공부할 e편한세상이 남아 있었던 것이다!

23년차 카피라이터의 카피
2009년 4월 21일(화)

오전에 회의가 없었다. 편한 마음으로 조금 늦게 나왔더니 팀장님 방문이 닫혀 있었다. 개인적인 일을 하시나보나 생각했는데, 점심 때가 가까워져서 메일이 왔다. 팀장님이 쓴 e편한세상 카피였다. 정신이 번뜩 들었다. 마음 편히 있을 때가 아니었다. 카피라이터 둘과 인턴사원은 그 날 밤 늦게까지 카피를 썼다.

팀장님이 쓴 카피

*

우리 모두의 마음속에는

이것이 살고 있습니다.

이것을 듣는 순간
우리 모두는 "아~" 하게 됩니다.
평소엔 관심 없이 지내다가도
막상 한번 알게 되면

절대 무시할 수 없는 그 무엇.

무엇보다 가치롭고
무엇보다 튼튼하며

무엇보다 아름다운 그 무엇.

이것은 진실-

진실은 옳고
옳은 것은 편안합니다.

진실

*

우리가 사는 집은

우리
회의나
할까?

북극곰에 옳은가?
가끔 묻습니다.

우리가 사는 집은
우리 아이들 미래에
해가 되지 않는가?
가끔 묻습니다.

우리가 사는 집은
우리 몸에 좋은가?
가끔 묻습니다.

친환경, 저에너지, 재활용.
이런 말들을 제외하고
우리의 집은
진정 편할 수 있는가?
늘 묻습니다.

지구는 우리의 부모입니다.
우리의 집은
지구에 효도하고 있는가?
또 한번 묻습니다.

효도

*

손가락 두 개 사이의 거리.

스무 개 정도 모이면
차 한 대 주차할 수 있는 거리.

공간의 효율성을 위해
아파트를 짓는 사람들이
쉽게 포기할 수 없는 거리.

하지만 좁은 곳에 주차해 본 이들에게는,
특히 주차에 자신이 없는 분들에게는
매우 넓게 느껴질 거리. 10cm.

사소하지만 중요한 차이.
작지만 고마운 차이.
고집스런 생각이 만드는 차이. 10cm.

10cm

무엇이, 어떻게, 다른 걸까?
2009년 4월 23일(수)

    팀장님이 8개의 카피를 보냈으니 우리가 화답을 할 차례였다. 카피라이터들이 자신 있게 카피 뭉치를 내밀었다. 이틀 동안 밤늦게까지 열심히 쓴 결과였다. 우리 셋은 활짝 웃는 팀장님을 기대했다. 하지만 팀장님의 표정은 점점 더 어두워졌다. 우리가 쓴 카피를 다시 읽고, 본인이 쓴 카피도 다시 읽고, 고개를 갸웃하더니 긴 침묵의 시간이 이어졌다. 마침내 팀장님은 "이게 아닌데······."라는 말로 입을 뗐다.

    "내가 말한 건 이런 식의 카피가 아니었어."

    "팀장님이 주신 카피 보고, 같은 맥락에서 쓴 카피인데······."

    "그래, 그것도 알겠어. 그 카피를 써 놓고는 '아, 이렇게 쓰면 되겠구나.' 싶었거든. 그런데 여기 있는 카피들을 보니까 '어이쿠, 큰일이다.' 싶어."

    "어떤 부분이요?"

    "이렇게 직접적으로 들어가서는 안 될 것 같아. 아휴, 이래서 내가 카피를 쓰면 안 되는데. 내가 쓴 카피를 토대로 말을 하려니 내 판단이 객관적인지 어떤지 알 수가 없잖아. 그런데 지금 내가 맞다 생각하는 카피는 그저께 내가 쓴 그 카피들 밖에 없으니까······아휴······굳이 말을 해보자면 '소리는 축복입니다. 헬렌 켈러가 그렇게 열망했던.' 이건 소음을 이야기하면서 헬렌 켈러를 데려왔잖아. 다이렉트로 들어가는 게 아니라."

"그럼 비유를 쓰라는 말씀이신가요?"

"아니야. 아니야. 꼭 비유를 쓰라는 게 아니라……. 봐. '10cm. 손가락 두 개 사이의 거리. 스무 개 정도 모이면 차 한 대 주차할 수 있는 거리.' 이렇게 쓸 수도 있는 거잖아."

"……"

"아……. 계속 내가 내 카피를 가지고 말을 하려니까, 진짜 곤란하네. 그런데 니들 그저께 내가 보내 준 카피 보고는 그렇게 쓰면 되겠다 싶었던 거야?"

"네. 그래서 저희가 보기에는 팀장님이 쓴 카피나 저희가 쓴 카피나 크게 다른 것 같지는 않거든요."

"그래?"

"네."

"그런데, 내가 보기에는 다른데?"

"……그럼 어쩔 수 없죠. 다시 써 볼게요."

"어떻게 써야 하는지 알겠어?"

"실은, 정확하게는 모르겠어요. 지금 이 둘의 차이가 뭔지도 모르는 상황이라……."

"그럼 우선 오늘까지 쓴 건 덮어놓고 다시 한 번 써 보자. 쓰면서, 내 카피 자세히 한 번 뜯어봐. 보면 뭐가 다른지 알 거야."

"네."

참담했다. 회의실 문을 나오면서도 끝까지 뭐가 어떻게 잘못 된 건지 알 수 없었다. 고개를 들어 옆의 카피라이터를 바라보니 그의 표정도 나와 크게 다르지 않았다.

"대리님은 뭐가 다른지 알겠어요?"

"아니. 전혀."

"나도. 전혀."

"나 오늘 써 온 카피 괜찮지 않았어?"

"네. 아까 대리님이 카피 읽는데, 아 저렇게 쓰면 되는구나, 싶었다니까요."

"네 카피도 괜찮았거든? 나는 마음에 들었는데."

"그러니까요. 뭐가 문제일까요?"

"그러게. 다시 써 보는 수밖에 없지 뭐."

우리의 양쪽 어깨는 순간 27도 정도 아래로 기울었다.

그 날 카피라이터들이 쓴 카피 中

(앞의 카피들과의 차이가 뭘까?)

*

10분의 1

할로겐등과 LED등의 전기세 차이.

말로는 실감나지 않는 차이.

예를 들자면

안방

작은방

거실

화장실

서재

다용도실

창고

부엌

현관

베란다등 다 켜 놔도

다른집 거실등 하나 값만 내면 되는 차이.

10분의 1

가계부를 훈훈하게 하는 차이.

알면 알수록 크게 느껴지는 차이.

1/10

*

바비큐를 굽는다.

반상회를 한다.

생각에 잠긴다.

구름을 관찰한다.

이어폰을 낀다.

상추를 키운다.

속내를 말한다.

친구를 사귄다.

전기를 만든다.

열효율을 높인다.

에너지를 줄인다.

지구를 지킨다.

이 모든 일이

옥상에서 생긴 일.

옥상에 정원을 만든

e편한세상에서 생긴 일.

옥상

*

필요하지만 감추고 싶은 것도,

필요하지만 보기 안 좋은 것도,

필요하지만 늘 필요하진 않은 것도,

숨기자, 숨기자, 숨기자.

벽 안에도 수납 공간

문 뒤에도 거울 뒤에도

만들자, 만들자, 만들자.

자투리 공간에 선반을 넣고
의미 없는 공간에 의미를 넣자.

수납 공간은
아무리 많아도
또 모자라는 법이니까.

수납 공간

*

프리미엄
이 네 글자를 표현하기 위해
광고에는 궁전이 나오고
주부들은 드레스를 입고
매일 파티를 합니다.

우리는 이런 프리미엄,
거부합니다.

우리
회의나
할까?

대신 우리는 생각의 프리미엄,
환영합니다.

더 따뜻한, 더 시원한
더 절약할 수 있는
그래서 더 편안한
그런 생각들 환영합니다.

떠벌리는 프리미엄에는
현혹되기 쉽지만
생각의 프리미엄에는
감동하기 쉬우니까요

프리미엄

또다시 고배를 마시고
2009년 4월 25일(금)

팀장님이 만족할 때까지 도전은 계속 되었다. 우리는 다시 한 번 카피를 제시했고, 다시 고배를 마셨다. 여전히 이유는 알 수 없었다. 그나마 다행인 건 대리 카피라이터들이 연속해서 고배를 마시는 와중에 인턴 카피라이터의 약진이 돋보였다는 점이다.

*

톱스타가 나왔습니다.

그 사람은 거기에 살지 않습니다.

드레스를 입고 나왔습니다.

하지만 사람들은 집에서 편한 옷을 입습니다.

외국에서 찍은 사진이 나왔습니다.

정작 아파트를 지을 곳은 우리나라입니다.

이해는 합니다.

멋있게 보여야 시세가 올라가고,

그러다 보면 과장을 하게 됩니다.

그러나 우리는 이번에

진심을 말하는 방법을 택했습니다.

진심에 대한 시세가

가장 높아야 하기 때문입니다.

광고

24년차, 6년차, 그리고 5년차 카피라이터가 모여 앉았다. 기본적으로 발상이 좋은 카피였기 때문에 크게 손볼 건 없었다. 한 문장씩 손보고 나니 결국 인턴 카피라이터의 카피는 이렇게 정리되었다.

톱스타가 나왔습니다.
그녀는 거기에 살지 않습니다.

멋진 드레스를 입고 다닙니다.
우리는 집에서 편안한 옷을 입습니다.

유럽의 성 그림이 나옵니다.
우리의 주소지는 대한민국입니다.

이해는 합니다.
멋있게 보여야 시세가 올라가니까.
하지만 생각해 봅니다.
멋있게 보이기만 하면 되는 건지.
그 속에 진심은 담겨 있는지.
가장 높은 시세를 받아야 하는 건 무엇인지.

저희는 70년 동안 이 질문을 해 왔고
저희가 찾은 답은 진심입니다.
진심의 시세

인턴 카피라이터도 감을 잡기 시작한 마당에 5년차, 6년차 카피라이터는 계속 헤매고 있었다. 부끄러워서 고개를 들 수 없었다. 어지러운 마음을 안고 퇴근한 저녁, 회사를 그만 둔 선배 카피라이터와의 약속 자리에 나갔다. 그 분에겐 '신입 사원 때부터 나를 본 선배, 나의 첫 사수, 천재 카피라이터, 국가 대표 카피라이터, 프리랜서 카피라이터' 등 여러 가지 수식어가 있지만 무엇보다 '팀장님과 오래 일해 본' 카피라이터였다. 그러려던 건 아니었는데, 술을 마시다 보니 자연스럽게 요즘 팀장님과 일하는 이야기가 나왔다.

"내가 요즘 e편한세상 한다고 이야기했어요?"

"응. 잘 되고 있어?"

"아뇨. 완전."

"왜?"

"우리 또 그립감 있는 카피 쓰기 시작했어요."

"하하하하. 또?"

"그런데 문제는 그게 아니라, 요즘 써 가는 카피 족족 퇴짜 맞고 있어요. 10개 넘게 써 갔는데도 다 아니래요. 팀장님이 며칠 전에 쓰신 카피가 있는데, 그건 맞고 우리 건 아니래."

"왜 아닌지는 알겠고?"

"아뇨. 문제는 그거예요. 전혀 이유를 모른다는 거."

"다른 사람들은?"

"다른 카피라이터도 다 퇴짜 맞고 있어요. 이유는 모르는 채로."

"팀장님 가끔 그러실 때 있어."

"그죠?"

한참이나 이야기를 듣던 선배가, 이유를 알겠다는 듯이 말을 시작했다.

"그런데 나는 팀장님 이야기가 뭔지 알 것 같아. 팀장님도 너도 비슷한 성격이라 이런 일이 생길 거라 생각했어."

"뭐가 비슷해요?"

"팀장님이랑 너는 딱 기준을 세워 놓고 거기서 조금이라도 넘는 건 무조건 아니라고 말하거든."

"그게 무슨 말이에요?"

"그러니까 '옳은 카피'의 범위가 지금 이 테이블 크기 정도라고 생각해 보자고. 팀장님은 여기 있는 딱 이 컵의 위치가 '옳은 카피'라고 생각하면 거기서 1밀리미터만 옆으로 가도 아니라고 생각하거든. 그래서 딱 그 위치에 정확하게 맞는 카피만 정답으로 인정하고, 그 정답을 향해 앞만 보고 달리는 거지. 그런데 그렇게 해서 중심이 잡히면 그 다음부터는 좀 다른 위치의 카피들이 들어와도 포용을 하거든? 이렇게 약간 극단적인 성격은 너도 비슷해. 그런데 대부분의 경우에는 둘의 성향이 비슷해서 남들보다 커뮤니케이션도 잘 되고, 팀장님이 '딱 거기'를 이야기하면 너도 '딱 거기'를 알아들어서 일 진행이 원활해지는 거지. 하지만 둘의 그 지점이 어긋나는 순간, 둘 다 극단적으로 자기들만의 '딱 거기'를 주장하기 때문에 서로 이해할 수가 없는 거지. 그런데 너는 팀장이 아니라 팀원이니까 어느 정도 맞춰 줘야 하는데, 넌 성격상 이해가 안 되면 절대로 카피 못 쓰잖아. 그러니까 계속 '아닌 카피'만 쓰는 거지."

"진짜 정확한 데요. 지금 팀장님은 우리가 알지 못하는 지점을 가

리키며 '여기야!'라고 말하고 계시거든요. 그런데 그 지점이 어딘지 이해력이 부족한 나는 절대 모르겠다는 거지."

"그럼 팀장님이 다 쓰실 거야. 팀장님만 거기가 어딘지 아시잖아."

"그죠? 하하하하."

"금요일 저녁이야. 마셔."

"넵!" (이럴 때만 말 잘 듣는 후배다.)

선배의 이야기를 듣고 나니 팀장님의 행동은 이해가 되었다. 이제는 팀장님이 카피만 이해하면 된다! 오늘은 금요일이니까, 그리고 주말이니까……. 팀장님의 카피는 월요일에 이해하기로 하자. 건배!

그냥 연필 말고, 매우 잘 생긴 연필 하나
2009년 4월 27일(월)

다시 AE팀과 함께 만났다. 지금까지 완성된 카피(대부분 팀장님이 쓴)를 보여 주었다. 반응은 꽤 좋았다. 막연하게 이어 가던 논의가 탄력을 받기 시작했다. 이런 식으로 제작팀에서는 카피를 더 많이 써 봐야 할 것 같다는 팀장님의 이야기에 모두 고개를 끄덕였다. 그리고 AE들도 모두 각자가 알고 있는 e편한세상 팩트에 의미를 붙여서 카피라이터들에게 보내기로 했다. 모두의 아이디어를 합해야겠다고, 그 아이디어를 카피로 정리하는 건 우리가 하겠다고 팀장님이 말했기 때문이다.

아트디렉터들에게도 1차로 완성된 카피가 전달되었다. 팀장님은 아트들에게 사진을 찍었으면 좋겠다고 말했다. 다르게 찍었으면 좋겠다고도 말했다. 같은 장소, 같은 앵글이라도 해의 기울기에 따라 완전히 다른 사진을 얻게 되니, 이번엔 시간과 공을 들여서 우리가 아는 아파트를 완전히 새로운 아파트로 찍어 봤으면 좋겠다는 어려운 주문이 내려왔다. 그리고 거기에 덧붙인 팀장님의 이야기.

"예전에, 한 호텔이 브로셔를 만들려고 유명한 포토그래퍼들을 불렀어. 그래서 우리 호텔의 사진을 최대한 멋있게 찍어 달라고 말했어. 다들 자신 있게 알았다고 했지. 호텔 사진은 뻔한 거니까. 실제로, 뻔한 사진이 나왔어. 당연히 호텔 사장 마음에는 안 들었지. 고심하던 끝에, 사장이 외국의 유명한 포토그래퍼를 부른 거야. 당신이 원하는 대로 다 해줄 테니, 멋진 사진만 찍어 달라는 사장의 말에 그는 '나에게 한 달을 주시오.'라고 한 거야."

"한 달이나요?"

"응. 한 달 동안 그 포토그래퍼는 해가 저물기 시작하는 시점에 저 멀리 서서 호텔을 바라보기도 하고, 아침에 로비에서 호텔을 보기도 했어. 그리고 각각의 포인트들이 가장 아름다워지는 시간에 그곳에 가서 사진을 찍은 거지. 당연히 결과물은 사장의 마음에 쏙 들었고, 진짜 좋은 사진들이 탄생한 거지. 나중에 다른 포토그래퍼들이 결과물을 보고 말했어. 한 달 시간을 주면 자기도 이 정도는 찍겠다고. 그러자 사장이 말했지. '그럼 한 달을 달라고 말씀하시지 그랬습니까.'"

"우와!"

"포토그래퍼들에게 충분히 시간을 주겠다고 말해. 그리고 새벽에도 밤늦게도 오후 5시에도 가서 관찰하라고 그래. 비가 와도 흐

려도 구름 한 점 없어도 가서 관찰하고, 다른 사진을 가져오라고 말해. 나는 지금까지 보지 못한 아파트 사진을 보고 싶어. 보통 연필 말고, 매우 잘 생긴 연필 하나를 보고 싶은 거지."

아트디렉터들은 그들끼리 모여 잠시 회의를 하더니 이곳저곳 전화를 했다. 얼마 지나지 않아 두 명의 포토그래퍼가 정해졌다.

그날 밤, AE들에게서 아이디어들이 속속 도착했다. 카피라이터들은 아직 감도 못 잡았는데, 큰일이었다.

AE에게서 온 아이디어 中

1층 및 옥상층에 대한 배려

내용) 1층 입주민을 고려한 다양한 배려들. 역삼동은 아예 1층을 없애고 주민 편의 시설(휘트니스 클럽)과 바람길(필로티)로. 신도림은 1층 출입문을 아파트 출입구와 별도 설치하고 대문과 같은 디자인으로. 오렌지 로비도 현재 적용 중. 1층 거주민의 프라이버시 보호 및 장애우의 편의 고려/옥상층 입주민을 위한 배려. 옥상 공원
의미) 층에 따라 집값은 차이가 나도 행복은 차이가 나면 안 된다.

지중열 시스템

내용) 항상 온도가 일정한 땅 속을 통해 냉난방수를 순환시켜 에너지 소비를 최소화(겨울은 따뜻, 여름은 시원)하고 환경 보호에도 도움이 됨
의미) 땅속은 세상에서 가장 큰 에어컨이자 보일러이다.

3중 수퍼창호

내용) 특수 설계된 3중 수퍼창호로 에너지 손실 최소화 및 결로 현상 방지. 대림이 개발하고 이건 창호에서 생산, 대림 산업에 독점 공급

의미) 아침 햇살은 즐겨야 한다. 아무런 방해 없이. 물이 고이면 어쩌지, 커튼을 열면 온기가 새어나가면 어쩌지, 이런 걱정하지 말고……

높은 입주자 만족도

내용) 개량화된 지표는 없지만 실제 거주자의 입주 후 만족도가 매우 높은 아파트 브랜드

의미) '왜 광고를 이렇게 밖에 못 만들죠? 저희가 느끼는 것의 반만 표현해 줘도 될 텐데…….'

업계 최초의 노력들

내용) 최초의 입주민을 위한 오렌지 서비스 실시, 최초로 단지 내 모든 가로등을 태양광 에너지로 작동되는 시스템 적용, 최초로 에너지 절약을 위한 R&D 프로젝트 시작

의미) 품질 뿐만 아니라 미래를 생각하는 친환경 아파트를 짓고자 하는 노력. 저희에게 아파트는 늘 도전의 대상입니다. 최고의 쉼과 환경을 위한 아파트를 짓기 위해서는 끊임없이 도전해야죠.

카피 쓰기는 때와 장소를 가리지 않는다
2009년 4월 29일(수)

PD님에게서 급하게 전화가 걸려왔다.

"촬영장 안 나오삼?"

"아……촬영장. 나가야죠. 내부에서 몇가지 처리해 놓고 나가려고요. 그런데 팀장님 거기 계시지 않아요?"

"박 CD님 계시지."

"그럼 우리 안 나가도 되겠네요."

"그런데 박 CD님 혼자서 계속 노트에 뭔가 쓰셔. 나와서 좀 놀아드려."

"하하하하하하. 아마 e편한세상 카피 쓰시는 걸 거예요. 얼른 나갈게요. 안 그래도 지금 나가려 했어요."

그렇다. 어제와 오늘. 다른 광고주 촬영이 있었다. 우리는 내부에서 카피 써야 된다며 안 나갔는데, 팀장님은 그곳에서 e편한세상 카피를 쓰고 있었던 것이다! 얼른 우리가 쓴 카피를 출력해서 택시를 타고, 경기도 모처의 촬영장으로 달려갔다.

회사 안에 있던 우리는 몰랐지만, 촬영장에 도착하는 순간, 이런 날 일을 한다는 건 날씨에 대한 예의가 아니라는 것을 깨달았다. 좋아도 너무 좋았다. 4월이라 자연이라 이름 붙은 것들은 모두 제각기 피어나며 아우성이었다. 봄이 온 줄도 모르고 회사 안에 있었던 우리는 시들어 가고 있었건만! 우리는 우선 세상에서 가장 맛있는 밥으로 (광고계 안에서만) 정평이 나 있는 촬영장 밥을 먹었다. 멍하니 하늘만 보고 있는 우리에게 팀장님이 먼저 말을 꺼냈다.

"나 여기 와서 카피 썼어."

"하하. 안 그래도 들었어요. 왜 그러셨어요. 혼자서 구석에서 카피 쓰고 막 그러니까 사람들이 팀장님 막 피하고, 왕따시키잖아요."

"어쩐지 아무도 나한테 말을 안 걸더라니. 전부 촬영 준비한다고 바쁜데 나만 할 일이 없잖아. 그래서 카피 썼어. 들어 볼래?"

팀장님이 쓴 카피를 다 들은 후에 우리는 우리가 쓴 카피를 내놓았다. 그러고 나서 또 퇴짜 맞을 게 두려워 하늘만 올려다보고 있었다. 팀장님이 카피에 대해 뭐라고 하든 상관없다는 듯이. 무심한 듯 시크하게.

"이거랑 이거 괜찮네. 이제 좀 스트라이크 존에 들어오기 시작했는데?"

"그래요?"

"그래. 이렇게 하면 되겠네. 이제 감 좀 잡은 것 같으니까 본격적으로 써 보면 되겠다."

"본격적으로요? ……네…….""

"내가 쓴 카피들도 다 같이 정리해 놓고. 그런데 우리 여기 나와서 이렇게 카피 회의 하니까 되게 있어 보인다."

"맛있는 커피 한 잔만 있으면 완벽할 텐데!"

그렇게 해서 총 24개의 카피가 완성되었다. 다행이었다. 문제는, 팀장님은 이 24개의 카피가 이제 겨우 시작이라고 생각한다는 거였다.

추가된 카피 中

*

바람만 불어도 바르르 떨고

자갈만 만나도 수런수런

낭떠러지를 만나면 비명을 지르죠.

사실 물은 겁이 많아요.

갑자기 밖으로 나가라고 겁을 주면

놀라서 막 소리를 질러요.

베란다를 지나가는

세탁기 물도 마찬가지.

물을 달래줘야겠어요.

천천히 나가라고

나선형 물길을 만들어

둘러둘러 여유롭게 내보내야겠어요.

그래야 조용하죠.

그래야 이웃에 불편이 없죠.

나선형 배수관

*

서향 집은 피해라.

여름이 괴롭다.

1층 집은 피해라.

소음이 심하다.

꼭대기층 피해라.

냉방비 많이 든다.

이것은 '고정관념'일 뿐

'사실'은 아닙니다.

그것을 증명하는 일.

그래서 층수, 평수, 방향 때문에

손해 보지 않게 하는 일.

그것이 우리가 하는 일.

그것이 이 편한 세상이 되는 일.

고정관념

*

7살 우리 아들이 목놓아 운다.

마침 우리 집은 1층이었고

마침 내가 대문을 열었고

마침 빨가벗은 우리 아들이

집안을 뛰어다니고 있었고

마침 7층 사는 윤지와 우리 아들 눈이 마주쳤고

마침 아들은 윤지를 좋아하고 있었고

빨가벗은 몸을 들킨 우리 아들, 목놓아 운다.

1층에도 사생활을 주세요.

더 이상 짝사랑 윤지에게

부끄러운 모습 들키지 않도록.

더 이상 우리 아들이 목 놓아 울지 않도록.

1.5층

노동절의 노동
2009년 5월 1일(금)

　다른 사람도 아닌 팀장님이, 아무리 바빠도 6시면 칼퇴근하는 분이, 남들 노는 날에 나와서 일하는 것을 세상 무엇보다 억울해하는 분이, 다른 날도 아닌 노동절에 홀로 회사에 나와 일을 하는 기염을 토했다!

　사건의 정황을 간추려보자면, 오후에 회사에서 만날 사람이 있었는데 어쩌다 보니 오전에 일찍 나왔다고. 별로 할 일도 없어서 컴퓨터를 켰다가 e편한세상 카피를 써야겠다는 생각을 했다고. 노동절이라 사무실도 조용하니 방해하는 사람들도 없고 그래서 집중해서 카피를 좀 썼다고. 쓰다 보니 어머, 16개나 더. 그래서 총 40개의 카피가 되어 버렸다고. 그냥 꼭 그러려던 건 아닌데 어쩌다 보니까 그렇게 됐다고. 그래도 다 쓰고 나니 기분이 좋아서 오후에 만난 사람한테 자랑도 했다고. 결코 의도적으로 그런 건 아니었고, 일부러 노동절을 택해서 일을 한 것도 아니었고, 절대 카피라이터들을 못 믿어서 그런 건 아니었다고.

나는 아무것도 모른 채로 토요일에 편집실에 일이 있어서 회사에 나왔다가 컴퓨터를 켜고 얼떨결에 팀장님이 보낸 카피 파일을 보게 되었다. 총 40개의 카피가 들어 있었다. 당혹스러웠다. 자괴감까지 느껴졌다. 나는 뭐했나 싶었다. 그리고 파일 맨 첫 장에 적힌 문장을 보는 순간, 걱정은 산더미처럼 불어났다. 맨 첫 장, 한 가운데 떡하니 이 문장이 적혀 있었다.

'그렇게 2009년 대한민국 최고의 캠페인은 시작되었다.'

팀장님의 꿈은 우리의 꿈보다, 확실히 담대했다. 확실히, 자신감에 차 있었다.

노동절의 노동, 그 찬란한 결과물 中
*
"1층은 인기가 없다!"
그럼 1층을 없애고 대신

휘트니스 클럽이나
바람길을 만들자!
이편한세상 역삼.

"1층 문 앞은 왕래가 많다!"
그럼 1층 가구의 출입문을
아파트 입구와 분리하자!
이편한세상 신도림.

"1층은 사생활 보호가 힘들다!"
그럼 1.5층을 만들어
사생활을 보호하게 하자!
이편한세상 오렌지 로비.

답은 있습니다.
마음만 있으면.
진심만 있으면.

1층

*

우리 집 땅 속에는
보물이 묻혀 있대요.

우리
회의나
할까?

겨울엔 보일러,
여름엔 에어컨.
항상 온도가 일정한
땅 속의 물이
우리 집을 덥혀 주고
우리 집을 식혀 주고

우리 집 땅 속엔
보물이 묻혀 있대요.
지중열 시스템.
진심의 경제학.
진심의 생태학.

땅 속의 보물

*

일요일 아침 햇살은 축복이다.

커튼을 열면 추워질까 봐,
결로 현상으로 물이 고일까 봐
걱정하며 놓치기에는
너무도 아까운 축복.

3중 슈퍼 창호.
축복을 축복이게 하는
우리의 수퍼맨!
진심이 지켜주는 축복.

3중 슈퍼 창호

*

"자투리 현관 공간에
벤치를 놓아 주세요.
신발 신을 때 불편해요."
이편한세상이 주최한
주부 아이디어 공모전에서
어느 분이 주문했고,
2009년부터 이편한세상이
실천에 옮겼습니다.

다른 회사들, 따라 하셔도 됩니다.
단, 김민정 주부님께
감사의 마음은 잊지 마시길.

김민정 주부님

*

집에 들어 와서는 안 될 단어들.

하자 보수, 층간 소음, 새집 증후군, 누수……

집에 함께 살아야 할 단어들.

친환경, 저 에너지, 가치, 편안, 쉼……

단어를 걸러내는 필터의 이름.

이편한세상

필터

아마도 카피를 쓸 마지막 기회
2009년 5월 4일(월)

잠정적으로 PT 날짜가 정해졌다. 5월 15일 목요일. 지금부터 열흘 정도 시간이 남았다는 이야기였다. 냉정하게 현실을 파악해 보면 지금 우리 손에 있는 건 카피 40개 밖에 없었다. 정신없이 바쁘게 달려야만 15일 PT가 가능하다는 이야기였다. 일은 다각도로 진행되기 시작했다.

우선 슬로건. 팀장님이 지나가는 말로 "슬로건도 좀 써 봐."라기에 몇 개 끄적거려 내밀었는데, 얼떨결에 슬로건이 정해졌다. '진심이 짓는다'(알고 보면 어떤 아이디어도, 어떤 슬로건도 그렇게 드라마틱하게 탄생하진 않는다. 대부분이 얼떨결에 탄생하고, 당시에는 그게 괜찮은지 어떤지 명확한 확신이 없는 상태일 때가 많다. 대부분, 프로젝트가 진행되면서, 다른 요소들이 더해지면서, 점점 더 완성되어 가면서 확신이 생겨난다. 이 슬로건의 경우에도 마찬가지다.) 원래는 주부 타겟으로 '진심이 짓습니다'라고 좀 부드럽게 이야기해 보려고 했는데 3글자+4글자면 디자인이 예쁘게 안 된다는 아트의 한 마디에 '진심이 짓는다'로 굳혀졌다. AE들도 '진심이 짓는다' 쪽이 더 자신감 있어 보인다며 강력하게 밀기도 했고.

　PD도 투입되었다. 같이 일해 본 감독님들 말고, 다른 감독을 좀 물색해 보라는 주문이 떨어졌다. 물론 40개의 카피 뭉치를 안기며 이 카피에 잘 어울리는 감독님들을 찾아보라고 말했다. 그렇게 낯선 두 감독님을 만났다.

　"아파트 광고예요."라고 내가 말을 시작하자, 감독님들은 의미심장한 표정을 지었다. 저 표정, 나도 안다. 내가 제일 잘 안다. 처음에 '아파트 광고를 해야 해.'라는 말을 들었을 때 지었던 나의 표정도 저러했으리라. 곤란한. 매우 곤란한 표정.

　"지금까지의 아파트 광고와는 다르게 하려고요."라고 덧붙이며 카피 뭉치를 안겼다. 긴 설명이 이어졌다. 이 회사가 도대체 어떤 회사이며, 우리가 왜 이런 식의 카피를 쓸 수밖에 없었는지. 배경 설명을 한 후 40개의 카피를, 하나도 빠짐 없이 낭독했다. 40개의 카피를 읽으며 슬쩍 슬쩍 감독님들의 표정 변화를 지켜보았다. 점점 더 e편한세상에 빠져드는 게 보였다. 우리가 지난 두 달 동안 겪었던 감정의 변화를 감독님들이 짧은 시간에, 드라마틱하게 보여 주었다. 모든 설명이 끝난 후, 감독님이 입을 열었다.

"좋네요. 그런데 이 정도 길이면……."

"그래서 30초 광고를 생각하고 있어요."

"전부다 30초요?"

"네. 전부 다 30초요."

감독님의 얼굴이 급 밝아졌다.

"카피보시고, 그림이 떠오르는 걸로 풀어와 주세요. 그런데 카피를 보면 아시겠지만, 이 카피들이 잘 이해되도록 만드는 게 첫 번째 미션이에요. 그럼에도 불구하고 아파트 광고이기 때문에 때깔이 좋아야 한다는 게 두 번째 미션이고요. 그리고 잘 해달라는 게 세 번째 미션이에요."

"한번 해볼게요. 재미있겠는데요?"

"그죠? 재미있을 거예요. 아마도, 온에어되면 획기적인 캠페인이 될 것 같아요. 아파트 광고 쪽에서 획기적인 캠페인이 되는 건 말할 것도 없고요. 감독님들께도 플러스가 되면 플러스가 되지 절대 마이너스가 되는 광고는 아닐 거예요."

아마도 감독님들은 우리 앞에서는 이야기 못했지만, 무거운 마음으로 돌아섰을 것이다. 한 시간도 안 되는 OT 내내 우리가 얼마나 다른 캠페인을 꿈꾸고 있는지 말했으니. 이제껏 해 오던 방식 말고 다른 방식으로 일을 해달라고 말했으니 아마도 어려웠을 것이다. 어쨌거나 감독님들에게 바통은 넘어간 셈이었다.

그러니 카피라이터들은 남아서 또 카피를 썼다. 수요일에 카피 회의가 예정되어 있었다. 아마도 카피를 쓸 마지막 기회였다.

감을 잡긴 잡았는데, 무슨 감이지?
2009년 5월 6일(수)

　무의식 중에 우리가 벼랑 끝에 매달린 심정으로 카피를 썼던 걸까? 아님 마침내 어떻게 e편한세상 카피를 써야 하는지 감을 잡았던 걸까? 이유는 알 수 없다. 어쨌거나 팀장님이 우리가 내민 카피 전부를 좋다고 말했다.
　"드디어 감을 잡았구나!" 팀장님이 감격적인 목소리로 말했다. 카피라이터들은 내심 기분 좋기는 했지만, 마냥 좋아할 수는 없었다. 너무 늦게 감을 잡았다는 게 가장 큰 이유이고, 도대체 우리가 어떤 감을 잡은 건지 알 수가 없다는 게 또 하나의 이유였다.
　"대리님, 오늘 팀장님이 왜 카피 좋다고 그런 건지 알겠어요?"
　"모르겠어."
　"우리가 처음 써 온 카피랑, 뭐가 다른 건지는 알겠어요?"
　"모르지."
　"왠지……그때 쓴 카피들을 오늘 가지고 왔으면, 팀장님이 좋다고 그럴 것 같지 않아요?"
　"응. 그럴 것 같아. 좀 헷갈려."
　"그죠? 기준이 뭘까요?"
　"몰라. 난 지난번 우리 카피들도 좋았는데……"
　"그러니까요. 평생의 미스터리로 남을 것 같아요."
　어쨌거나 그렇게 총 50개의 카피가 완성되었다. 그러면 된 거다. 아트디렉터들은 책을 만들자는 아이디어를 냈다. 책을 주택 문화관에 비치하고, 재개발 현장에서도 나눠주고, 쓰일 길은 다양할 거라는 게 이유였다. 우선 책 작업을 완성해 놓고 나면 더 많은 길들이 보일 것이다. 그러니 우선은 만들어 보자는 결론이 내려졌다.

다음 안건은 '진심이 짓는다' 슬로건 작업. 다양한 비주얼 아이디어가 많이 나왔지만, 모두의 의견이 모아진 곳은 모눈 종이였다. 모눈종이 위에 글자를 지어 보자는 아이디어였다. 실은 거의 첫 회의에 나왔던 아이디어였다. 아이디어를 낸 아트디렉터조차 잊어버린 아이디어가 어느새 우리 캠페인의 중심에서 작용을 하게 된 것이었다. 팀장님도 대번에 오케이 사인을 내렸다. 아트디렉터들은 숙제를 잔뜩 안고 무거운 발걸음으로 회의실을 나섰고, 카피라이터들은 오랜만에 홀가분한 마음으로 회의실을 빠져나갔다.

마침내, 팀장님이 오케이 사인을 내린 카피들
*

겨울엔 모자를 쓰세요.
체온의 70퍼센트는
머리를 통해 빠져나간대요.

겨울엔 모자를 쓰세요.
모자 하나만 써도
겉옷을 한 겹 더 입은 효과가 난대요.

겨울엔 모자를 쓰세요.

옥상에서 빠져나가는 열기를 잡아주는

그래서 지구에 좋고 환경에 좋은

겨울엔 모자를 쓰세요.

p.s. 게다가 훨씬 멋져 보이기까지 합니다.

옥상정원

*

40평의 집에
아빠
엄마
딸
3명이 삽니다.

40평의 집에
엄마
아빠
할아버지
딸
아들
아들

6명이 삽니다.

그 두 집이 같다는 건
이상하지 않은가요?

그 두 집의 구조가 달라야 하는 건
당연하지 않은가요?

우리가 먼저 시작합니다.

소가구 평면 설계

*

뻔한 이야기.
기본을 지킵시다.

그래서 더 해야 하는 이야기.
기본을 지킵시다.

집은
따뜻하고,
춥지 않고,
안 답답하고,

에너지는 적게 들고,
불필요한 인테리어 없고,
쓸데 없는 시설 없어야 한다.
그게 기본이다.

기본을 지킵시다.

집의 기본

*
여기 하나의 집이 있습니다.

"왜 쓸데없는 짓을 하고 그래?"
"그런다고 누가 알아주기나 해?"
"현실성이 없잖아. 현실성이."
사람들은 말합니다.

여기 하나의 집이 있습니다.

에너지를 거의 안 쓰는 집
기존 집의 1/8의 에너지만 쓰는 집
2005년부터 이미 연구자들이 살고 있는 집
곧 우리가 살게 될, 비로소 지구와 친한 집

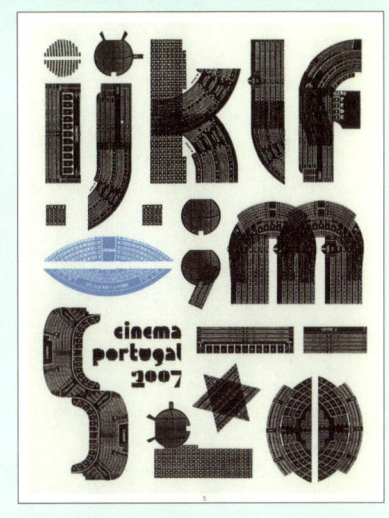

오래 전, 아마도 첫 회의에 나왔던 아이디어. 맨 처음 아트디렉터가 이 그림을 가지고 왔을 때는 모두 괜찮다고는 생각했지만, 막상 어떻게 써야 할지 아무도 몰랐다. 하지만 이제 캠페인의 틀이 어느 정도 잡히니 이런 구체적인 아이디어들이 빛을 받고 무대의 중심에 서게 되었다. 글자 안에 건물을 세우자는 아이디어는 이 포스터와는 전혀 다른 느낌으로, '진심이 짓는다' 슬로건에 적용될 것이다.

여기 하나의 집이 있습니다.

에코 3리터 하우스

이것이 환상의 팀워크
2009년 5월 8일(금)

    5월 15일에 있을 PT는 처음으로 광고주에게 전체적인 캠페인 틀을 설득하는 날이었다. 그렇기 때문에 우리는 감독님들에게 시안 작업을 부탁하기로 했다. 영상 자료들을 편집해서 대충의 그림과 함께 카피를 보여 줄 때 광고주의 이해도가 더 높아질 것이라 판단했기 때문이다. PT 전체의 완성도가 높아지는 것은 물론이고. 그래서 오늘 우리는 1차로 감독님들이 간단한 편집까지 해 온 시안들을 보며 광고주에게 제시할 안들을 뽑았다.

    감독님들이 만들어 온 1차 시안을 보니 두 명의 감독을 쓰자는 우리의 의도는 확실히 성공적이었다. 두 감독에게 똑같은 카피로 똑같은 OT를 했는데도 둘의 해석은 판이하게 달랐다. 우리는 행복한 고민에 빠졌다. 특히 같은 카피를 다른 그림으로 풀어 왔을 때 그 고민은 더 커졌다.

    좋은 것들은 더 발전시켜 달라 부탁드리고, 중요하다 싶은 카피들은 다시 한 번 감독님들에게 그림으로 풀어 달라 부탁드렸다. 감독님들이 다시 숙제를 가득 안고 돌아갔다. 팀장님이 뿌듯한 얼굴로 말했다. "이거 진짜로 온에어되고 나면, 괜찮을 것 같지 않아?"

카피만 놓고 봤을 때에는 확신이 50퍼센트였다면, 그림까지 붙고 나니 확신은 75퍼센트 정도로 올라갔다. 이제 끝까지 작은 디테일을 놓치지 않고 더해 나가면 되는 일이다.

감독들의 1차 결과물들을 가지고 오후에는 AE들을 만났다. 전체 캠페인 맵에 관한 합의가 필요했다. 우리는 '진심이 짓는다'라는 캠페인을 런칭하기에 가장 적합한 안이 '진심'에 관한 카피일 것이라 생각했다. 하지만 AE들의 의견은 달랐다. AE들은 '진심의 시세'라는 카피를 맨 처음에 놓고 싶어 했다. '진심이 짓는다' 캠페인이 양약보다는 한약 처방에 가깝다는 것에는 동의했지만, '진심'은 너무 에둘러 간다는 게 그 이유였다. '진심의 시세' 카피로 런칭을 해서, 우리의 차별화된 정신과 팩트를 보여 주며 기존 질서에 싸움을 걸어야 한다는 판단이었다. 우리는 AE들의 논리에 설득되었다. 그리고 '진심의 시세'처럼 e편한세상의 정신을 보여 주는 광고 한 편과 실체를 보여 주는 광고 2편, 그렇게 총 3편이 세트로 나가는 편이 좋겠다는 데도 동의했다. 그렇게 해서 우리는 1년치 캠페인 계획을 짰다.

감독님에 이어, AE들에 이어 이번에는 아트디렉터들이 뭔가를 잔뜩 들고 들어왔다. 다음 주 PT 때 가져갈 구체적인 제작물들을 점검하는 시간이었다. 가장 중요한 건 '진심이 짓는다'의 로고 디자인. 그제 구체적인 방향을 정해 놓긴 했지만, 아트가 가져온 샘플은 예상보다 훨씬 더 훌륭했다. 이럴 때마다 느끼는 거지만 아트디렉터들은 마법 상자를 가지고 있음에 틀림이 없다. "건설이니까 모눈 종이를 콘셉트로 해서 그 위에 글자를 설계해 보자."라는 모호한 말이 구체적인 형태가 되어 우리 눈앞에 나타났다. 덧붙일 말도 없었다. 이 방향대로 나머지 네 글자를 완성하기만 하면 될 일이었다. 이걸로 큰 숙제는 하나 끝.

다음엔 책 작업을 어떻게 하느냐 하는 문제가 안건으로 올라왔다. 스케줄을 역산해 보니, 다음 주 목요일에 책 형태로 가져가려면 우선 수요일까지는 데이터를 다 인쇄소로 넘겨야 하고, 그럼 화요일에는 팀장님의 최종 결정이 내려져야 했다. 그런데 오늘은 벌써 금요일! 당황하는 팀장님 눈앞에 아트들은 지금까지 준비한 아이디어들을 내놓았다. 순식간에 책상 위가 가득 찼다. 그 위로 막내 아트디렉터가 서체를 하나 내 놓았다. "이 서체 정식 서체로 나온 건 아닌데요, 왠지 진심이 느껴졌어요."

팀장님은 막내 아트디렉터의 진심을 샀다. 기교를 부리는 건 진심이 아니라는 뜻이었다.

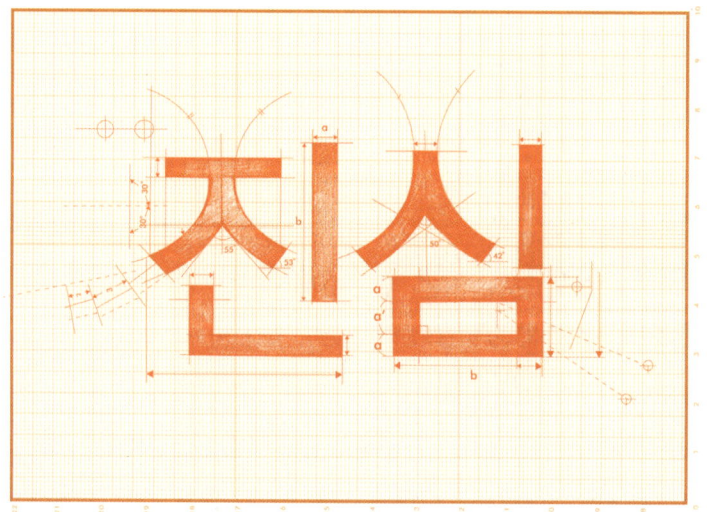

대림
e편한세상
PT

> 우리 모두의 마음 속에는
> 이것이 살고 있습니다.
>
> 이것을 듣는 순간
> 우린 모두는 "아~" 하게 됩니다.
>
> 평소엔 관심 없이 지내다가도
> 막상 한번 알게 되면
>
> 절대 무시할 수 없는 그 무엇.

막내 아트디렉터가 가지고 온 서체. 약간 덜 다듬어진 명조체의 느낌이 왠지 모를 진심을 느끼게 한다. 그 이후로 이 글씨체는 e편한세상 모든 광고에 등장하게 된다. 그로 인해 아트들이 겪은 수고는 차차 말하도록 하자.

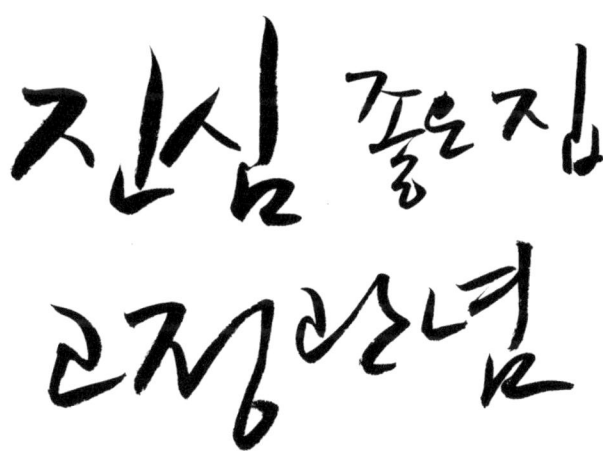

인턴 아트디렉터가 가지고 온 핸드라이팅 샘플

인턴 아트디렉터도 기어들어가는 목소리로 핸드라이팅 글씨를 하나 내놓았다. 그리고 선배들의 아이디어를 당당히 누르고 채택되었다. 인턴 아트디렉터가 가져온 핸드라이팅은 제목으로, 막내 아트디렉터가 가져온 글씨체는 본문으로 쓰기로 했다. 알고 보면 우리 팀, 성실한 막내들의 손에서 움직이고 있었다.

이제 별로 할 일이 없어진 카피라이터들은 괜히 아트디렉터 옆에 가서 얼쩡거리며 "어머, 일을 도와드리고 싶은데, 제가 카피라이터라서 할 줄 아는 게 없네요."라며 바쁜 아트디렉터들을 괴롭히는 걸 주업으로 삼았다. 금요일이었다. PT가 일주일도 남지 않은 시간이었다.

무심한 아트디렉터들의 시크한 작업
2009년 5월 11일(월)

"어, 이게 웬일이에요? 이 시간에? 설마 주말에도 나온 거예요?"
놀라운 일이었다. 아직 오전 10시도 되지 않았는데 아트디렉터들이 모두 나와 있었다. 금요일에 퇴근 때와 작업량이 상당히 달라져 있는 것을 보니 아무래도 주말에 출근한 것 같았다. 어이쿠나 이 사람들, 발등에 불 떨어졌구나.

회의실 안을 봤더니 수백 장의 사진들이 프린트되어 있었다. 2주일 동안 두 명의 포토그래퍼가 e편한세상 단지들을 돌아다니며 찍은 사진들이었다. 팀장님이 워낙 사진의 기준을 높게 잡아 놓아서 2주 내내 포토그래퍼들이 고생한 흔적이 역력했다. 보통 아파트 사진에서는 볼 수 없는 사진들. 진심이 느껴지는 사진들. 맑은 날에만 찍히지 않은 사진. 비 오는 날에, 새벽에, 저녁에, 그리고 오후 5시에 찍힌 사진들. 아트들은 그중에서 괜찮다 싶은 사진들을 출력해서 회의실에 쭉 펼쳐 놓은 것이다.

내가 회사에 출근하기가 무섭게 다들 나를 불렀다.

"민철, 얼른 이리로 와 봐!"

"이게 다 뭐예요? 포토그래퍼들이 찍은 사진들이에요? 괜찮은 사진 많네."

"응. 그런데 문제는 카피와 사진들을 매치하는 작업이야. 1:1로 딱 붙은 카피들도 있는데 어떤 건 어디에 붙어야 할지 모르겠네. 한 번 좀 봐봐."

'진실', '진심', '누군가', '자부심' 등등. 사진과 매치할 수 없는 추상적인 카피들은 아파트 전체 전경 사진과 붙이고, '10cm', '지중열 시스템', '1층'과 같은 구체적인 카피들은 가장 근접한 사진들과 매치했다. 말은 이렇게 하지만 실은 카피라이터들이 1차원적인 해석으로 그림과 카피를 붙이면 아트디렉터들이 더 좋은 대안 사진을 내놓았다. 네 명의 아트디렉터들이 척척 정리를 하더니 무심하게 한마디를 덧붙였다.

"로고 작업도 다 됐는데 같이 한번 볼래?"

그렇게 무심하게 주말 동안 완성된 로고가 모습을 드러냈다. 팀장님은 단 한마디를 했다. 더할 것도 덜어낼 것도 없는 한 마디, 주말의 노고를 무(無)로 만들어 버리지 않는 한마디.

"좋은데?"

그 말과 동시에 로고는 PD에게로 넘어갔다. 이제부터 아마도 PD를 거치고, 감독님을 거쳐 편집실로 갈 것이다. 편집실에서 CG 작업이 더해지면 빈 모눈 종이에 '진심이 짓는다' 로고가 지어질 것이다. 우리가 처음부터 e편한세상 BGM으로 점찍은 레드제플린의 「All My Love」리듬에 맞춰서. 팀장님은 전주와 함께 생겨나는 로고를 모든 광고 앞에 넣자고 말했다. e편한세상의 프레임이 생기는 순간이었다.

카피라이터들은 극장 광고를 만들고 있는 감독님을 만났다. 최종 콘티를 확인하고 15초짜리 샘플 영상을 확인했다. 3D로 1분짜리 영상을 만드는 건 예산상, 시간상 불가능한 이야기였기 때문에 15초짜리로 광고주를 설득하기로 했다. 아파트 층간소음 때문에 열

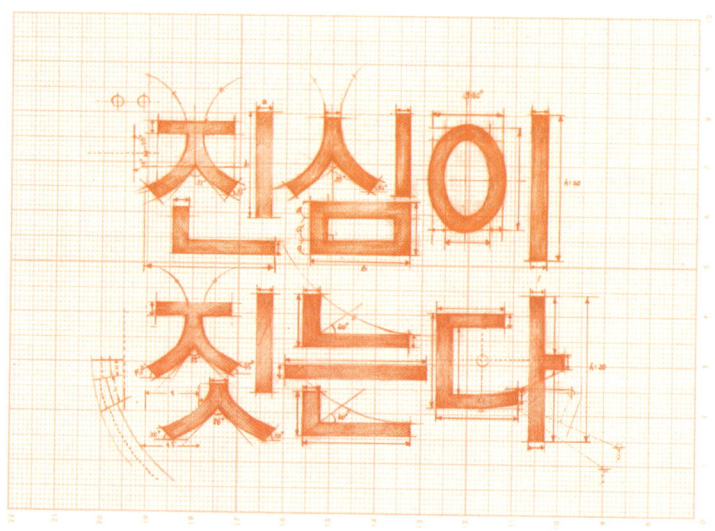

완성된 로고

받은 남자가 출근하다 사고 내고, 사고가 커져서 결국 지구가 멸망한다는 줄거리. 나비효과도 이런 나비효과가 없었다. 우리가 아이디어를 내고도 기가 막혀 웃었다.

"재미있네요. 언제 우리가 이런 광고를 만들어 보겠어요?"

감독님과의 2차 미팅도 역시 성공적이었다. 모든 게 순조롭게 진행되고 있었다. 단 하나, 아직 서체로 만들어지지도 않은 글씨로 카피 50개를 일일이 작업해야만 했던 아트들만 제외하고서. 아직 없는 서체라 작업은 한없이 더디게 진행됐다. 그때마다 팀 곳곳에서는 막내 아트디렉터의 이름이 큰 소리로 외쳐졌다. 뒤에 꼭 수식어를 붙여서.

"장준호, 이 자식!"

새벽까지 그 외침은 우리 층에 크게 울려 퍼졌다. 그 소리가 한 번씩 외칠 때마다 책 작업이 쑥쑥 진척되었으니, 그것만으로도 막내 아트디렉터는 자기 역할을 톡톡히 해 낸 셈이다.

다시 동이 터 올 때까지
2009년 5월 13일(수)

"좀 새로운 성우 없어?"

귀 따갑도록 들은 이야기. 녹음 때마다 팀장님이 하는 이야기. 하지만 늘 못 들은 척 하는 이야기. 녹음실이 확보하고 있는 성우들은 한정되어 있고, 우리 주변에는 목소리 괜찮은 사람이 없으니. 목마른 자가 우물을 판다고, 결국 이번엔 팀장님이 직접 아마추어 성우들을 구했다. 남자는 팀장님의 카피라이터 후배, 여자는 화려한 방송반 경력을 자랑하는 우리 회사 AE. 그렇게 새로운 성우 두 명과 제작팀, 기획팀, PD와 감독까지 모두 녹음실에 모였다. 최종 녹음을 하기 위해.

감독님들은 총 12편의 시안을 완성해 왔다. 녹음실 실장님은 이미 12편의 그림에 레드제플린의 음악을 붙여놓고 우리를 기다리고 있었다. 아마추어 성우들은 녹음실 안에 들어가서 프로 성우처럼 읽어내려 가기 시작하고, 팀장님과 카피라이터 두 명은 그 자리에서 긴 카피는 줄이고 안 어울리는 카피는 다시 쓰며 녹음 디렉팅을 하고, AE들은 빠진 게 없나 꼼꼼하게 챙기고 PT에 대한 의견을 주고받았다.

그리고 그날 밤, 한 쪽에서는 PT 키노트를 준비하고 한 쪽에서는 최종 책 작업을 마무리하느라 아트디렉터들은 또 새벽까지 회사의 불을 밝혔다. 새벽 2시가 넘어가서 프로덕션에서 마무리된 시안들이 넘어오기 시작했고 그럼 카피라이터들은 게으르게 몸을 일으켜 아트디렉터에게 시안을 넣을 위치에 대해 의논했다. 그렇게 동이 터 올 때쯤, 아트디렉터들은 키노트도 마무리하고 책 작업도 모두 마무리해서 인쇄소로 넘겼다. 그때까지 AE들도 아무도 퇴근 못한 채로 끝까지 꼼꼼하게 제작물들을 챙겼다.

다시 날이 밝았다.

완성되기 시작한 책 이미지들

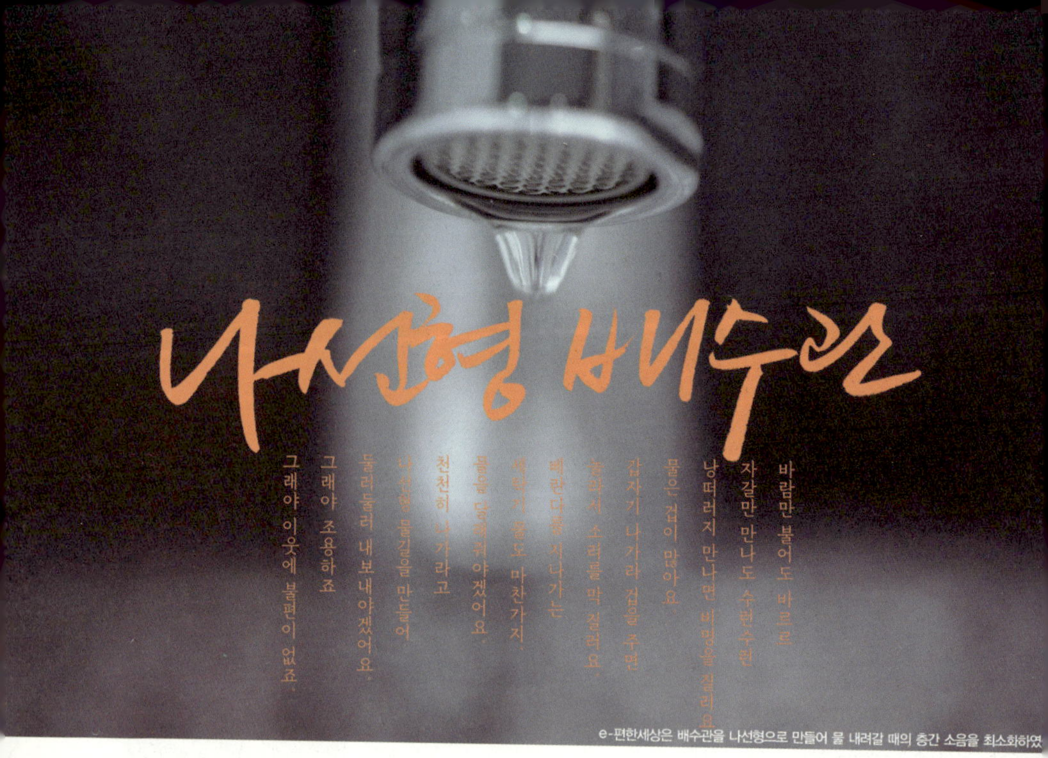

나선형 배수관

바람만 불어도 바르르
자갈만 만나도 수런수런
낭떠러지 만나면 비명을 질러
물은 겁이 많아요.
갑자기 나가다 사람 주먹
쥔 듯 소리를 막 질러요.
빠른 다음 지나는
작은 물도 마찬가지
물을 달래야겠어요.
천천히 가라고
나선형 물길을 만들고
돌리돌리 내보내야겠어요.
그래야 조용하죠
그래야 이웃에 불편이 없죠.

e-편한세상은 배수관을 나선형으로 만들어 물 내려갈 때의 층간 소음을 최소화하였

첫인상

첫인상은 6초 만에
결정된다고
했고,
항상 웃으며 먼지 인사
사람들은
안정된 눈빛
산경 쓸 일이 많아졌다
똑똑한 말투

첫인상은 6초 만에
결정된다고 했고
e-편한세상은
신경 쓸 일이 많아졌다

소나무는 더 위엄있게
잔디는 고르게
배치는 우아하게
첫인상을 줄 수 있는
두번째 기회는 없으니까

e-편한세상의 그린서비스 : 무려 13만 그루가 심어진 e-편한세상 이문, 조경 면적이 단지 전체의 44%를 차지하는 e-편한세상 오포 등 e-편한세상은 차원이 다른 조경서비스를 제공합니다

3중 수퍼창호

일요일 아침 햇살은 축복이다

커튼을 열면 추워질까 봐,
결로 현상으로 물이 고일까 봐
걱정하며 놓치기엔
너무도 아까운 축복

기술이 필요합니다.
일요일 아침의 축복을
축복이게 하는 기술.

진심이 지켜 주는 축복.
3중 수퍼 창호

e · 편한세상이 독자적으로 개발, 이건창호에서 채택하는 열손실과 결로현상을 막는 특허 받은 창호 시스

진심, 세상으로 나가다
2009년 5월 15일(목)

　　오늘은 팀장님이 당신의 명카피 '넥타이와 청바지는 평등하다'를 한번에 실천하시는 날이다. 아래에는 청바지를 입고 위에는 넥타이를 매시는 날, 바로 PT가 있는 날이다. 팀장님이 오전 9시 정각, 완성된 키노트 앞에 앉으시면 카피라이터와 아트디렉터 모두 바짝 긴장한다. 무엇보다 가장 긴장하는 사람은 팀장님. 20년이 넘는 시간 동안 수백 번의 PT를 했으면서도 매번 긴장감을 잃어버리시지 않는다. 마지막 순간까지 키노트를 계속 수정을 요구하시며 약간의 실수라도 있으면 불호령이 떨어진다. 더군다나 오늘은 시안 12개에 카피는 50개, 전체 캠페인 플랜과 캠페인 확장에 이르기까지 PT할 내용이 엄청나게 많았다. 우리가 더 긴장하는 건 당연했다.

　　그 와중에 책은 도착하지 않고 있었다. 원래 어제 넘겼어야 하는 데이터를 오늘 새벽에야 넘겼으니 책이 늦게 나오는 건 당연한 일이었다. 하지만 우리의 조바심은 그런 예외를 인정하지 않고 있었다. 점심 시간이 지나서야 헐레벌떡 인쇄소 과장님이 뛰어와서 넘긴 책은 잉크가 아직 덜 말라 축축했다. 책 안을 보니 덜 마른 잉크가 앞장을 침범하고 있었다. 꼼꼼한 아트디렉터는 바로 인쇄소로 다시 전화를 걸었다. 결국 PT하는 사람들은 먼저 광고주에 가 있고, 인쇄소 과장님이 택시를 타고 PT 장소로 달려와서 다시 책을 건넸다. 그렇게 전쟁 같은 시간 끝에 드디어 PT가 시작되었다. 한 시간도 넘는 PT 시간이 끝난 후, 마침내 진심은 세상으로 나가게 되었다.

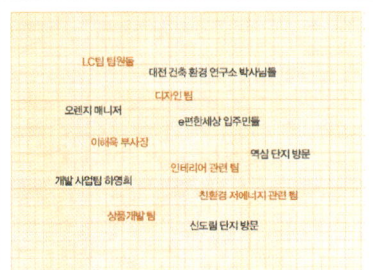

2달이 넘는 시간 동안
이렇게나 많은 사람들을 만나

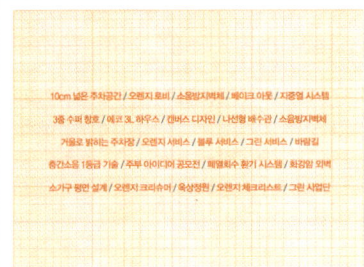

이렇게나 많은 팩트들을 가지고

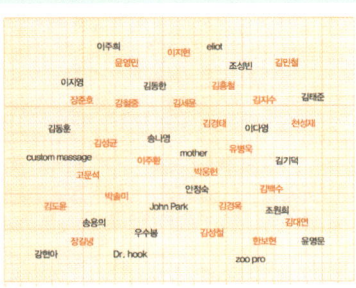

이렇게나 많은 사람들이

진심으로 지은 결과였다

우리끼리의 디테일 싸움

온에어 날짜가 잡혔다. 7월 15일. 정확히 두 달 후였다. 보통의 사람들에게 이 정도면 지나치게 넉넉한 시간이겠지만, 이번에 우리에겐 꼭 필요한 시간이었다. 왜냐하면 우리는 그냥 좋은 광고를 만들고 싶었던 것이 아니었기 때문이다. 우리는 충격적인 광고를 만들고 싶었다.

당장 감독들과 다시 회의 시간을 잡았다. 12개의 소재 중에 우리가 첫 번째 타자로 뽑은 소재는 '진심의 시세/1층/베이크아웃'이었다. '진심의 시세'는 기존 시장을 흔들기 위해, 충격적인 광고로 자리매김하기 위해 꼭 필요한 광고였고, '1층'은 모든 소재들 중에 가장 이해하기가 쉬운 소재, '베이크아웃'은 사람들의 공감을 가장 많이 이끌어 낸 광고였기에 1차 소재로 선정했다. 우리는 다시 한 번 감독님들에게 강조했다. 진심으로 광고를 만들어야 한다고. 감독님들을 가장 당황하게 만든 것이 바로 이 부분이었다.

"경기도 타운하우스에서 찍으면 그림이 좋을 것 같아요."

"진심을 이야기하면서 e편한세상이 아닌 다른 곳에서 찍는 게, 용서가 되겠어요? 진심을 이야기하면서 정작 우리가 진심을 배반하면 얼마나 많은 공격을 받겠어요?"

"e편한세상에서 찍으면 그림 퀄리티를 보장할 수 없어요. 소개해 주신 아파트 단지들을 다 가 봤는데도 이미 사람들이 살고 있는 곳이라, 막상 촬영을 하려니 각도가 잘 안 나오더라고요."

그렇다. 감독님들은 진심으로 광고를 만들기 위해선 우선 e편한세상에 대해 알아야 한다는 우리의 고집 덕분에 대전 e편한세상 연구소부터 시작해서 전국 각지의 좋다고 소문난 e편한세상 단지들을 모두 직접 방문한 후였다. 아마도 감독님들은 촬영을 직접 염두에 두고 누구보다 꼼꼼히 단지 구석구석을 둘러봤을 것이다. 그리고 여기서 찍어서는 안 되겠다는 판단을 내렸을 것이다. 하지만 감독님의 판단보다 우리의 고집이 더 셌다.

"그래도 e편한세상에서 찍어 주세요. 다른 장소의 컷이 하나라도 들어가면 안됩니다. 진짜 e편한세상에서의 촬영 때문에 생기는 애로사항이 있으면 바로 말씀해 주세요. 그건 저희 쪽에서 정리해 드리겠습니다."

"정 그렇다면, 다시 단지들을 돌면서 찾아봐야겠네요."

"네. 그리고 그 장소의 가장 예쁜 시간을 찾아내서 딱 그 시간에 찍어 주세요. 새벽부터 가셔서, 아침에 동틀 때 예쁜지, 저녁에 해지기 직전에 멋있게 나오는지 미리 다 준비해서 촬영에 들어가 주세요. 지금부터는 우리끼리의 디테일 싸움이니까요."

'우리끼리의 디테일 싸움.' 이 단어는 e편한세상 로고 작업에도 영향을 미쳤다. 우리는 이 정도면 충분하다고 생각했지만 팀장님의 생각은 달랐다. 팀장님은 지난 번 PT 때 제시한 '진심이 짓는다' 로고에서 한 발 더 나아가보고 싶어 했다. 지금 상태로도 충분히 괜찮지만, 더 해보면 더 좋은 게 나올 것 같다는 막연한 기대가 생긴다고 말했다. 아트디렉터의 마음도 팀장님과 같았다. 그리하여 여러 가지 방식으로 테스트를 다시 해보았다.

하지만 테스트 결과, 팀장님은 글씨체를 바꾼다거나 선을 몇 개 더 넣는 것에서는 답을 못 찾겠다고 말했다. 고민 끝에 아트디렉터는 글자 안에 진짜 건물을 지어 보고 싶다는 포부를 밝혔다. 이건 감각으로 디자인할 문제가 아니라 진심으로 디자인할 문제인 것 같다고 말했다. 팀장님의 얼굴이 갑자기 확 밝아졌다. 실제 e편한세상의 도면, 혹은 다른 건축 도면이라도 구해서 넣어 보겠다고 말했다. 그렇게 '진심이 짓는다'라는 모양으로 세상에 단 하나인 집을 설계해 보자고 말했다. 시간은 많이 걸릴 거라고 했다. 하지만 시간이야말로 우리에게 충분히 있었다. 특히 더 완벽한 작업을 위한 시간이라면, 우리에게 얼마든지 허락되어 있었다.

아트디렉터는 '진심이 짓는다'를 설계할 건축 설계사를 수소문

 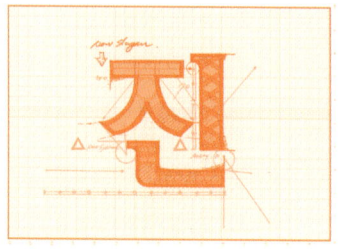
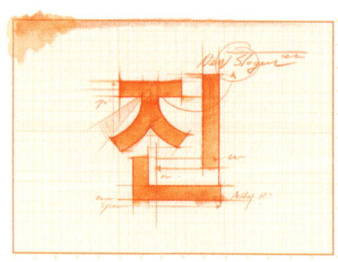 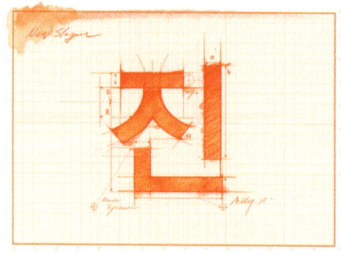

한 글자만 놓고 다양한 방식으로 디자인 테스트를 해본 결과물. 언뜻 보면 1~4가 다르지 않은 것 같지만 조금만 들여다보면 그 네 개의 디자인은 완전히 다르다. 위의 샘플보다 아래쪽의 고딕 샘플이 더 '진심이 짓는다'에 어울린다는 결론을 내렸다. 그리고 아래쪽에서도 왼쪽보다는 오른쪽의 설계도 느낌이 더 많이 들어간 샘플이 더 '진심이 짓는다'스러웠다. 구체적인 말로 표현할 수는 없지만, 모두가 동의했다.

했다. 하지만 모두 대답은 '안 된다.'였다. 넉넉하지 않은 시간 안에 그런 복잡한 구조를 가진 건축물을 설계한다는 것은 불가능하다는 이유였다. 그래서 아트디렉터는 본인이 직접 건축 설계사가 되기로 결심했다. 건축 분야에서 일하는 지인들을 물색하기 시작했다. 그리하여 얼마 전까지 건설 회사에서 일한 우리 팀 사람의 아버지가 동원되었고, 건축학과에 있는 친척이 동원되었다. 절대 설계 도면 그대로는 쓰지 않을 것이라는, 밖으로 유출하지 않겠다는 다짐을 받고서야 그들은 설계도를 우리에게 넘겼다.

아트디렉터의 디테일 싸움은 이렇게 끝이 났다. 그 다음엔 팀장님의 음악 디테일과의 싸움이 시작되었다. 우리가 제안한 레드제플린의 음악은 완벽했다. 광고주도 AE들도 제작팀도 모두가 좋아한 음악이었다. 그림과도 너무 잘 맞아떨어졌다. 하지만! 문제는 다른 사람도 아닌 레드제플린이라는 점이었다. 저작권이 안 풀릴 것이라는 관측이 압도적이었다. 팀장님은 무조건 되게 하라고 엄포를 놓았지만 레드제플린 쪽에선 답도 없었다. 모든 사람들이 동원되어 대안을 찾기 시작했다. 팀장님은 물론 오디오PD와 녹음실 실장님 심지어 카피라이터와 아트디렉터까지 동원되었다.

"이번에도 아니래. 도대체 어떤 음악을 원하시는 건지 모르겠어."
나는 친구에게 불평불만을 털어놓았다. 수천 장의 CD를 가진 친구 집에 놀러 가서 레드제플린 음악과 비슷한 느낌을 가진, 비슷한 비트의 음악을 다 내놓으라고 협박했다. 꼭 비슷하지 않더라도 좋은 음악은 다 괜찮다고 말했다. 좋은 음악의 기준이 뭐냐는 친구의 질문에, 팀장님이 좋아하는 음악이라고 답했다. 이 정도면 괜찮다 싶

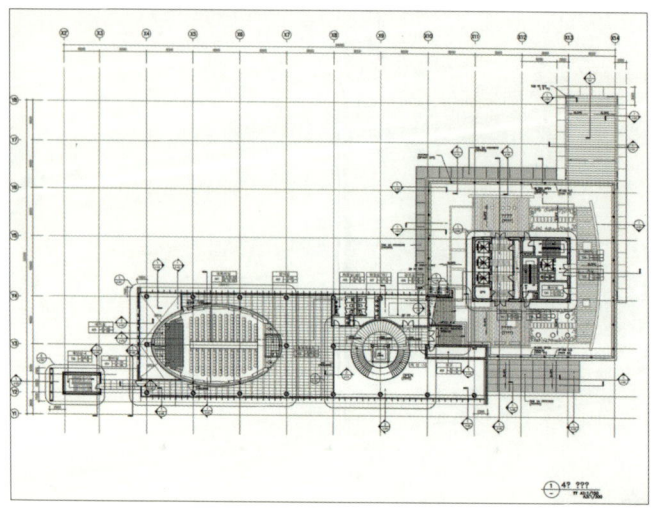

아는 사람 눈에는 이게 설계 도면으로 보이겠지만, 우리에게 이 그림은 '진심이 짓는다' 글자 안에 들어갈 다양한 요소들로만 보였다. 아트디렉터는 이런 설계 도면 수십 장 속에서 요소 요소를 골라 '진심이 짓는다' 로고를 짓기 시작했다.

마침내 완성된 '진심이 짓는다' 로고. 원래는 흰 바탕에 주황색 글씨였는데, TV 광고 맨 앞에서 대문으로 쓰기에는 좀 약한 느낌이 있었다. 그냥 '주황색과 흰색을 반전시키면 어떨까요?'라는 의견에 즉석에서 반전을 시켜보았더니 더 강한 로고가 되었다. 결국 최종 로고는 이렇게 완성되었다. 아무도 모르겠지만 이 안에 아트디렉터의 갖은 땀과 밤을 샌 흔적이 들어 있다.

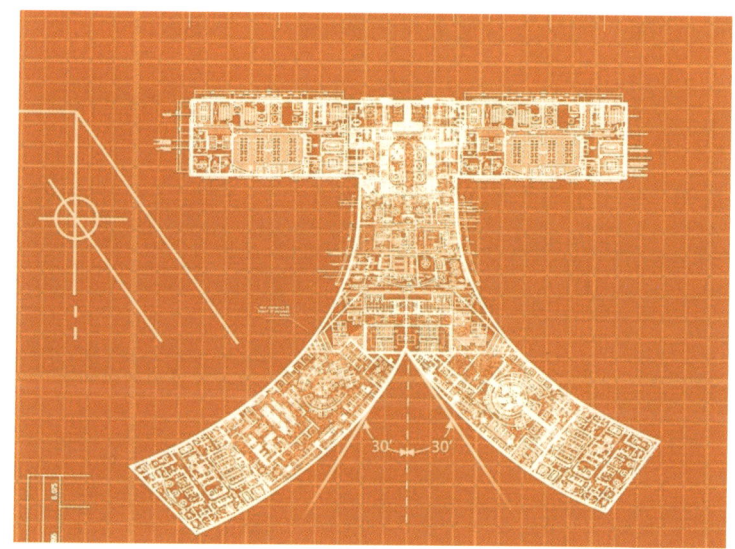

자음 하나만 확대해 봐도 이 정도의 설계도가 들어 있다. 'ㅣ'의 경우 양쪽 끝에 방이 있으면 가운데 부분은 복도로 만들고, 'ㅇ'은 원형의 정원으로 만들었다. 단 하나의 건축물을 만들기 위한 아트디렉터의 진심은 끝을 몰랐다.

결국 아트디렉터는 'e편한세상'이라는 건축물도 짓고야 말았다!

은 음악도 팀장님은 자꾸 아니라고만 하니 모두가 길을 잃고 헤매고 있는 중이었다.

그런 와중에 레드제플린 측에서 연락이 왔다. 천문학적인 금액을 제시했다. 유일한 답이었던 레드제플린의 음악마저 우리 손에서 떠나는 순간이었다.

"뭔가 있을 것 같은데, 어휴, 저도 기준을 딱히 못 드려서 진짜 죄송하지만 오늘 들어 본 음악 중에서 3번 음악이 제일 가까워요. 그 동네에서 다시 한 번 찾아주세요. 죄송합니다."

오디오 PD에게 이렇게 말하고 돌아서서는 그 다음 번에는 또 전부가 아니라고 말하는 회의가 몇 번이나 지속되었다. 전혀 팀장님답지 않은 회의였다. 팀장님 본인도 답답함을 호소했다. 자기도 자기가 무슨 음악을 원하는지 모르겠다는 고백도 했다. 명확한 건 30초 내내 있는 내래이션을 방해하지 않는 음악일 것, 그러면서도 돌출도 있을 것, 내래이션이 제일 중요하지만 음악은 듣자마자 귀에 딱 걸려야 한다는, 언뜻 들으면 말이 되는 것 같지만 1초만 생각해 봐도 완전히 불가능한 그런 음악을 팀장님은 요구했다. 우리는 클래식, 뉴에이지, 올드 팝송, 최신 유행 음악까지 사방팔방 찾아 다녔다. 어디엔가는 '그' 음악이 있을 것이라 믿으며.

그러던 어느 월요일, 우리는 다시 녹음실에 모였다. 팀장님이 CD 하나를 가져왔다. 니나 시몬의 「My Baby Just Cares for Me」. 일요일에 집에서 팀장님의 간택을 받은 음악이었다. 그런데 이상했다. 분명히 e편한세상의 BGM으로 쓰이려면 보컬 목소리가 없어야만 했다. 그런데 전주 조금 나오다가 바로 니나 시몬의 목소리가 나왔다. 어랏, 이러면 BGM으로 못 쓸 텐데. 순간 팀장님이 말했다.

"전주 시작하는 부분이 좋거든요. 이 리듬 딱 잡아 놓고요, 레드 제플린 음악 후렴구에 색소폰 터지는 부분 있죠? 그 모티브를 합쳐 주세요."

"그렇다면 음악을 만들자는 말씀이세요?"

"네. 한 달 넘게 여기 있는 사람들 다 고생시켜 놓고 이런 말해서 진짜 죄송하지만 기존 음악들을 그대로 써서는 답 안 나올 것 같아요. 실장님이 음악을 만들어 주셔야 할 것 같아요."

"니나 시몬 음악의 도입부 리듬을 잡고, 레드제플린 음악 색소폰 부분을 클라이막스로 잡고요?"

"네. 음악 구조를 이렇게 잡아주세요." (라면서 종이에 뭔가 그리기 시작했다.)

"?"

"그러니까 이 카피를 보면 기승전결로 나눌 수 있거든요. '톱스타가 나옵니다. 그녀는 거기에 살지 않습니다. 멋진 드레스를 입습니다. 우리는 집에서 편안한 옷을 입습니다. 유럽의 성 그림이 나옵니다. 우리의 주소지는 대한민국입니다.' 여기까지가 '기'. 그 다음에 '이해는 합니다.'에서 '승', '하지만 생각해 봅니다.' 부분에서 다시 한 번 카피 흐름이 꺾이면서 '전', 마지막에 '저희가 찾은 답은 진심입니다.' 여기가 '결'인 거죠. 그래서 멘트가 나올 때는 음악이 뒤로 물러나 있다가 중간 중간에 멘트가 꺾이는 부분에 음악이 치고 들어오는 거죠. 마지막에 '결' 부분에서 클라이막스가 터지고요. 음악이 철저하게 멘트의 구조를 따라가 주는 방식을 말하는 거예요. 그

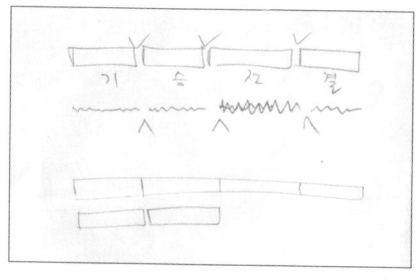

팀장님과 실장님의 선문답

렇게 하지 않으면 멘트도 음악도 못 살 것 같아요. 어떻게 해야 할 지 아시겠어요?"

우리는 모두 이게 무슨 말인가 눈을 동그랗게 뜨고 있는데, 녹음실 실장님은 단번에 알아듣고 간단하게 대답했다.

"네, 알겠습니다."

일주일도 걸리지 않아 e편한세상만의 음악이 완성되었다. '진심의 시세' 카피에 맞춰 기본 음악을 만들고, '1층'과 '베이크 아웃' 카피에 맞게 음악 구조를 다시 맞췄다. 지난 한 달간의 고생을 온전히 위로해 주는 음악이었다. 멘트를 살리면서도 음악도 사는, 신기한 음악이었다. 그렇게 우리의 음악 찾아 3만 리는 마침내 끝이 났다.

음악은 겨우 하나의 언덕일 뿐이었다. 극장 광고도 문제였다. 다른 것에는 다 긍정적이었던 광고주가 극장 광고에는 갸웃했기 때문이었다. 대안을 찾아야만 했다. TV 광고는 30초지만 극장 광고는 무려 1분. 늘 시간이 모자라 툴툴대던 우리의 입이 쏙 들어가는 시간이었다. 우리가 하고 싶은 광고를 마침내 1분짜리로 만들 수 있는 이 기회를, 놓칠 수 없었다.

"예전에 승욱이(옆팀 CD님, CD가 되기 전에 우리 팀 카피라이터였다.)가 써 놓은 카피 있는데……그거 어떨까?"

"뭐 때문에 쓴 카피예요?"

"그냥. 어느 날 승욱이가 써 왔더라고."

그러니까 예전에 팀장님이 팀 사람들에게, 광고주 생각하지 말고, 돈 생각하지 말고, 자기가 만들고 싶은 게 있으면 가져오라는 밑도 끝도 없는 주문을 했다. 그 당시 팀원이었던 박승욱 부장님이 환경 오염에 대해 카피를 써 온 것이다. 카피는 무척이나 좋았지만, 그 카피로 뭘 어떻게 해야 할지 몰라서 묵혀 놨는데, 이제 빛을 발할 때가 된 것이다.

"PD에게 이 카피 넘겨. 그리고 알아서 만들라고 그래."
"북극에 촬영간다 그러면 어쩌죠?"
"북극을 가든, 자료를 편집하든, 어쨌거나 알아서 만들라 그래."

박승욱CD의 카피

불리한 전쟁을 시작합시다.

적이 우리보다
수만 배쯤 강하다고 생각합시다.
우리에겐 식량도 무기도 부족하고
여론도 시간도
우리 편이 아니라고 생각합시다.

가장 용맹한 백곰마저
얼음조각 위에서 죽어갔으며

우리
회의나
할까?

돌고래의 함대는
해변에서 전멸을 당했다는
불리한 전황들을 직면합시다.

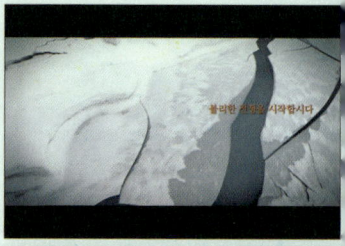

어처구니없는 전쟁을 시작합시다.

거실에도 자동차에도
버젓이 들어와 번지고 있고
서서히 지구의 온도를 높여 가는
적들과 싸워 나갑시다.

그들의 야유와 멸시에도 굴하지 않고
새까만 씨앗들이 겨울을 견디어 내듯
조금씩 이겨 나갑시다.

반드시 이겨야만 하는
전쟁을 시작합시다.

    그렇게 어처구니 없는 카피가 PD에게 넘어갔고, PD는 BBC 다큐 영상과 MBC「북극의 눈물」다큐 영상을 사서 결국 60초짜리 광고를 완성해 냈다. 처음에는 카피가 좀 어렵다 싶었는데, 북극곰이라는 일반적인 소재를 사용한 탓에 사람들은 생각보다 쉽게 지구 온난화 문제로 이해했다. 제보에 따르면 극장에서 이 광고가 끝난

후에 사람들 사이에서 박수가 터져 나오기도 했단다.

그렇게 TV 광고 제작물들이 대강 마무리 된 후에는 분양 광고와 주택 문화관, 공사장 벽면까지, e편한세상의 이름으로 붙어 있는 모든 것들을 '진심이 짓는다' 포맷으로 교체하는 작업이 시작되었다. 원래 책 용도로 만든 인쇄물들이 공사장 벽면에 붙고, 주택 문화관 내부를 장식하기 시작했다. 진짜 책은 아니었지만, e편한세상 홈페이지에 e-book 형태로 인쇄물들이 올라갔다. '진심이 짓는다' 로고가 곳곳에 붙었다. 마침내 캠페인이 시작된 것이다.

e편한세상 첫 번째 극장 광고로 당당히 나간 북극곰 광고

그리고 지금까지

'진심이 짓는다' 캠페인은 지금까지 총 16편이 온에어되었다. 극장광고는 4편이 나갔다. 그리고 우리는 지금 그 이후의 소재를 개발하는 중이다. 광고가 온에어되면 우리는 바로 초심으로 돌아가 광

고주를 인터뷰하고 다음 광고로 내보낼 만한 소재들을 찾는다. 그렇게 찾은 소재로 카피를 쓰고, 감독을 만나고, 광고주와 합의하고, 촬영하고, 온에어한다. 이 과정이 석 달쯤 걸린다. 보통 광고보다 고민하는 시간도 길고, 제작 기간도 길다. 전례 없이 성실한 과정으로 '진심이 짓는다' 캠페인은 계속 지어지고 있다.

성실한 땀방울 덕분인지, 똑똑한 전략 때문인지, '진심이 짓는다'는 모든 광고주가 부러워하는 캠페인이 되었다. 온에어되자마자 경쟁사에서는 "우리는 왜 e편한세상처럼 광고 못 만드냐."라며 아랫사람들을 문책했고, 너도 나도 "e편한세상 광고처럼 만들어 주세요."라고 말한다. 덕분에 "e편한세상 때문에 광고하기 힘들어요."라는 광고인들의 볼멘 소리도 들려오고 "어떻게 하면 e편한세상 같은 광고를 만들 수 있나요?"라는 밑도 끝도 없는 질문도 많이 받는다. 그럼 우리는 대답한다. "시간을 충분히 주시고, 저희를 믿으시면 가능합니다."라고.

상도 많이 받았다. 2009년 한국광고학회 올해의 광고상 대상, 2009 TVCF 어워드 캠페인 대상, 2010 TVCF 어워드 금상, 소비자가 뽑은 광고상, 2010 소비자가 뽑은 가장 신뢰하는 브랜드 대상 아파트 부문 대상, 2009 국가고객만족도(NCSI) 1위 등 곳곳에서 수상 소식은 계속 들려오고 있다.

하지만 우리를 가장 기쁘게 한 소식은 e편한세상이 아파트 광고 시장의 지각 변동을 일으켰다는 점이다. 모두가 '진심이 짓는다' 광고를 보며 속 시원하다는 반응을 보였고, 이제라도 이런 광고가 나와서 기쁘다고 말했다. 그리고 기존 아파트 광고들의 스텝이 엉키기 시작했다. 우선 유명 모델들이 아파트 광고에 등장하지 않게 되었다. 혹 유명 모델이 나오더라도 예전처럼 무턱대고 고급스럽다는 이미지 광고를 하지 않았다. 그렇다면 그들은 뭘 말하기 시작했냐고? 글쎄, 그게 문제였다. 강력한 팩트가 없으니, 그들은 공중에 떠다니는 친환경이니, 에코 같은 말들을 하거나 혹은 e편한세상의 광고처럼 팩트를 말했다. 그럴 때마다 사람들에게 e편한세상 광고를 따라한다는 비판을 받았음은 물론이고.

변화는 거기에서 그치지 않았다. '진심이 짓는다' 캠페인이 시작된 이후 조사 결과에 따르면 2008년에는 사람들이 아파트 브랜드의 이상적인 이미지를 1) 자연 친화적인, 2)고품격/상류 사회, 3) 자부심이 느껴지는, 4) 편리한/실용적인 이미지로 꼽았는데, 2009년에는 1)자연친화적인, 2) 편리한/실용적인, 3) 투자 가치가 있는, 4) 자부심이 느껴지는 이미지로 바뀐 것이다. '편리와 실용'의 가치가 올라가고 '고품격/상류사회'는 퇴출된 것이다. 또한 경쟁 건설사에서 조사한 자료에서도 '진심이 짓는다' 캠페인 이후 브랜드 이미지의 긍정적 변화가 79퍼센트에 달한다며 계속 e편한세상을 언급했다. 경쟁사에게 존재감이 희미한 브랜드에서 위협적인 브랜드로 급격히 변한 것이다.

TOM에도 변화가 일어났다. 광고를 시작하기 전에는 6위까지 추락했던 e편한세상의 TOM이 어느새 3위까지 올라간 것이다. 브랜드 이미지 선호도도 2위까지 올라갔다. '가장 기대가 되는 아파트' 조사 결과는 1위, '2010년 서울에서 가장 집값이 많이 오른 아파트' 조사에서도 e편한세상은 1위를 차지했다. 놀라운 변화였다.

패러디도 이어졌다. MBC 「무한도전」에서까지 e편한세상 광고를 패러디했다. 성우도 우리가 쓰는 이원홍 CD의 목소리 그대로, 음악도 e편한세상 음악 그대로, 우리가 잡아놓은 '진심이 짓는다' 로고까지 패러디해서.

캠페인을 시작한 지 벌써 2년이 지났다. 어떻게 하면 좋은 아파트 광고를 만들 수 있을까? 우리는 이 질문을 지금까지 계속 던지고 있는 중이다. 그리고 그때마다 우리가 찾은 답은 '진심'이었다.

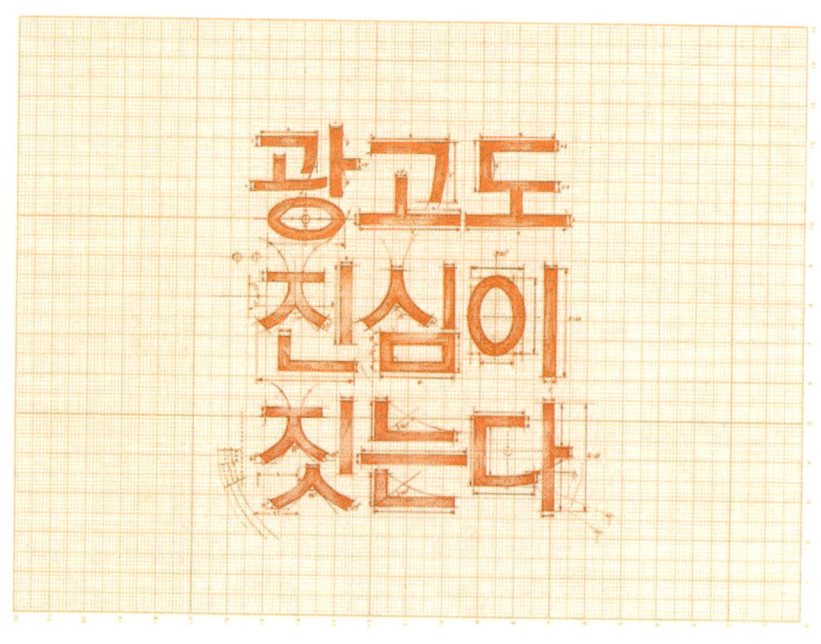

수상한 회의록 다시 보기

2009-04-02 대림 e편한세상 킥오프미팅 브리프

Background

- □ 우리나라 최초의 브랜드 아파트
- □ 건설명가 대림 산업의 장인 정신, 소명 의식이 반영된 아파트
- □ 설계, 자재, 인테리어, 조경, 서비스 등 모든 부분에서 선구적인 기술과 아이디어를 먼저 적용했고, 많은 부분에서 지금도 경쟁 브랜드 대비 우위를 가지고 있음.
- □ '편안한 쉼을 제공하는 집'이라는 아파트 본질의 의미를 살리기 위해 막연한 고급감, 과시를 위한 요소 등을 배제하고 실제 삶에 도움이 되는 부분에 집중 투자
  → 살아 본 사람들은 가치를 인정하는 아파트
- □ e편한세상은 2000년대 초반까지는 강력한 브랜드 파워를 유지했으나 현재는 Big2 래미안, 자이에는 많이 뒤쳐진, 푸르지오, 힐스테이트에도 뒤쳐지는 브랜드로 쇠락
- □ 몇 가지 이유를 살펴보면
  → 랜드마크가 될 만한 노른자위 지역 단지가 상대적으로 부족함.
  → 삼성, GS와 같은 모기업의 후광 효과 떨어짐.
  → 소비자가 아파트 브랜드에 기대하는 근본적인 needs인 고급감(허영)과 거리를 둔 fact 위주의 커뮤니케이션
  → 그 커뮤니케이션도 잦은 테마의 교체로 일관적 이미지 창출에 실패했고 각 아파트 브랜드들이 혈전을 펼친 2006~2008년도 커뮤니케이션 공백
  → 현재 '자연이 에너지가 되는 세상' 캠페인도 좋은 이야기이긴 하나 소비자의 공감, 관심을 이끌어내지는 못하고 있음.

Communication 과제

- □ 새로운 중장기 커뮤니케이션을 통한 강력한 브랜드 존재감 회복
- □ 핵심은 커뮤니케이션 리더십 확보와 브랜드 차별화
  → 싸움의 룰을 재정립

▫ 동시에 소비자의 근원적 니즈인 고급감/재산 가치에 대한 기대감 등을 해결할 수 있는 방안 필요

　→ 충족시켜 주거나 근원적 니즈를 바꿔 버리거나

수집된 차별화 포인트들

Image

▫ 건설 전문 브랜드
▫ 건실한, 안정적인 이미지
▫ 살아 본 사람들이 만족하는 아파트(높은 입주 후 만족도)
▫ 팔기 위한 집이 아니라 살기 위한 집

Fact

▫ 오렌지 서비스
　→ 생각하지 못했던 기대 충족
▫ 새집 냄새가 나지 않는다.
▫ 좌우 10cm씩 더 넓은 주차장
▫ 조경용 나무를 직접 생육(견학도 가능)
▫ 옥상을 생태 공원으로
▫ 일관성 있는 인테리어(전국 어디서나 동일한 품질)
▫ 캔버스 디자인(내부 인테리어는 결국 사는 사람들이 해야…… 원하는 최고의 인테리어를 그릴 수 있는 캔버스의 역할)
▫ 1층 입주민을 배려한 엘리베이터
▫ 친환경 저에너지 기술에 대한 과감한 투자 및 기술력 확보→3리터 하우스 등
▫ 풍열, 태양열, 지열 등을 활용한 에너지 저감
▫ 외단열 기술, 3중 유리, 세대간 단열 강화 등을 통한 에너지 손실 최소화
▫ 에어컨, 보일러 가동이 필요 없는 집
▫ LED조명: 저에너지, 편안한 눈, 분위기 연출
▫ 자연광을 이용한 주차장 조명
▫ 에너지 절약, 환경 보호를 위해 건자재 기술을 직접 개발: 3중 슈퍼 창호(이건창호)

▫ CO2 연동 폐열 회수 환기 시스템: 고온의 오염된 내부 공기를 내보내고 저온의 깨끗한 외부 공기를 유입시킬 때 내부 열이 외부로 그냥 유출되지 않게 열교환하는 방식

2009-04-07 대림 e편한세상 회의록

intro

▫ 대림그룹에서 e편한세상이 갖는 위상을 생각해볼 때, 이번 캠페인의 메시지는 e편한세상의 정신이자 대림의 정신으로 접근할 수도 있음.
▫ 아파트업계 TOM을 보면, 1위 래미안과 2,3,4,5위 격차가 점점 벌어지고 있다. 래미안이 세운 싸움의 룰에 모두 말리는 형국
▫ 그렇다고 1위 래미안을 이기겠다는 것은 비현실적인 목표. 일단은 2위 싸움에서 우리만의 영역을 만들어 나가야 하지 않을까?
▫ 아파트라는 제품은 convention이 강한 영역. 프리미엄에 대한 소비자의 니즈를 무시할 수는 없다. 프리미엄에 대한 각도 조정이 필요할 듯.
▫ 그러나 단기에 해결할 수 있는 과제는 아니다. 600개 광고의 one of them이 될지도 모른다. 뚝섬 e편한세상 분양 완공 시점을 중요포인트로 보고 3단계 정도의 커뮤니케이션 맵을 그려 보자.

그렇다면 어떤 말을?

▫ 결국은 '품질' 아닐까? 그들의 자부심. 기술력. 제대로 집을 짓는다는 것. 사장의 스탠스…… 한마디로 요약하면 품질/퀄리티다. 이를 소비자의 가치로 연결할 수 있다면?
▫ 1위를 잡으려면 기준점이 되는/등대 같은 브랜드가 돼야 한다. 논점을 세워야 한다. 핵심을 품질에 두더라도 커뮤니케이션은 자극적이고 공격적이어야 할 듯.
▫ 힐스테이트의 예는 반면교사. 실체 없는 프리미엄 메시지 떨어지는 TOM. 결국 래미안 밀어 주기에 그칠 듯.
▫ 오너의 속마음을 보면 '진심을 알리기'가 중요할 듯. 결국 캠페인의 키는 attention 같다. 바탕은 품질이 맞지만 너무 품질에만 맞추는 건 아니다.

혼다의 예
- 혼다는 대림과 닮았다. 1등은 아니지만 본질을 잡고 있다는 인상이 있다.
- Power of Dream이란 슬로건. 그들의 본질에서 출발한 Dream란 축을 가지고 있다. Dream the impossible이란 홍보 영상을 보면 '2008년의 자동차는 어때야 한다'라는 식의 화두를 던지고 그들의 노력을 보여 준다.
- 실은 집에 대한 고민을 가장 많이 하는 게 대림이다. 혼다 캠페인 스터디해 보자.

오늘 던져진 생각들
- 완전한 공간이란, 소음과 추위에 방해받지 않는 것. 완전한 공간. 완전한 쉼은 어떨까?
- 다시 쓰는 아파트 이야기, 삶을 위한 정직 같은 메시지를 던지는 방법
- 아파트는 여배우 같다. 사람들은 이미지를 보지만 여배우는 나를 봐 달라 한다. 아파트가 제공하는 건 쉼인데, 사람들이 보는 건 투자가치다. 아파트의 목소리를 들려준다면? ex) 아파트는 생각합니다.
- Do you know 캠페인/e편한세상 훔쳐보기 캠페인(HBO처럼)/최기자의 스토리텔링 (대림을 알고 변해 가는 모습)/대림식구들만으로 광고 만들기
- '달나라에 오페라하우스 못 지으란 법 있어?' 현대산업개발 광고. 선언/문제 제기가 강하기만 해도 의외로 일반인들도 연결해서 생각한다.

- 몇 가지 문제 제기
  - •• 우리의 fact들이 정말 차별점이 있나?
  - •• 속물 근성을 무시할 수 있나? 재개발 사업자 선정하면 결국 샤방샤방한 광고를 하는 업체에게 투표하지 않겠나?

마무리
- 속물 근성 중요하다. 그러나 단기 광고로 문제를 다 해결하겠다는 생각은 버리자. PT때도 '포기할건 포기합시다'라고 열고, (이를테면) 3단계 로드맵을 보여 주자. 1단계) 얘네들이 무슨 말을 하네?/2단계) 그게 그말?/3단계) 아하~
- 1단계의 선언/문제 제기는 attention을 강하게 잡아야 할 듯.

아파트보단 약간 넓게 들어가자. 혼다의 Dream도 그들의 본질인 테크놀로지에서 출발했지만 넓은 그릇이다. '탱크주의'는 좁다. 그렇다고 쉼이나 HSBC의 story같이 업태의 본질로는 답이 안나올 듯. 인생에도 유효한 철학이 돼야 할 듯. (예. Is it OK to lie?)
- 침대는 가구가 아닙니다. 같은 강력한 한 줄
- 화두를 던진다. www.truth.com 같은 사이트로 연결된다. 아파트의 본질일수도, 인생의 가치일 수도 있는 화두에 대한 논의가 펼쳐진다.
- 기존 대림이 했던 '오렌지 체크리스트' 광고. 틀린 것 같지 않다. 제대로 못 들어간 것 뿐.

다음 회의까지
- 혼다/토요타 새턴 사례 스터디합시다.
- 각 팀끼리 달리고 2~3일 후에 모입시다.

2009-04-09 대림 e편한세상 회의록

Intro
- 여러 차례 인터뷰를 하면서 우리가 받은 감동을, 우리가 느낀 그들의 진심을, 광고로 전달할 수 있다면 그것이 가장 성공적인 광고가 될 것임.
- 우리에게 비수처럼 날아와 꽂혔던 말들
  - "하자 보수는 잘 해준대요. 그런데 그게 말이 되나? 아파트가 하자가 있으면 어떡해요."
  - "결국 누군가는 해야 하는 일이니까요. 우리가 먼저 하면 다른 곳에서도 다 따라와요. 그럼 종국적으로는 에너지가 절감되니까 좋은 일이죠."
  - "이렇게 기본에 충실하다 보면 결국, 다른 개념의 아파트가 탄생할 것이다."
  - "2011년에 신제품이 나오면, 이전과는 아주 다른 무엇이 될 것이다."
- 우리가 세팅을 해놓고 찍으면, 이들의 진심이 그대로 나와 줄 것인가? 테스트모니얼로 간다면 고급감은 어떻게 확보할 수 있을 것인가?
  → 이 둘을 잘 조합시키는 것도 우리의 과제

- 대략적인 캠페인 방향은
  1) Honda의 'dream'과 같은 큰 철학을 전달하는 캠페인
  2) 그 철학을 e편한세상의 아파트로 연결하는 캠페인
  3) 실제로 뚝섬 e편한세상의 분양 시작
- • 만약 2단계가 먼저 가게 된다면, 사람들의 편견을 뚫고 들어가기는 힘들 것임.
- • 아무리 우리가 '층간 소음이 없어요!'라고 말을 하더라도, 사람들의 인식 속에서는 결코 노이즈가 일어나지 않을 것임. 이 장벽을 뚫고 들어가는 것이 관건!

Truth 혹은 진심

- 아파트에 대해 솔직해질 것
- 자기 집에 대해 거짓말하지 말 것
  "위층에서 애들이 뛰니까, 우리 집 조명이 흔들거렸어요. 그런데 집값 떨어질까 봐 말 못해요."
- 윗집에 손님이 왔는지 안 왔는지 내가 알아야 할 필요가 있나요?
  아랫집이 부부싸움을 하는지 안 하는지 내가 알아야 할 필요가 있나요?
  더 큰 문제는, 이런 사실에 대해 당신이 숨기고 있다는 것
  www.tellthetruth.com
- 건설사가 당신에게 알려 주지 않는 진실
- 불편한 진실: 마이클 무어 같은 다큐멘터리 제작
- 아파트도 리콜이 되나요?
: 리콜, 하자 보수, A/S와 같은, 아파트와 절대로 관계가 있으면 안 되는 단어들로 말하는건?
- House vs. Home
: 집이 아파트를 고발하다./"이의 있습니다!"(apple 광고 형식)
- 진심은 통한다.(풀무원의 광고 캠페인 전개 방식에서 힌트를 얻을 수도)
- 거짓말 같은 진실
- Boot Camp: 구제불능 남편들을 모아 놓고 훈련시키는 리얼리티 프로그램
  여기서 힌트를 얻어서, 아줌마들을 모아 놓고 아파트에 대해 교육시키는 건?
- Well Done!

- 그릇된 집
- '아파트에 살지 맙시다' 캠페인
- 멋있기만 한 것이 아니라, 정신이 똑바로 박힌 사람
  남자들아, 아파트 고를 때 여자 고르듯이 골라라.
- 우리 오늘 한 번 솔직해집시다.
- 계급장 떼고, 모기업 떼고, 모델 떼고, 1:1로 붙어 봅시다.
- 집에서 드레스 입을 것도 아니면서, 매일 파티할 것도 아니면서 왜 그런 광고들을 보고 반하는 거죠?→사람들의 인지부조화
- 진심을, 진실을 가장 잘 아는 사람들은 경비 아저씨와 중개업자들이 아닐까? 이들의 인터뷰도 설득력이 있을 것임.
- e편한세상에 살아 보고, 래미안과 자이를 논하라.
- Imagine. You may say I'm a dreamer.
- 래미안 광고는, 그 안에 사는 소수를 위해 절대 다수에게 휘두르는 폭력
  절대, 우리가 만드는 광고는, 그딴 식이 되면 안 됩니다.
- 아파트는, 여자가 평생 할 수 있는 가장 큰 쇼핑
  →주부 커뮤니티 공략. 혹은 주부 위원회를 만들어서 아파트의 진실을 알려 주는 것
- 무엇이 프리미엄인지 다시 생각해 봅시다.(프리미엄의 재정의)
- 다음 세대로 미루지 않겠습니다. 우리가 하겠습니다.
  →누군가는 해야 한다.
- 애들의 시점에서 보는 아파트를 말하는 건?
  애들 눈으로 보면 너무나도 당연한 것들, 상식 선에서 너무 이상한 것들

2009-04-13 대림 e편한세상 회의록

방향
- truth
- 테스티모니얼
- 다큐멘터리

□ 각종 매체 TPO

아이디어

□ Color Blind 광고 예시: 잘 만들어진 테스티모니얼 광고
- • 아이들의 집에 대한 생각을 듣다 보면 자연스럽게 집의 본질과 연결될 것임.→ 이것이 광고로 만들어지는 건?
- • 혹은, 가상의 아이들의 도시를 (실제로) 만들고 그 안에서 아이들의 행동과 말들을 살펴보는 건?
  ex) 해는 하루 종일 밝으니까, 이 빛을 가지고 깜깜한 곳으로 들어가는 거예요! (지하 주차장 자연 조명)
  ex) 해는 이렇게 뜨거운데, 왜 집 안은 차가운 거예요?
- • 아이들의 생각으로 집을 짓는다.
□ 테스티모니얼은 자연스러움을 확보하는 것, 그 속에서 진주를 찾는 것이 관건
  →4시간 인터뷰 중에서 15초를 골라내는 작업
  →수많은 인터뷰들이 진행되고, 그 작업 자체가 화제가 될 수 있어야 함.
□ truth라는 방향과 다큐멘터리도 순방향으로 붙는 것 같음.
  (방송국에 부담을 안 주는 방향 안에서, 7월 정도에 3부작으로 방영, 그 후에 광고가 따라붙는 방식)
- • 내용: 녹색 성장/아파트 단가/마케팅 비용/광고의 허구/고객 심층 인터뷰/미래의 아파트
□ Test living(자동차 테스트 드라이빙처럼, 테스트 리빙을 할 수 있도록 집을 제공, 그 집 안에서 일어나는 일들이 광고로 만들어지는 방식)
□ 모두가 함께 만들어 가는 사전, 위키피디아
  모두가 함께 만들어 가는 아파트 공간, e편한세상
  →네티즌들이 참여해서 점점 완벽한 아파트를 만들어 가는 건?
□ 기교 vs. 본질
  래미안은 기교, e편한세상은 본질. 이 둘의 싸움으로 보는 건?
□ 매체의 TPO를 살려 가는 방식
- • 일반 주차장 공간을 매체로 활용→주차 공간이 좁아서 답답하시죠? e편한세

상의 주차 공간은 10cm 더 넓습니다.
- • 지하철 들어가는 통로를 매체로 → 낮인데 이렇게 인공 조명을 켜 두는 건, 낭비 아닐까요? e편한세상에서는 자연 조명으로 밝힌 지하 주차장을 만나실 수 있습니다. (소음, 광량 모두)
- ☐ 신문은 신문에 맞게, TV는 또 TV에 맞게 개발할 수 있음.

정리
- ☐ 미세하게 방향들이 나눠지는 것 같지만, 동시에 이 모든 방향들이 하나로 합쳐질 수도 있을 것 같음. 어쩌면 하나로 합쳐져야 캠페인이 풍성하게 보일 것임.
- ☐ 각자, 감명 깊게 들은 e편한세상의 말들을 김민철에게 보내 주세요.
- ☐ 오늘 다녀오면 피곤할 테니, 내일 e편한세상 전체 회의는 4시입니다.

2009-04-14 대림 e편한세상 회의록

일정
- ☐ 현재 나가고 있는 광고는 4월까지
- ☐ 우리의 PT는 대략 5월 11일 주
- ☐ 캠페인 시작은 대략 7월

truth
- ☐ truth를 테마로 잡게 된다면 (현재로서는 가장 유력) 이는 Honda의 dream처럼 기업의 철학과 제품을 다 아우를 수 있는 큰 테마로 자리 잡아야 함.
- ☐ 어떤 테마를 던지든 우리가 잊혀 가는 브랜드였기 때문에 사람들의 주의를 환기시킬 수 있는 캠페인을 만들어야 함.(ADIDAS의 'impossible is nothing')
- ☐ Honda가 그랬듯이, ADIDAS가 그랬듯이, 기업 철학을 전달하는 광고와 상품 (혹은 이슈)성 광고를 이원화시켜서 갈 수도 있음.
- ☐ 'truth'는 '진실'로 볼 수도 있지만 '진심'으로 볼 수도 있음.
  이렇게 해석해 낼 경우에는, 또 다른 방향의 캠페인이 만들어질 것임.
  (진심이 부족한 세상이 아쉽다. 화장 다 지우고, 장식 다 들어내고, 그리고 보자)

- testimonial로 가게 되면 진심을 뽑아내긴 좋지만, 고급감을 확보하는 것이 관건
- testimonial로 가게 되면, 만드는 과정 전체가 화제가 될 수 있는 방법을 찾아야 함.
- SBS와 손을 잡고 집에 관한 3부작 다큐멘터리 제작
  → 다큐가 미리 방영되고 화제에 올랐을 때, 우리 광고가 받아가는 방식
- 3분 정도 공중파 방송 타임을 사서(로또처럼) 집에 관한 생각, 환경에 관한 생각 등의 영상을 만들어서 방영하기
  (「지식채널e」처럼 e편한세상의 철학을 전달할 수 있는 영상)
- TPO에 맞게 광고가 가는 건 재미있을 것 같지만, naver처럼 모든 것을 링크시킬 수 있는 힘이 있는지는 판단해볼 문제
- 프리미엄은 느끼는 것이지, 말로 우긴다고 될 문제가 아니다. 그런데 아파트는 push를 하면 또 프리미엄 이미지가 올라가니, 곡할 노릇
- 우리가 생각하는 '진심'의 수위와 일반 사람들이 생각하는 '진심'의 수위는 다를 것. 결국 어떤 진심이든, 그것이 e편한세상의 fact로 연결이 되느냐가 관건. 그렇지 않다면 껍질뿐인 프리미엄에 밀려버릴 수도 있다. 뒤 따라가면 뒤 따라가게 된다.
- 동시에, fact가 쉽지 않으면 안 먹힐 가능성이 높다.
  그래서 다시, how to say가 중요해지는 것이다.

그 밖의 아이디어
- 바뀌는 로고로 광고 캠페인을 시작하는 건 어떤가?
- 언제나 소극적인 e편한세상의 긍정적 고객들을 이끌어내기 위해 "자랑하라" 캠페인은 어떤가?

things to do
- 주택 문화관 들러보기
- 제작팀에서는 manifesto 쓸 것
- 각자 감명 깊게 들었던 인터뷰 말들을 정리해서 김민철에게 보낼 것
- 캠페인 전체를 아우를 수 있는 메인 음악도 잡아야 함.
- 대략의 로드맵

2009-04-17 대림 e편한세상 회의록

생각의 파문을 만드는 캠페인
- 래미안 이하 60개의 브랜드 vs. e편한세상을 알리는 큰 돌을 던지자.
- 그래서 원컨데 아파트에 대한 생각의 물줄기가 꺾이는 지점을 만들자.
- Back to the Basic 같은 주의 환기
- 단단한 매니페스토일수도. 다큐멘터리일수도.
  전방위 매체(지하. 가로등. 햇살 잘 드는 곳. Etc.)일 수도.
  올바른 질문을 던지는 것일 수도.
- 미디어에 갇히지 말자. Conventional 미디어로 답이 나올까? 15초만이 답이 아닙니다.
- '많이'보다 '세게' 보여 주는 방법은 어떨까? 예를 들면 60초 광고.
  단, 1분 동안 따라 들어오게 하려면 entertaining이 있어야 한다. (박카스 태안 반도 편)
- 고급감의 딜레마. 그러나 톤이 확 달라지면 고급감 걱정을 덜 수도.
  (생각이 에너지다. 바탕화면 편)
- 브로드밴드 PT때 보라색을 떠올린 것처럼, 우리가 자꾸 '아이'들을 떠올리는데는 이유가 있지 않을까? 원칙과 진심이라는 화두

약간 구체화해 보면
- 매우 단순한 문장으로 된 3단 논법:
  ex) 해가 뜨면 밝다.
  　　지하는 어둡다.
  　　밝은 것은 어둠을 밝힌다. (fact: 태양으로 밝은 주차장)
  　　e편한세상.
  　　→ 단순한 문장들이 모여서 매니페스토가 될 수도 있다.
- 올바르며 너무나 당연한 질문을 던지면?
  ex) 햇살이 잘 드는 곳에, 이 햇살이 지하로 들어갈 순 없을까? e편한세상
  　　→ 질문들이 모여 매니페스토가 될 수도 있다.

- 큰 담론일수록, 소소한 이야기로 시작한다면?
    ex) 윗집 물 내리는 소리, 이혼하게 된 부부, 멸망하는 지구, 심플한 신발장, 승진하게 된 김대리
- 김기창씨를 불러 '매연 먹는 염소' 같은 작업을 해 보자.
    ex) 엄청난 사건. 리와인드. 원인은 부부싸움 소리가 들리던 안방.
- 아파트에 대한 노하우가 쌓여 갈수록 사람들은 작은 차이를 인지한다. 저런 작은 차이에서 광고를 시작하면 더 효과적이지 않을까? '바람'보다 강한 건 '햇살'
- 매니페스토는 매니페스토대로 단단하게 잡고, 이런 식의 라인도 라인대로 개발해 보자. 결국 뭐가 될지는 열어두고 보자.

우리의 할 일
- 월요일 오전 10시 또다시 이런 회의
- 끝나고 주택 문화관 구경. 끝나고 맛있는 것 먹기
- 자주 만나서 많이 이야기하기
- 소리문자 환영
    ex) '햇살은 쨍쨍 모래알은 반짝'

2009-04-20 대림 e편한세상 회의록

아이디어 방향
- 직접적으로 관여된 사람들과 일반 사람들은 광고에 대한 탄력도도 많이 차이 날 것임.
    → communication의 단계를 나눠야 할 필요성
- fact로 이야기하기 시작하면 사람들 마음에 있는 엄청난 방어벽을 뚫기 힘들 것임.
    → 정면으로 부딪히지 말고, 옆으로 뚫어 보자!
        더 강한 바람이 아닌, 햇빛으로 마음을 열기
        양약 처방이 아니라 한약 처방
        롯데캐슬 광고가 먹히는 시장이라는 것을 생각할 것

- '진실' 혹은 '진심'
  - → 아파트라는 실체에 너무 딱 붙는 카피 말고, 거대담론을 이야기하는 방법
  - → Impossible is nothing 그리고 think different 캠페인 혹은 인피니티 런칭
  - → 아파트 시장에서 옆으로 뚫는 길은 '-ism'을 파는 방법
  - → 혹은 '의문문'을 던져 사람들의 가슴을 여는 방법도 있을 것임.

아이디어

- 누구나 모든 현실을 볼 수 있는 것은 아니다.

  대부분의 사람은 자기가 보고 싶어 하는 현실만을 본다.

  진짜 현실에 대해
- 있다/없다

  햇살이 있다. 지하엔 없다. 여기에는 있다.
- 진실 논쟁: 아파트의 진실/소음의 진실/단열의 진실
- experience, e편한세상

  실제 버스 쉘터 및 다양한 매체에 e편한세상 체험관을 만들어 놓기
  - → 불빛 실험/소음 실험/바다 실험/공기(열) 실험
  - → 도시 전체를 e편한세상을 위한 팔레트로 생각하자.
- 밖이 덥다. 에어컨을 켜자. 대신. 밖이 덥다. 더운 공기를 막자.

  밖이 춥다. 보일러를 틀자. 대신. 밖이 춥다. 빠져나가는 열을 줄이자. 창을 3중으로.
  - → 아무리 매력적인 fact라도 사람들의 마음에 얼마나 다가갈 수 있겠는가?
- manifesto 예시 by 팀장님(질문을 계속 던지는 방식)

  바른가?

  우리가 사는 집은 바른가?

  우리가 사는 집은 우리 몸에 바른가?

  우리가 사는 집은 우리 가족에게 바른가?

  우리가 사는 집은 북극곰에 바른가?
- manifesto 예시 by 팀장님(거대담론으로 이끌어 가는 방식)

  우리 모두의 마음속엔 이미 이것이 살고 있죠.

  모를 땐 아무렇지도 않게 살 수 있지만

한 번 알고 나면 결코 거부할 수 없는 것.
이것을 듣는 순간 마음이 먼저 '아!'라고 반응합니다.
이것은 진실.
한 번 알게 되면 결코 무시할 수 없는 힘.
진실은 아름답습니다. 진실을 옳습니다.
옳은 것은 숨길 수 없습니다.
옳은 것은 편합니다.
e편한세상

□ 2단계 예시

어떤 단어들은 집에 들어올 수 없습니다.
하자보수, 윗집 싸움 소리 혹은 '이것은 이미지 화면입니다.'

슬로건 아이디어

□ This is true.

□ Make it happen.

□ Do the dream.

□ Do the right thing.

에필로그

SK텔레콤 '생활의 중심' 프로젝트
LG전자 엑스캔버스 '엑스캔버스하다' 프로젝트
SK브로드밴드 'See the Unseen' 프로젝트
그리고 대림 e편한세상 '진심이 짓는다' 프로젝트까지
이 모든 프로젝트에 참여한 여러분. 당신들이 없었다면
이 책 자체가 불가능했을 겁니다.
감사합니다.

책 속 광고 이미지와 프로젝트 내용의 사용을 허락해 주신
SK텔레콤, LG전자, SK브로드밴드, 대림 e편한세상의
관계자분들에게도 감사드립니다.

회의에 몇 번 참관하셨다는 이유만으로
염치없는 추천사 부탁에 기꺼이 응해 주신 장대익 교수님
교수님의 추천사가 없었다면 이 책의 그만큼의 빛을 잃었을 겁니다.
감사합니다.

무엇보다
이 모든 프로젝트의 선장이 되어 이 모든 회의를 이끌어나가신
이 책의 씨앗부터 열매까지 심지어 추천사까지 빚지고 있는
'카피라이터 김민철'이란 말을 가능하게 해주신
박웅현 CD님께는 어떤 감사하단 말로도 부족합니다.
감사하고 또 감사합니다.

그리고 당신. 감사합니다.

우리 회의나 할까?

1판 1쇄 펴냄 2011년 11월 18일
1판 9쇄 펴냄 2020년 12월 25일

지은이 김민철
펴낸이 박상준
펴낸곳 (주)사이언스북스

출판등록 1997. 3. 24.(제16-1444호)
(06027) 서울특별시 강남구 도산대로1길 62
대표전화 515-2000 **팩시밀리** 515-2007
편집부 517-4263 **팩시밀리** 514-2329
www.sciencebooks.co.kr

ⓒ 김민철, 2011. Printed in Seoul, Korea.

ISBN 978-89-8371-582-1 03320